"十四五"普通高等教育本科部委级规划教材

商标法实务教程

李 享 石 林◎主 编
陈克俭◎副主编

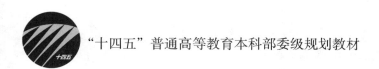中国纺织出版社有限公司

内 容 提 要

本书系统阐述了商标法律体系的核心内容，涵盖商标基础知识、商标权的内容与利用、商标侵权判定与侵害商标权的法律责任及商标展会知识产权保护，共四编。商标基础知识编解析了商标的基本概念，商标授权的条件，以及商标的取得、续展、变更与终止。商标权的内容与利用编聚焦商标的许可、转让、质押等，结合国际视角分析风险与合规管理。商标侵权判定与侵害商标权的法律责任编深入商标侵权的判定标准，从商标性使用、混淆可能性到具体侵权行为与抗辩事由，明确民事、行政与刑事责任的法律后果。商标展会知识产权保护编构建了商标展会保护机制，梳理了投诉具体流程与特殊情形处理，借鉴国际经验强化知识产权保障。本书通过丰富的案例阐释法律条款的实践应用，旨在维护市场秩序，平衡权利人利益与公共利益，为企业合规运营与商标战略提供法律指引，凸显商标在市场竞争中的核心价值与法律保护的必要性。

图书在版编目 (CIP) 数据

商标法实务教程 / 李享，石林主编；陈克俭副主编.
北京：中国纺织出版社有限公司，2025. 8. --（"十四五"普通高等教育本科部委级规划教材）. -- ISBN 978
-7-5229-2977-4

Ⅰ. D923.43

中国国家版本馆 CIP 数据核字第 20258DL397 号

责任编辑：朱利锋　　责任校对：寇晨晨　　责任印制：王艳丽

中国纺织出版社有限公司出版发行
地址：北京市朝阳区百子湾东里A407号楼　邮政编码：100124
销售电话：010—67004422　传真：010—87155801
http://www.c-textilep.com
中国纺织出版社天猫旗舰店
官方微博 http://weibo.com/2119887771
三河市宏盛印务有限公司印刷　各地新华书店经销
2025年8月第1版第1次印刷
开本：787×1092　1/16　印张：12.25
字数：290千字　定价：68.00元

前言

2021年9月，中共中央、国务院印发了《知识产权强国建设纲要（2021—2035年）》，明确提出"建立规范有序、充满活力的市场化运营机制""营造更加开放、更加积极、更有活力的知识产权人才发展环境"。同年10月，国务院印发《"十四五"国家知识产权保护和运用规划》，就"培育发展知识产权服务业""提升知识产权人才能力水平""加强知识产权运营专业化人才队伍建设""持续推进知识产权战略实施"作出重要决策部署。创新是引领发展的第一动力，人才是夯实事业的活力来源，关系到知识产权运用的高效促进、全社会创新活力的激发和新发展格局的构建。着力培养和提升知识产权人才在知识产权代理、法律、信息、咨询领域的服务水平是推进知识产权强国建设的重要一环。

为了加强法学本科生和研究生商标法学习的实践性，基于商标法原理，我们精心设计并编写了本书。本书由三位作者共同完成，包括拟定总体规划、设计框架结构、划分章节板块和协调体例安排，以确保章节之间结构上的完整性和连贯性。凝练了编者多年理论学习、课堂教学的心血。本书第一编、第三编由天津工业大学法学院李享老师编写（总字数约13万），第二编由天津工业大学法学院石林老师编写（总字数约13万），第四编由天津市知识产权局陈克俭编写（总字数约3万）。

与以往教材相比，本书的编写特色如下。

（1）本书涉及的所有法律规定均以最新修订的法律法规为依据，免去读者在阅读时因新旧法衔接带来的烦恼；

（2）本书以商标法知识点为线索，每个知识点配置相对应的典型案例，增强读者对知识点的实际应用能力。

本书凝练了编者多年理论学习、课堂教学及从事商标法律实务工作的心血。本书的写作与出版，得益于各位同事、学生的帮助与支持。衷心感谢天津工业大学法学院领导、老师的鼓励与支持；感谢天津市知识产权局为本书的撰写提供专业指导；感谢天津工业大学法学院曹颖、邹心雅同学为本书的校对、查找文献付出了大量劳动，书中案例系各级法院正式公布的典型案例，由两位同学收集、整理而成，增强了本书内容的充实度。最后，需要说明的是，本书承蒙中国纺织出版社有限公司编辑对书稿的精心编辑和加工。值此作品问世之际，对以上各位领导、同仁、学生一并表示感谢。

由于编者水平和实践经验有限，本书内容不妥之处在所难免，敬请大方之家批评指正。

编者
2025年4月

目录

第三编　商标侵权判定与侵害商标权的法律责任

第四编　商标展会知识产权保护

第一编　商标基础知识

第一章　商标的基本概念

本章导读： 商标作为企业的重要标识，在市场经济中发挥着关键作用。本章围绕商标的基本概念与分类展开，为深入理解商标法奠定基础。明确商标用以区别商品或服务来源，具有识别来源、品质保障、广告宣传等功能，并通过多个典型案例加以阐释。进而介绍商标的多种分类方式，如平面商标、立体商标、颜色商标等，分析各类商标的特点、构成要素及认定标准。这不仅有助于读者区分不同类型的商标，更有助于读者理解商标在商业活动中的多样性和复杂性，及其在保护企业权益、促进市场竞争方面的重要意义。

第一节　商标的概念与功能

一、商标的概念

商标是用以区别商品或服务来源的标志。商标是"意在向消费者快速传递信息的区分工具"，必须具备识别商品或者服务来源的能力。《中华人民共和国商标法》（以下简称《商标法》）第八条规定："任何能够将自然人、法人或者其他组织的商品与他人商品区分开的标志，包括文字、图形、字母、数字、三维标志、颜色组合和声音等，以及上述要素的组合，均可以作为商标申请注册。"自然人、法人或者其他组织在生产经营活动中，对其商品或者服务需要取得商标专用权的，应当申请商标注册。

申请注册的商标的标志应当具有显著特征。显著特征是商标的核心属性，不具备显著特征的标志起不到商标的作用。以可口可乐商标为例，其独特的斯宾塞字体设计，不仅具有一定的艺术美感，而且在全球范围内具有极高的辨识度，搭配标志性的红色，这种独特的文字与色彩组合，成为可口可乐品牌的鲜明符号，消费者只需短暂接触，便能将其与该品牌的碳酸饮料产品紧密关联，从而在竞争激烈的饮料市场中，实现清晰且稳固的品牌区隔。

二、商标的功能

（一）识别来源功能

这是商标最基本、最重要的功能。商标能够将不同企业的商品或服务区分开来，使消费者在众多同类产品或服务中迅速识别出自己偏好的品牌。商标的这一功能被称为识别来源功能，不具有识别来源功能的标志不能被称为商标，更不能被注册为商标。凡是具有识别来源功能的标志都是商标，无论其是否被注册。不具备识别来源功能的标志，无法完成商标区分商品或服务来源的基本使命。这类标志既不能为消费者提供有价值的辨别信息，也无法帮助企业树立独特的市场形象，因此与商标的本质属性相悖，既不能被认定为商标，更不满足被注册为商标的法定条件。比如"纯净水"这样通用的词汇，用来描述产品特征，无法区分不同品牌的瓶装水，不能作为商标注册。

市场竞争的动态环境，对商标识别来源功能产生着深远影响。当市场中同类商品或服务大量涌现时，商标成为企业差异化竞争的核心要素。企业通过持续创新商标所关联的产品特性、服务体验等，使其商标在众多竞品标识中脱颖而出，强化消费者对自身品牌的识别与记忆。当市场上出现恶意模仿、混淆性标识时，法律体系所提供的保护机制，如商标侵权诉讼、异议程序等，能够及时纠正市场中的不正当竞争行为，维护商标的独特性与识别功能，确保消费者依据商标准确识别商品或服务的真实来源，保障市场竞争的公平性与有序性。

◎ **案例1：爱慕股份有限公司与广东艾慕内衣有限公司侵害商标权及不正当竞争纠纷案［案号：（2020）京民终194号］**

爱慕股份有限公司（以下简称爱慕股份公司）自1994年开始使用"爱慕"企业字号，申请注册了第627055号"爱慕AIMER"、第3641595号"爱慕"、第6446516号"Aimer"商标（统称涉案商标），上述品牌的服装、内衣产品广销全国各地，公司所获荣誉及宣传报道众多。广东艾慕内衣有限公司（以下简称广东艾慕公司）成立于2015年10月12日，自成立以来一直将"艾慕"作为其企业字号，该公司法定代表人周某于2015年5月27日受让第3862068号"AIMU艾慕"商标，于2016年5月27日申请注册第20108717号"AiMU艾慕"商标，核定使用在"服装、婴儿全套衣、游泳衣"等商品上。爱慕股份公司诉至法院，要求广东艾慕公司停止使用"AiMU艾慕""AIMU艾慕"等标志，赔偿经济损失及合理开支100余万元及消除影响。

一审法院认为，广东艾慕公司在其网站宣传中使用的"AiMU艾慕""AIMU艾慕"标志构成对爱慕股份公司已达驰名程度的第3641595号"爱慕"商标、第6446516号"Aimer"商标的模仿和翻译，侵害了爱慕股份公司对上述驰名商标享有的权利。广东艾慕公司使用"艾慕"作为企业字号进行注册登记并使用系具有恶意且足以误导公众的不正当竞争行为。据此，一审法院判决广东艾慕公司停止侵权、变更企业名称、消除影响并赔偿损失及合理开支共计34.6万元。广东艾慕公司不服，提起上诉。

二审法院认为，判断法院是否有权审理爱慕股份公司针对广东艾慕公司使用被诉"AiMU艾慕""AIMU艾慕"标志提出的诉讼主张，需要对爱慕股份公司涉案商标在第20108717号"AiMU艾慕"商标申请时是否驰名，以及爱慕股份公司提出上述主张的时间是否超过第20108717号"AiMU艾慕"商标核准注册日的五年进行审查。在案证据足以证明第3641595号"爱慕"商标和第6446516号"Aimer"商标在第20108717号"AiMU艾慕"商标申请注册前，已经构成使用在内衣商品上的驰名商标。因此，法院有权就爱慕股份公司针对广东艾慕公司使用"AiMU艾慕""AIMU艾慕"标志提出的诉讼主张进行审理。广东艾慕公司使用"AiMU艾慕""AIMU艾慕"的行为侵害了爱慕股份公司对上述驰名商标享有的权利，广东艾慕公司对于"艾慕"字号的使用构成《中华人民共和国反不正当竞争法》（以下简称《反不正当竞争法》）第六条第（二）项规定的不正当竞争行为。据此，二审法院判决驳回上诉，维持原判。

（二）品质保障功能

商标的品质保障功能是指商标能够在一定程度上向消费者保证其所标识的商品或服务具有特定的品质水平和特征。核心在于构建起消费者对商品或服务质量的预期。在市场交易里，消费者缺乏专业知识与足够时间，难以直接判断商品或服务的内在品质。商标此时就起到了关键参照作用。消费者在购买商品或服务时，往往会根据商标来判断其品质。消费者通过商标能够区分不同商家的商品或者服务，通常会认为带有特定商标的商品具有一定的质量水平和特性。如果某个品牌的商品一直保持良好的品质，消费者就会对该商标产生信任，相信购买带有该商标的商品能够获得符合预期的品质。对企业来说，维持商标品质保障功能是生存发展的关键。一旦产品品质失控，商标信誉就会受损。在市场竞争环境中，商标的品质保障功能也对整个行业产生着积极的影响。当消费者普遍依据商标来判断品质时，行业内的企业为了提升自身竞争力，吸引消费者购买，就不得不重视商品和服务质量的提升。以家电行业为例，曾经，部分小品牌为了降低成本，选用劣质材料生产家电，产品质量参差不齐。但随着消费者对诸如海尔、美的等知名商标的品质认知逐渐加深，更倾向于选择这些品质有保障的品牌，那些劣质产品的市场空间被大幅压缩。这就倒逼众多中小家电企业改进生产工艺，严格把控产品质量，从原材料采购、生产流程到质量检测，各个环节都向行业标杆看齐。如此一来，整个家电行业的产品质量水平得到了提升，消费者也因此受益，能够在市场上选购到更多优质可靠的家电产品。

商标的品质保障功能还在一定程度上维护了市场秩序。因为消费者基于商标的品质保障而形成的购买倾向，会促使企业遵守市场规则，诚信经营。那些试图通过不正当手段，如以次充好、虚假宣传来获取短期利益的企业，一旦被消费者识破，其商标信誉将严重受损，进而失去市场份额。而那些始终坚守品质底线的企业，将凭借良好的商标信誉获得消费者的长期支持，得以在市场中稳健发展。如此一来，市场资源将逐渐向优质企业集中，淘汰那些不良企业，保障市场的健康有序运行。所以，无论是从企业自身发展，还是从行业进步以及市场秩序维护的角度来看，商标的品质保障功能都具有不可忽视的重要意义，它是连接企业与消费者、推动市场良性发展的关键纽带。

◎ 案例2：浙江欧诗漫集团有限公司与汕头市澄海区莉露化妆品有限公司、鱼池口佳嘉日化商行侵害商标权纠纷案

浙江欧诗漫集团有限公司（以下简称欧诗漫集团公司）经授权，取得欧诗漫商标使用权，并以自己的名义主张权利。欧诗漫商标被认定为驰名商标。汕头市澄海区莉露化妆品有限公司（以下简称莉露化妆品公司）经营范围包含生产销售护肤类制品。鱼池口佳嘉日化商行（以下简称佳嘉日化商行）经营范围包含化妆品零售。2018年9月20日，欧诗漫集团公司的委托代理人在甘肃省兰州市飞天公证处公证员的监督下，来到佳嘉日化商行，以200元购买了O'SME欧时美珍珠肌源修护系列套装礼盒、O'SME欧时美珍珠水活清润系列套装礼盒各一套。庭审中，莉露化妆品公司认可佳嘉日化商行销售的被控侵权化妆品套盒系其公司生产和销售。启封公证书保全的礼盒，可见被控侵权化妆品礼盒外包装正面有标识，标识下有欧时美字样，礼盒内化妆品瓶身正面也标有标识。

一审判决：一、莉露化妆品公司立即停止生产和销售第3266571号、第8036992号注册商标的产品；二、佳嘉日化商行立即停止销售侵害第3266571号、第8036992号注册商标的产品；三、莉露化妆品公司于本判决生效之日起十日内赔偿欧诗漫集团公司人民币30万元；四、驳回欧诗漫集团公司其他诉讼请求。案件受理费8800元，由被告莉露化妆品公司负担。二审维持原判。

被控侵权标识与注册商标所含字母相同，且标识字母形状与注册商标相似，虽标识中部分字母中间有分隔号隔开，且添加了单个字母，但视觉整体无实质性差异，构成近似。在隔离情况下，以普通消费者的一般注意程度，不能明显将被控侵权标识与商标相区别，容易造成消费者的混淆和误认，构成侵权。

关于损害赔偿数额，综合考虑商标的知名度，侵权的主观故意程度，侵权产品的销售时间、规模，参考商标的使用许可费的数额，为制止侵权的合理开支等因素，采用就高标准予以惩罚性赔偿。

本案系一起恶意侵害知名商标的侵权案件。欧诗漫集团公司是我国知名的化妆品公司，其享有的欧诗漫系列商标在全国范围内享有较高知名度，其中欧诗漫文字商标被认定为驰名商标。欧诗漫集团公司也将欧诗漫系列商标综合运用在该公司推出的产品包装中。莉露化妆品公司系成立时间较早的化妆品生产企业，作为同类企业，对同行业享有较高知名度的企业及商标标识理应知晓。但莉露化妆品公司在其生产同类产品中使用的标识字母字形及排列顺序与欧诗漫商标一致，仅在字母O与S之间用分隔号隔开，同时在标识下使用与欧诗漫文字发音相近的"欧时美"文字，以一般公众的注意程度无法将该标识与OSM商标明确区分，容易造成消费者的混淆误认。这些标识及文字的设计和使用属于刻意使用与知名商标近似的标识，是傍名牌、搭便车、有意误导消费者的行为。对此类违背诚实信用原则谋取不正当利益的恶意侵权行为，应当加大惩处力度，故在损害赔偿数额确定方面，在考量了侵权行为的性质、时间、规模的情况下采取就高标准，予以惩罚性赔偿。

商标作为商品的标识具有识别商品来源的作用，一些知名的商品因其优良的品质得到消费者的普遍认可，其商标也具备广泛的社会知名度，因此，部分商家在生产经营过程中违背诚实信用原则，投机取巧，有目的地使用与知名商标近似的标识，误导消费者，搭便车，傍名牌，谋取不正当利益。为严格知识产权保护，营造良好的营商环境，对待此类不法行为，应当加大惩处力度，维护权利人的合法权益，建立尊重知识产权、诚信守法经营的市场环境。

（三）广告宣传功能

商标具有的识别来源功能使商标成为营销手段，商标权人很容易利用商标进行广告宣传，也就是在广告中突出商标的地位，使人们对商标产生强烈的印象，从而通过商标选择其提供的商品或服务。一些独特、新颖的商标能够在众多商品或者服务中迅速吸引消费者的目光，就是在利用商标的广告宣传功能。持续、统一的商标宣传有助于塑造独特的品牌形象，反复出现的商标能够加深消费者对品牌的记忆。例如，脑白金的广告中，其商标与"今年过节不收礼，收礼只收脑白金"的广告语紧密结合，通过大量的广告投放，让消费者在脑海中形成了深刻的印象，而商标久而久之自然会产生宣传的效果。

商标的广告宣传功能在市场经济体系中占据着极为关键的地位，是推动商品流通与服务推广的重要力量。从本质上讲，商标作为区别商品或服务来源的显著标志，具备天然的广告宣传潜力。当商标在市场中投入使用时，其独特的图形、文字、颜色组合或它们的任意结合，能够在消费者群体中迅速建立起识别标识。企业通过精心策划的广告营销活动，将商标置于核心位置，借助各种媒介渠道，如传统的电视、广播、报纸、杂志，以及新兴的互联网、社交媒体、移动应用等，以极高的曝光频率将商标信息传递给目标受众。在这一过程中，商标被赋予了企业的品牌理念、产品特性、服务质量等丰富内涵，成为企业向消费者传递价值主张的关键载体。

商标广告宣传功能对市场经济的有序运行和企业的发展壮大有着不可估量的意义。一方面，对于消费者而言，商标的广告宣传能够有效降低信息搜寻成本。在琳琅满目的商品与服务市场中，消费者通过对商标的识别与记忆，能够快速筛选出符合自身需求和偏好的产品或服务，减少在众多选择中徘徊的时间和精力损耗，提高消费决策的效率和准确性。另一方面，对于企业而言，强大的商标广告宣传能够提升品牌的知名度与美誉度，塑造独特且鲜明的品牌形象，增强消费者对品牌的认同感和忠诚度，进而在激烈的市场竞争中脱颖而出，扩大市场份额，提升经济效益。

◎ 案例3：广州蓝月亮实业有限公司、蓝月亮（中国）有限公司与深圳金八马生活用纸有限公司等侵害商标权及不正当竞争纠纷案

原告广州蓝月亮实业有限公司、蓝月亮（中国）有限公司的关联企业自1991年开始使用"蓝月亮"未注册商标，自1994年开始使用"蓝月亮"字号，并持续用于经营洗衣液、洗手液等日化产品。经过20年的使用，原告的"蓝月亮"商标已经具有极高的知名度，"蓝月亮"商标多次被认定为驰名商标，"蓝月亮"字号是知名字号。被告深圳金八马生活用纸有限公司在明知广州蓝月亮知名度的情况下，于2016年从案外第三人处受让1996年12月9日申请的商标，并专门成立被告深圳市蓝月亮纸业有限公司经营蓝月亮纸巾。

然而自成立起，被告便从未规范使用商标，而是突出使用被商评委和两级法院均认定为抄袭、模仿原告蓝月亮商标的标识，标注被告委托制造，同时在宣传中使用"蓝月亮迈出本色第一步"广告语，效仿原告在产品包装上使用"蓝精灵"元素等，企图且已实际造成相关公众的混淆，让消费者误以为被控侵权产品为原告生产或为关联产品。为制止被告的傍名牌、搭便车行为，原告向广州知识产权法院提起诉讼，请求判令被告停止商标侵权及不正当竞争行为，消除影响并赔偿经济损失及合理维权费用1000万元。一审法院支持了原告的全部诉讼请求；二审法院驳回被告的上诉，维持原判；现在案件已经全部执行完毕。

本案涉及商标侵权行为和不正当竞争行为，其中既包含通过驰名商标和字号禁止商标的使用，通过商标禁止他人在类似商品上使用近似商标的行为，也包含通过商标和字号禁止他人使用相同字号的行为。法院通过本案既保护了商标权和字号权人的合法权益，也维护了广大消费者的消费利益，让被告得到了应有的惩罚，实现了知识产权民事责任的引导和预防作用，体现了司法的社会治理功能。同时，对于原告所主张的赔偿数额，一、二审法院也予以了全额支持，充分体现了我国法院对于知识产权的司法保护力度正逐步加大。

第二节　商标的分类

一、平面商标

（一）文字商标

文字商标是仅由文字构成的商标，其中的文字包括汉字、字母、数字，以及上述要素的

任意组合。文字商标以简洁、直观的方式传递信息，其构成要素需具备显著特征，能够与其他市场主体的商品或服务相区分，避免与通用名称、描述性词汇混淆，以免造成消费者对商品或服务来源的误认。如"TCL"是由字母组成的文字商标，"1573"是由数字组成的文字商标。

文字商标具有独特的优势。其一，易于记忆和传播。相较于复杂的图形或三维标志，文字商标凭借语言文字的表意功能，能够精准传达企业的品牌理念、产品特性或服务宗旨。消费者只需记住几个关键文字，就能快速识别和联想相关品牌，极大地降低了记忆成本，便于在日常交流与市场推广中广泛传播。其二，明确的表意性。文字本身具有特定含义，企业可通过精心选择和设计文字，赋予商标丰富的内涵，使其在市场竞争中脱颖而出。例如，企业可选取蕴含积极寓意、与产品特性紧密相关的词汇，让消费者一看到商标便能对商品或服务的大致属性有所了解，从而有效引导消费决策。在商业活动中，文字商标不仅是企业区别于竞争对手的显著标志，帮助消费者迅速识别和选择商品或服务，还承载着企业的品牌形象与商业信誉。

◎ 案例1：广州钧易信息技术有限公司与深圳荷包金融信息咨询有限公司侵害商标权纠纷案

原告广州钧易信息技术有限公司（以下简称钧易公司）诉称：其于2015年4月取得第13773587号"荷包"文字商标，核定使用的商品为第9类，包括数据处理设备、磁性身份识别卡、计算机程序（可下载软件）等，注册有效期为2015年4月14日至2025年4月13日。被告深圳荷包金融信息咨询有限公司（以下简称荷包公司）在安卓系统和苹果iOS系统上使用"荷包"作为应用程序（App）和微信公众号全名称，侵害其商标注册权，诉请判令被告停止使用"荷包"商标的侵权行为并赔偿500万元。

被告荷包公司辩称：一、"荷包"一词属于公有领域中的常用词汇，原告并未将其提供的服务与该词之间建立公认的唯一对应关系，被告使用"荷包"二字不构成侵权。二、被告使用的"荷包"汉字，不会导致消费者将其与原告的注册商标混淆或误认。

法院经审理查明：钧易公司于2013年12月20日申请注册"荷包"商标，2015年4月14日，注册申请获得核准，商标注册号为第13773587号，核定使用的商品类别为第9类，包括数据处理设备、计算机程序（可下载软件）等。荷包公司成立于2014年9月3日，经营范围为金融信息咨询、投资管理等。2016年1月19日，荷包公司取得软件登记证书，登记软件名称分别为"荷包理财Android软件"和"荷包理财iOS软件"。钧易公司通过公证处对荷包公司运营的网站的部分内容，在苹果手机的App STORE中下载、安装、运行iOS版本"荷包"App的过程，在微信中添加"荷包"微信公众号并查看的过程，从www.hebaodai.com网站中下载、安装、运行Android版本"荷包"App的过程进行公证显示：

一、"荷包"App是荷包公司推出的一款金融类手机应用软件，通过存入资金进行投资理财来获取收益并具有提现功能。

二、荷包公司运营的网站首页多处有"荷包理财""荷包贷款""精彩活动""关于荷包"等字样，从其网站介绍以及新闻报道中显示荷包App主要从事手机理财。其中，第一财经的新闻报道记载荷包App自2015年3月上线。

一审法院认为被诉"荷包"App与原告钧易公司请求保护的核定使用类别在第9类"荷包"商标属于同一类商品，但被告的使用行为具有合理的理由和一定的正当性，不能认定荷包公司使用与钧易公司注册商标相同的"荷包"作为其商品名称的行为具有误导公众的主观故意，因此，荷包公司的行为不侵犯钧易公司第13773587号"荷包"注册商标专用权。

法院生效判决认为：根据上诉人提交的（2017）粤广海珠第43121～43128号《公证书》记载的被上诉人网站的部分内容，在苹果手机的App STORE中下载、安装、运行iOS版本"荷包"App的过程，在微信中添加"荷包"微信公众号并查看的过程，从www.hebaodai.com网站中下载、安装、运行Android版本"荷包"App的过程，显示"荷包"App是荷包公司推出的一款金融类手机应用软件，通过存入资金进行投资理财来获取收益并具有提现功能。据此可以确定被上诉人通过苹果和安卓互联网平台提供的"荷包"App主要功能系提供金融服务。

在发展迅速的互联网经济下，传统行业开始借助移动互联和通信工具等开发应用程序，在此基础上对传统行业进行整合，形成不同于传统行业的运营模式，尤其是"互联网＋"的经济模式下，更多的行业将业务延伸到互联网平台，依托互联网平台开发和整合业务。为了适应互联网平台发展，提供服务的行业均需推出适用互联网平台模式的应用环境和技术，一般均会要求在即时移动通信设备提供的平台上传应用程序供客户使用其提供的服务，但为客户提供的服务在实质上并未发生根本变化，只是服务场所转移至互联网平台。在这种背景下，划分商品和服务类别，不应仅因其形式上使用了基于互联网和移动通信平台运营要求而产生的应用程序，就机械地将其归为此类服务，而应从服务的整体进行综合性判断，从符合"互联网＋"新业态的实际情况，分析商品或服务的特点，在坚持已有类似商品判断规则的基础上做出更谨慎和符合行业实际的判断，尤其应当综合、整体地考虑被诉商品或服务的实质特点，不应片面、机械地将其归类。

本案被上诉人提供服务的实质仍然是金融理财服务，虽然要求客户在智能手机上安装使用App，但是其服务内容并未发生实质性变化，只是将客户服务场所转移至互联网平台。法院认为，本案在确定两者是否为相同和近似类服务上，应当综合考虑上述情况，认定被上诉人荷包公司在iOS和Android等系统上传"荷包"App产品所提供的金融理财服务，与上诉人钧易公司请求保护的第13773587号"荷包"文字商标核定使用类别为第9类计算机程序（可下载软件）不属于相同或近似类商品或服务。一审法院的该项认定有误，二审法院予以纠正。深圳市中级人民法院于2020年2月12日做出判决：驳回上诉，维持原判。二审判决已生效。

（二）图形商标

图形商标是指由几何图形或其他图案构成，使用在商品或服务上的标志。它不依赖文字，仅通过图形来传达品牌信息，具有直观、形象的特点。图形商标的构成形式丰富多样，既包含对现实世界中各类事物，如人物、动物、植物以及自然景观等进行具象描绘形成的图形；也涵盖借助点、线、面、色彩等基础元素，经创意构思组合而成，并不指向具体实物的抽象图形。凭借其独有的视觉表现特性，图形商标在商业活动中扮演着关键角色，肩负着识别商品或服务出处以及广泛传播品牌形象的重要使命。

与文字商标相比，图形商标传递信息的方式更为简洁直观，消费者无须进行复杂的语义理解与解读过程，便能迅速把握品牌所蕴含的核心特质与独特风格。比如，简洁干练的线条图形往往能够传递出品牌的现代时尚感与简约美学；色彩绚丽、造型复杂多变的图形，可能暗示品牌产品丰富多元的特性与多样化的选择。

◎ **案例2：迈克尔·杰弗里·乔丹诉国家工商行政管理总局商标评审委员会、乔丹体育股份有限公司（图形）商标争议行政纠纷案**

原告迈克尔·乔丹与被告国家工商行政管理总局商标评审委员会、第三人乔丹体育股份有限公司商标争议行政纠纷案中，涉及乔丹体育股份有限公司的第6020570号图形商标（以下简称涉案商标），核定使用在国际分类第28类的游戏机、木偶、玩具等商品上，商标注册号为6020570。迈克尔·乔丹主张该商标含有其特定篮球运动形象，易使相关公众将之与其相联系，损害了其在先肖像权，故依据2001年修正的《商标法》第三十一条"申请商标注册不得损害他人现有的在先权利"的规定，针对涉案商标提起撤销申请。

国家工商行政管理总局商标评审委员会认为，涉案商标图形部分为人物剪影，动作形象较为普通，并不具有特定指向性，难以认定该图形与迈克尔·乔丹存在一一对应关系。故作出商评字〔2014〕第52052号《关于第6020570号图形商标争议裁定书》（以下简称第52052号裁定），裁定诉争商标予以维持。迈克尔·乔丹不服，向北京市第一中级人民法院提起行政诉讼。北京市第一中级人民法院于2014年12月18日作出（2014）一中行（知）初字第9178号民事判决，驳回迈克尔·乔丹的诉讼请求。迈克尔·乔丹不服提起上诉。北京市高级人民法院于2015年4月23日作出（2015）高行（知）终字第965号民事判决，驳回上诉，维持原判。迈克尔·乔丹仍然不服，向最高人民法院申请再审。

最高人民法院审查认为：再审申请人在本案中主张的肖像权可以构成《商标法》第31条规定的在先权利。肖像权所保护的"肖像"是对特定自然人体貌特征的视觉反映，社会公众通过"肖像"识别、指代其所对应的自然人，并能够据此将该自然人与他人相区分。根据肖像权以及肖像的性质，肖像权所保护的"肖像"应当具有可识别性，其中应当包含足以使社会公众识别其所对应的权利主体，即特定自然人的个人特征，从而能够明确指代其所对应的权利主体。如果请求肖像权保护的标识不具有可识别性，不能明确指代特定自然人，则难以在该标识上形成对肖像的保护。从社会公众的认知习惯和特点来看，自然人的面部特征是其体貌特征中最为主要的个人特征。一般情况下，社会公众通过特定自然人的面部特征就足以对其进行识别和区分。如果当事人主张肖像权保护的标识并不具有足以识别的面部特征，则应当提供充分的证据，证明该标识包含了其他足以反映其所对应的自然人的个人特征，具有可识别性，使社会公众认识到该标识能够明确指代该自然人。

关于迈克尔·乔丹在本案中主张的肖像权。照片中的迈克尔·乔丹运动形象清晰反映了其面部特征、身体形态、球衣号码等个人特征，社会公众据此能够清楚无误地识别该照片中的自然人为迈克尔·乔丹，故迈克尔·乔丹就照片中的运动形象享有肖像权。关于涉案商标标识，虽然该标识与照片中迈克尔·乔丹运动形象的身体轮廓的镜像基本一致，但该标识仅仅是黑色人形剪影，除身体轮廓外，其中并未包含任何与迈克尔·乔丹有关的个人特征。并且，迈克尔·乔丹就该标识所对应的动作本身并不享有其他合法权利，其他自然人也可以做出相同或者类似的动作，该标识并不具有可识别性，不能明确指代迈克尔·乔丹。因此，迈克尔·乔丹不能就该标识享有肖像权，其有关涉案商标的注册损害其肖像权的主张不能成立。

据此，最高人民法院裁定驳回迈克尔·乔丹的再审申请。

二、立体商标

立体商标是指三维标志或者含有其他标志的三维标志。相较于常见的平面商标，立体商标为品牌识别增添了空间维度，拓展了商标的表现形式。在市场中，许多产品借助立体商标构建起鲜明的品牌识别符号。例如，米其林轮胎人"必比登"，这个由白色轮胎堆叠而成、憨态可掬的卡通形象，不仅是米其林公司的标志，其立体造型也作为商标注册。消费者在看到这个立体形象时，无须额外的文字说明，就能迅速联想到米其林轮胎，成为该品牌极具辨识度的象征。

判断立体商标能否注册，显著特征与非功能性是两大关键要素。以常见的易拉罐形状为例，它在饮料行业广泛使用，消费者难以通过这种普通形状识别特定品牌，因此缺乏显著特征，无法注册为立体商标。而乐高积木独特的拼接凸点与凹槽设计，虽然在功能上有其作用，但并非实现积木拼接功能的唯一形状，且经过长期市场推广，消费者能将这一立体设计与乐高品牌紧密关联，所以符合注册条件。依据《商标法》第十二条："以三维标志申请注册商标的，仅由商品自身的性质产生的形状、为获得技术效果而需有的商品形状或者使商品具有实质性价值的形状，不得注册。"所以单纯基于商品自身性质形成的必要形状（如钢笔笔尖的形状）、为获得技术效果所需的形状（如飞机发动机进气口形状），以及赋予商品核心价值的形状（如切割成特定璀璨样式的宝石形状），均不具备注册为立体商标的资格。

◎ 案例3：古井贡酒瓶及包装盒立体商标侵权案

安徽古井贡酒股份有限公司（以下简称古井公司）是国内知名酿酒企业，其生产的白酒一经推出就受到广大消费者的青睐，并且获得多项荣誉，拥有较高的知名度及品牌价值。2018年6月，吴江区市场监督管理局在吴江区盛泽镇某批发部查获了一批模仿古井贡酒的"金井福"原浆系列白酒。经批发部的经营者洪某向执法人员透露，这批白酒是从亳州市某酒业公司进的货。

古井公司在2020年11月将盛泽某批发部及亳州某酒业公司作为共同被告起诉至吴江区人民法院，要求两被告承担侵犯其注册商标专用权的民事责任。亳州某酒业公司认可被查获的白酒是其公司生产，但辩称其生产的是自有品牌白酒，古井公司享有的注册商标与其生产商品上的标识既不相同也不近似，不构成商标侵权。

一审法院审理后认为，古井公司享有第13701700号"古井贡酒年份原浆"酒瓶造型及第10476054号"古井贡酒年份原浆献礼版"包装酒盒的立体商标专用权。第13701700号酒瓶造型立体商标含柱形瓶身、圈状金属色密封圈、陀螺状瓶盖，瓶身附盘龙造型，并标注"古井贡酒年份原浆"字样。第10476054号包装酒盒立体商标系由长方体包装盒及前、后、左、右、顶部五个立面上的图案组合而成，前立面主图案为酒瓶形状，酒瓶图案下方均有浅色横标，横标正中间有环形图案，当中用文字或数字加以标注。亳州某酒业公司生产的"金井福"原浆酒系列产品所用的酒瓶和古井公司使用的包装盒虽然在文字标注、瓶身龙形纹饰及代言人图片等方面存在细微差别，但在瓶身、瓶盖、瓶口处的金属色密封圈及尺寸、包装酒盒的酒瓶图案和文字在构图中的位置等方面高度近似，整体视觉效果上容易导致相关公众混淆与误认，构成立体商标的近似。亳州某酒业公司在相同商品上使用与他人注册商标近似的商标，侵犯了古井公司的商标专用权。盛泽某批发部销售上述侵权商品，亦构成侵权。

　　一审法院判决亳州某酒业公司及盛泽某批发部立即停止侵权，亳州某酒业公司赔偿古井公司105000元。因盛泽某批发部具有合法来源抗辩，故不再判令该批发部承担赔偿责任。判决后，亳州某酒业公司不服一审判决，向苏州市中级人民法院提出上诉。苏州市中级人民法院经审理后维持了一审判决。

三、颜色商标

　　颜色商标是指由一种或几种颜色组合而成，通过特定的排列方式来区分商品或服务来源的商标。颜色商标系我国注册商标中的一种特殊类型，法律对此类商标涉及的颜色与特定使用方式予以保护。商标申请人在申请注册颜色商标时，应将颜色组合标识的彩色图样（具体颜色色号）、使用方式在申请书中予以明确。

　　与传统的文字、图形商标不同，颜色商标单纯依靠色彩的独特性及其组合方式发挥识别功能。在颜色商标注册时，颜色的选用不能仅仅是为了实现商品本身的某种实用功能，比如某些产品因技术、安全等实际需求而采用特定颜色，这种颜色就无法作为颜色商标进行注册。只有当颜色的主要作用是识别商品或者服务来源，而非服务于产品实用目的时，才满足颜色商标的构成要件。

◎ **案例4：烙克赛克公司（Roxtec AB）与上海怡博船务有限公司侵害商标权纠纷案**

　　瑞典甲公司（以下称甲公司）是密封模块产品的生产商，在我国注册有第11945216号蓝黑颜色组合商标。该商标由蓝色（国际标准色卡色号：2925）和黑色组合而成，根据商标说明书记载，蓝色和黑色以同心圆的形式使用在指定商品上，黑色圆圈位于中心位置，四周环绕蓝框。密封模块产品的另一家生产商上海怡博船务有限公司（以下称乙公司）在其网站、展会产品手册上宣传的产品外观上也采用了黑色圆圈位于中心、四周围绕蓝框的同心圆形式。原告甲公司认为乙公司侵害了其颜色商标权，遂诉至上海市杨浦区人民法院。被告乙公司认为，其公司成立时间及在产品上使用蓝黑颜色的时间均早于原告颜色商标的注册时间，且两者在具体色号上存在差别。

　　上海市杨浦区人民法院经审理后认为，被控侵权的密封模块商品的样式为蓝色和黑色的同心圆形式，与原告商标仅存在蓝色色号的差异，整体构成近似，侵害了原告的注册商标专用权。对于被告的"在先使用"抗辩，原告使用蓝黑颜色组合标识的时间早于被告在模块式密封装置等产品上使用涉案蓝黑颜色组合的时间。在2007年被告成立并使用涉案标识时，原告的蓝黑颜色组合标识已在行业内具有一定的影响力，被告作为与原告同行业的经营者，仍在同类产品上使用近似颜色标识，其行为构成商标侵权。据此，一审法院判决乙公司停止侵权，在网站上刊登声明以消除影响，并赔偿原告经济损失400000元及合理费用100000元。

　　乙公司不服，提起上诉。二审法院审理后作出终审判决：驳回上诉，维持原判。

　　由于产品本身具备一定的色彩以彰显其装饰和宣传功能，加之颜色组合商标可能会因使用方式不同而发生形状变化，因此，普通消费者通常难以将颜色当作产品的重要识别特征。这使得颜色组合商标的显著性标准高于其他商标，同时也使得此类商标侵权的审查认定有更严格的标准。法院在审理此类案件时，主要以消费者的一般注意力为准，根据使用的颜色差异、排列组合方式、使用方式、整体视觉效果等综合作出判断。

◎ 案例5：第18338886号颜色组合商标无效宣告案

申请人：湖南杰希重工有限公司、惠州市契贝科技有限公司、邓红娥、湖南鹏翔星通汽车有限公司

被申请人：中联重科股份有限公司

申请人主要理由：争议商标的注册申请不符合颜色组合商标的形式审查要求；争议商标的颜色组合是行业内机械产品的通用色，且未经被申请人大量使用并起到区分商品来源的作用。

无效宣告裁定：被申请人按照《商标审查及审理标准》中颜色组合商标形式审查规定的要求提交了表示颜色组合方式色块的彩色图样并进行了相关声明，说明了颜色名称和色号，描述了其在商业活动中的具体使用方式，符合颜色组合商标的形式审查要求。同时，申请人提交的证据不能证明该颜色组合已经成为同类商品的描述性颜色。此外，该颜色组合经展示和宣传已与被申请人形成了对应关系，可以起到区分商品来源的作用。因此，争议商标的申请注册并不违反《商标法》第十一条的规定。综上，国家知识产权局对争议商标予以维持。

目前，颜色组合商标逐渐成为消费者识别商品来源的一种重要标志。作为非传统商标，显著性是颜色组合商标审查的难点，本案从颜色组合商标的可识别性、固有显著性、使用获得显著性等多方面进行了深入剖析，对厘清颜色组合商标显著性的问题进而满足颜色组合商标保护的迫切需要具有重要意义。

四、组合商标

组合商标是指用"文字、图形、字母、数字、三维标志和颜色组合"六要素中任何两种或两种以上的要素组合而成的商标。其构成方式极为多元，文字与图形的组合是常见形式，文字可精准传达品牌名称、特性等信息，图形则凭借直观视觉形象增强辨识度，二者结合，能让消费者快速理解品牌核心。并且组合商标的创意空间无限，在各个要素的相互组合中能够衍生独特的设计方案，对于商标的独特性与显著性具有很大的提升。在竞争激烈、品牌标识层出不穷的市场环境中，组合商标能够有效避免与其他商标混淆（图1、图2）。

图1　康师傅饮料标志图片　　　　　图2　鸿星尔克标志图片

◎ 案例6：湖南省长沙市雨花区市场监督管理局查处侵犯"茶颜悦色"注册商标专用权案

第15335343号"茶颜悦色"、第23460067号"🍵"商标是湖南茶悦文化产业发展集团有限

公司在第30类茶饮料等商品上的注册商标，专用权期限分别至2025年10月20日、2028年3月20日。2021年3月，上述商标注册人向湖南省长沙市雨花区市场监督管理局反映当事人湖南高桥大市场露露商行销售侵犯"茶颜悦色""●"注册商标专用权的商品。执法人员现场检查，发现当事人销售的两款奶茶产品使用"●茶颜悦色"图文组合商标。经查，当事人于2020年12月从许昌茶颜悦色食品有限公司以每件120元的价格，购进共计800件商标为"●茶颜悦色"的产品，共计9.6万元。实际到货903件，退货265件。2021年1月2日至3月18日，当事人以144~156元每件的价格销售638件，经营额9.31万元。在案件查办过程中，当事人提供了证明其销售的商品具有合法来源的证据材料。但是办案机关认为，当事人作为从业23年的食品批发商，与商标注册人同处长沙，理应知晓"茶颜悦色"的知名度与影响力，且在连续两次收到权利人警告后仍未停止宣传及销售行为。当事人属于主观上明知应知，不符合销售商不知道是侵犯注册商标专用权商品的免责要件。长沙市雨花区市场监督管理局认定，当事人构成《商标法》第五十七条第（三）项规定的侵权行为。2021年5月14日，该局依据《商标法》第六十条第二款规定，责令当事人立即停止侵权行为，并作出罚款30万元的行政处罚。

销售商销售商标侵权商品是商标行政管理中的热点及难点问题，侵权嫌疑人往往会以"不知道"为由进行抗辩，逃避处罚。为此，国家知识产权局于2020年专门发布了《商标侵权判断标准》，其中有第27~29条三个条款专门规范销售相关的法律适用，第27条与本案尤其有关，该条一方面排除了价格明显过低、拒不提供账目、转移或提供虚假物证、再次侵权等情形，属于"销售不知道是侵犯注册商标专用权的商品"的情况，同时也保留了其他"明知或者应知"的兜底性规定。本案中，"茶颜悦色"是长沙本地的原创品牌，在当地乃至全国都有很高的知名度，而销售者又是当地从业20多年的个体工商户，尤其是两次收到警告后仍置若罔闻，情节较为严重。当地执法部门充分考虑相关侵权事实和情节，准确适用"应知"标准，并处以非法经营额三倍的罚款，既及时制止了侵权，也对其他市场经营者起到了很好的教育警示作用。

五、非视觉商标
（一）声音商标

声音商标是由用以区别商品或服务来源的声音构成的商标。2013年《商标法》第八条首次明确声音可以作为商标注册，为声音作为商标申请注册提供了可行性规范依据。声音商标可以由音乐性质的声音构成，如一段乐曲；也可以由非音乐性质的声音构成，如自然界的声音、动物的叫声、机器的轰鸣声等；还可以由音乐和非音乐声音组合而成。通常情况下，声音商标只有经过长期使用，才能取得显著特征。也就是说，只有消费者在某种声音与商品或服务提供者之间建立起特定联系，并且能够区分不同来源的商品或服务时，声音才可能获得核准注册为商标。例如"中国国际广播电台广播节目开始曲"，声音商标于2014年5月4日申请，于2016年5月14日获准注册。全长40秒，共18个小节，旋律和节奏独特，经过长期、广泛使用，已在中国国际广播电台广播节目中形成了高度的识别性和显著性，同时作为中国国际广播电台的标志性声音，在广大听众中具有较高的知名度和影响力，是我国首例注册成功的声音商标。

◎ **案例7：腾讯QQ的"嘀嘀嘀嘀嘀嘀"消息提示音声音商标注册案**

2014年5月4日，腾讯公司向国家工商行政管理总局商标局提出"嘀嘀嘀嘀嘀嘀"声音商标的注册申请。2015年8月11日，商标局以"申请商标在指定使用项目上缺乏显著性"为由驳回申请。腾讯公司向商标评审委员会提出复审申请，后商标评审委员会以"难以起到区分服务来源的作用"为由，驳回注册申请。

腾讯公司继而向北京知识产权法院提起行政诉讼。2018年4月27日，北京知识产权法院公开宣判，认为QQ提示音具有特定的节奏、音效，不属于声音整体较为简单的情形，且通过在QQ上的长期持续使用，具备了识别服务来源的作用。2018年10月，北京市高级人民法院终审判决，认定该声音商标具有显著性，支持QQ提示音注册商标。

（二）气味商标

商标作为市场主体在生产和经营活动中不可或缺且极具价值的重要无形资产，不仅仅是一个简单的符号或标记，更是企业身份的象征、产品质量的保证以及市场竞争力的关键。随着市场竞争的不断加剧，传统的文字、图片、颜色等可视商标开始无法满足企业的需求，一些企业转而选择使用非传统的商标元素吸引消费者，成为企业在激烈的市场环境中脱颖而出的重要手段。气味商标就是其中的典型代表。

气味商标，又称嗅觉商标，是指以某种特殊气味作为商标标识的构成要素，以便让消费者通过嗅觉感知来区别商品或服务的来源。在注册气味商标时，需满足两项条件。第一，被申请的气味商标发出的气味应当有别于商品本身的气味、原料或其他特征，即该气味不是由商品本身的特征决定的。第二，气味商标应满足一般商标的标准，能够区别于其他商品或服务来源。

气味商标与可视商标最根本的不同在于，气味商标是通过人类嗅觉来感知，人们通过嗅觉记忆某种具有显著特征的气味，并且将该种气味与某一商品或服务建立联系，从而起到识别作用。与一般的传统商标相比，气味商标没有固定的形状，且既可以与其他气味商标混淆，也可以与其他商标要素混淆。重要的是气味商标不易演化为通用名称。通常，气味商标应用于特定的商品或服务，如化妆品、香水、清洁剂、玩具等，其中商品本身的气味能形成消费者对品牌独特的认知。成功的气味商标需具有显著性，即能够使消费者一闻到这种气味就能联想到特定的品牌。此外，气味商标需要能够在一段时间内保持稳定，以便于消费者反复识别和记忆。

气味商标在我国属于新型商标，虽然在理论和实践中有其存在的必要性，但是在我国现行法律体系下存在诸多障碍，主要表现在：商标分类中只将"气味商标"作为商品名称进行注册。目前，嗅觉商标在全球范围内的应用相对少见。世界上第一个气味商标诞生于1990年，美国商标审理与上诉委员会（TTAB）在缝纫机上核定注册了一种"PIUME-RIA BIOSSOMS花的刺激、清新、令人记忆深刻的花香气息"。欧共体内部市场协调局第二上诉庭也曾在R156/1992-2一案中，首次核准了以新剪的草香作为嗅觉商标获得共同体商标注册。

（三）味觉商标

味觉商标是一种非传统商标，是指通过味觉识别商品或服务的商标。与大众熟知的文字、图形商标不同，味觉商标主要作用于人类的味觉感知系统，在市场中构建起独特的品牌标识。

从理论层面而言，尽管味道通常是食品、饮料等产品自身的固有属性，消费者起初往往不会将其视为识别特定来源的关键因素，但经过长期、持续的市场使用，某种味道有可能逐渐具备显著特征，从而被消费者识别为特定品牌的标志。不过，在实际操作中，味觉商标面临诸多挑战。首先，其需满足显著性要求，即该味道必须独特新颖，能够在琳琅满目的商品和服务中脱颖而出，让消费者精准无误地将其与特定品牌关联起来；其次，稳定性至关重要，在不同时间、不同批次的产品或服务中，味觉商标对应的味道应保持一致，以便消费者反复接触后形成深刻记忆。然而，由于味觉感知存在较强的主观性，不同个体对同一种味道的感受可能千差万别，且味道难以像文字、图形那样通过直观、精确的方式进行描述与呈现，这使得味觉商标在注册、保护及市场推广等方面困难重重。当前，味觉商标在全球范围内的应用相对有限，主要集中在食品、饮料等味觉体验至关重要的行业领域。

（四）触觉商标

触觉商标，也称接触性商标，是利用某种材料或纹理的触觉效果作为标记，通过触觉识别商品或服务的商标。触觉特征不像视觉或听觉特征那样直观和容易被察觉，它主要依赖于人们对材料质地的感知，如平整度、光滑度、粗糙度、柔软度等，来区分商品或服务的来源。通常需要消费者主动触摸或体验才能感受到，具有一定的隐蔽性和独特性。不同的人对触觉的感受和敏感度存在差异，对于同一触觉特征，不同消费者可能有不同的感知和评价，这使得触觉商标的认定和评估具有一定的主观性。

在实际应用中，一些企业会在名片、信封、包装袋乃至前台接待桌面、员工服装等上使用特殊的材料，以达到与众不同的触觉效果，从而增强品牌的独特性和辨识度。例如，2016年6月2日，哥伦比亚共和国商标局首次核准了触觉商标，该商标为老伯威（Old Parr）酒瓶的表面触觉，核定使用在第33类啤酒之外的酒精饮料上。这种触觉商标通过酒瓶表面的特殊纹理或形状来传达品牌信息，使消费者能够通过触摸识别商品。

然而，与传统的视觉商标相比，触觉商标在注册和保护上可能面临一些挑战。首先，触觉商标的呈现方式较为特殊，不具有可视性，因此在申请注册时需要提供充分的证据证明其独特性和识别性。其次，触觉商标的权利范围可能较为模糊，判断混淆与误认的难度也相对较大。此外，由于触觉商标更加依赖个人感官，其保存方式和展示手段也可能更加复杂和困难。尽管触觉商标在某些国家和地区已经得到了认可和保护，但在我国当前的《商标法》中，触觉商标并不作为商标构成要素类型。这意味着，在我国申请触觉商标可能会面临一定的法律障碍和不确定性。

（五）位置商标

位置商标一般是指使用在特定位置的图案、颜色、文字或者上述元素的组合构成的标志。根据这一定义，位置商标是特定位置上的可视性标志。离开商品的特定位置，该标志可能不具有显著性或无法起到区分来源的作用。比如"红鞋底"商标，如果脱离了鞋底这个特定位置，单纯的红色可能无法作为商标被识别。目前在我国，商品特定部位的设计若想获得保护，需以立体商标、图形商标、颜色商标或组合商标等形式进行注册。

◎ 案例8："红鞋底"商标侵权案

上诉人克里斯提·鲁布托、上诉人国家工商行政管理总局商标评审委员会（以下简称商标评审委员会）因商标申请驳回复审行政纠纷一案，不服北京知识产权法院（2015）京知行初字第3648号行政判决，提起上诉。

北京知识产权法院查明：

一、申请商标

1.申请人：克里斯提·鲁布托。

2.申请号：国际注册第1031242号。

3.领土延伸保护申请日期：2010年4月15日。

4.基础注册日：2007年11月15日。

5.标志：

6.指定使用商品（第25类）：女高跟鞋。

二、被诉决定：商评字〔2015〕第8356号"关于国际注册第1031242号图形商标驳回复审决定书"

该决定认定：申请商标由常用的高跟鞋图形及鞋底指定单一的颜色组成，指定使用在女高跟鞋商品上，相关公众不易将其作为区分商品来源的标志加以认知，缺乏商标应有的显著性。克里斯提·鲁布托提交的证据尚不足以证明申请商标整体标志在指定使用商品上，经其实际有效的商业使用已具有商标应有的显著性。申请商标已构成《商标法》第十一条第一款第（三）项规定之情形。商标确权审查遵循地域原则，克里斯提·鲁布托所述其他商标域外注册的情况不能成为准予本案申请商标初步审定之依据。依照商标法第十一条第一款第（三）项、第三十条、第三十四条的规定，商标评审委员会决定：申请商标指定使用在第25类复审商品上在中国的领土延伸保护申请予以驳回。

三、其他事实

2010年10月，国家工商行政管理总局商标局（以下简称商标局）作出"商标国际注册驳回通知书"，根据《商标法》第十一条第一款第（三）项的规定，商标局决定：驳回申请商标的国际注册申请。

在法定期限内，克里斯提·鲁布托向商标评审委员会提出复审申请。

克里斯提·鲁布托原审诉讼中提交的由北京百嘉翻译服务有限公司（以下简称百嘉翻译公司）提供中文译文的《世界知识产权组织–ROMARIN–国际注册详细信息》载明："该商标由图样显示的红鞋底（潘通色号：18.1663TP）构成（高跟鞋的外形不属于商标的一部分，仅用于指示商标的位置）"。

在原审诉讼过程中，克里斯提·鲁布托提交了申请商标指定使用商品的商业宣传、销售等证据材料，以及申请商标在其他国家获得注册的证据，用以证明申请商标经过克里斯提·鲁布托大力宣传和使用，已经与其建立了唯一对应关系，具有显著性。

北京知识产权法院认为：申请商标申请图样包括虚线勾勒的高跟鞋外围轮廓以及实线勾

勒并填涂红色的鞋底部分，商标标志应当以图样的整体为准。根据克里斯提·鲁布托提交的《世界知识产权组织-ROMARIN-国际注册详细信息》所记载的内容并结合克里斯提·鲁布托提交的使用证据，克里斯提·鲁布托使用虚线系表达高跟鞋商品的外形，本商标标志应当属于三维标志，表示了高跟鞋商品本身的外形，并在局部部位填涂红色。被诉决定关于申请商标属于图形商标的认定有误。克里斯提·鲁布托提交的与商标图样一致的商业宣传、销售等使用证据应当作为今后判断该三维标志是否具有显著特征的证据加以进一步分析和认定。

综上，北京知识产权法院依照《中华人民共和国行政诉讼法》第七十条第（一）项、第（二）项之规定，判决：撤销商标评审委员会作出的被诉决定；商标评审委员会重新作出驳回复审决定。

克里斯提·鲁布托不服原审判决，提起上诉，请求在依法纠正原审判决事实认定和理由错误的基础上，维持原审判决。其主要上诉理由是：

（一）原审判决错误理解了申请商标的构成要素以及保护范围。申请商标为商标国际注册申请延伸至中国，其申请信息以国际注册申请中的内容为准。国际注册申请的商标图样以及商标说明等既是当事人对于商标构成要素以及保护范围的基本陈述，也是商标审查机构据以审查的依据。申请商标的申请文件已经示明：申请商标由商品下鞋底位置使用的特定红色（潘通色号：18.1663TP）组成，而图样中虚线勾勒的高跟鞋形状、高跟鞋下鞋底的形状均不是申请商标的组成部分。商标图样中虚线部分用于指示位置，虚线勾勒的轮廓不构成商标的组成部分已经为包括《商标审查及审理标准》、最高人民法院相关在先判决在内的中国商标审查及司法实践认可。因此，无论根据申请商标申请文件的记载，还是商标局、商标评审委员会的既有评审规则，以及司法实践的在先判例，都可明确排除高跟鞋外形作为商标的组成部分。原审判决有关商标构成的相关认定存在事实认定错误，依法应予纠正。

（二）在正确理解商标申请范围的基础上，申请商标不应被认定为"三维标志"。根据申请商标详细信息中的描述和克里斯提·鲁布托实际使用的情况，本案申请商标属于《商标法》未明确列举的其他类型标志，而非三维标志。①《商标法》对于可注册商标标志采取非穷尽式列举方式，对于在中国可注册的商标标志不应当以明确列举的类型为限。②申请商标是可识别的标志，但不属于《商标法》第八条明确列举的任何一种商标类型，更非三维标志。《商标审查及审理标准》第四部分"立体商标审查标准"将立体商标解释为"仅由三维标志或者含有其他要素的三维标志构成的商标"，并提出"立体商标可以是商品本身的形状、商品的包装物或者其他三维标志"。由此可见，可能作为立体商标注册的三维标志指某种空间几何体，如商品本身的形状或商品的包装，但申请商标这种"位置+颜色"的组合标志不应被理解为三维标志。③2013年《商标法》修改所体现的立法态度也支持本案申请商标这种非传统类型商标的注册。④即使囿于商标法现行列举的商标类型，将申请商标归于三维标志，也应当准确理解申请商标的构成要素和保护范围，高跟鞋外形不构成三维标志的一部分，不属于申请商标的构成要素。

（三）申请商标可以区分商品来源，具有显著性，符合商标注册的条件。①申请商标具有固有显著性。在克里斯提·鲁布托在下鞋底位置使用红色之前，没有女性设计师真正关注鞋底的颜色设计，即使到现在，高跟鞋商品的下鞋底使用的颜色仍多是棕色、米黄色或黑色等皮革原色，原因在于皮革原色可以衬托鞋面设计，不会分散消费者的注意力，更容易使整个商品的色彩平衡。克里斯提·鲁布托开创性地使用了具有鲜明特色的红色作为鞋底颜色，且持续将在鞋底位置使用的红色作为品牌商标使用。申请商标与行业中的通用下鞋底颜色明显不同，因此，申请商标本身具备可区分其他经营者同类产品的显著特征。对于高跟鞋商品，鞋底是生产商惯常标注商标的位置。如此显著的标志又处于惯常标注商标的位置，相关公众在面对克里斯提·鲁布托的鞋底红色标志时会将其认知为商标。②即使不考虑固有显著性，经过克里斯提·鲁布托及其关联公司的商业使用和宣传推广，申请商标也已经与克里斯提·鲁布托产生了稳定的唯一对应关系，申请商标经过使用获得了显著性。③申请商标在其他国家获得商标注册和司法保护，甚至被认定为驰名商标的记录，也能够佐证申请商标具有显著性。

经审理查明：申请商标最初指定使用的商品为"女鞋"，后克里斯提·鲁布托提交商品和服务列表限缩申请，将申请商标指定使用的商品限缩为"女士高跟鞋"。

克里斯提·鲁布托2010年12月15日向商标评审委员会提交的"驳回商标注册申请复审申请书"首页载明："商标：图形""申请号/国际注册号：G1031242"，但在该复审申请书正文中，克里斯提·鲁布托始终以申请商标的图样指代该商标，并在"申请人及申请商标"中提出："红底鞋是克里斯提·鲁布托（Christian Louboutin）的招牌标识，凸显女性的柔媚、美丽和不张扬的成熟性感。自1992年申请人首次把艳丽的红色用在自己的作品上，红色鞋底便成为申请人的作品标志，被时尚名流们追捧。"克里斯提·鲁布托向商标评审委员会提交的附件一《世界知识产权组织商标局国际注册记录》中文译文中载明："商标描述：该商标由红色（潘通色号：18.1663TP）适用于鞋底的代表性（鞋的轮廓是不是该商标，仅用于说明它的一部分）所示。"

商标评审委员会应当根据查明的事实和相应认定，重新作出复审决定。克里斯提·鲁布托的部分上诉理由成立，对其在纠正原审判决错误的基础上维持原审判决结论的上诉请求，二审法院予以支持。商标评审委员会的上诉理由缺乏事实依据，对其撤销原审判决的上诉请求，不予支持。依照《中华人民共和国行政诉讼法》第一百零一条、参照《中华人民共和国民事诉讼法》第一百七十条第一款第（一）项、《最高人民法院关于适用〈中华人民共和国民事诉讼法〉的解释》第三百三十四条之规定，判决如下：驳回上诉，维持原判。

六、集体商标和证明商标

1. 集体商标

《商标法》第三条规定："集体商标，是指以团体、协会或者其他组织名义注册，供该组织成员在商事活动中使用，以表明使用者在该组织中的成员资格的标志。"集体商标以团体、协会或其他组织名义注册，其权利归属于该集体组织的全体成员，体现了"共有"的特性。这意味着商标不属于单个自然人、法人或其他组织，而是由多个成员共同拥有和使用。集体商标是以各成员组成的集体名义申请注册和所有，由各成员共同使用的一项集体性权利，反映在集体商标的申请注册上，即要求只有具有法人资格的集体组织才可以提出申请，因为只有具有法人资格的集体组织才能以其集体的独立名义拥有商标权。集体商标反映在商标的使用上，表现为，集体组织通常不使用该集体商标，而由该组织的成员共同使用，不是该组织的成员不能使用，每个成员都有平等使用的权利，并且成员间不存在隶属关系，同时又必须对其集体成员的使用进行监督，并对违反使用规则的成员进行处理。

地理商标可以作为集体商标注册。以地理标志作为集体商标注册的，其商品符合使用该地理标志条件的自然人、法人或者其他组织，可以要求参加以该地理标志作为集体商标注册的团体、协会或者其他组织，该团体、协会或者其他组织应当依据其章程接纳为会员；不要求参加以该地理标志作为集体商标注册的团体、协会或者其他组织的，也可以正当使用该地理标志，该团体、协会或者其他组织无权禁止。

以"安吉白茶"集体商标为例，其由安吉县相关茶叶组织进行注册，成员涵盖安吉县内众多茶企、茶农。安吉白茶具有独特的白化现象，氨基酸含量高，口感鲜爽，这一特色风味便是其集体商标的核心价值体现。为维护该集体商标的声誉，安吉县制定了严格的使用管理规则，从茶树品种、种植区域、采摘标准到加工工艺都有细致规范。只有符合标准的成员，才有资格在产品上使用"安吉白茶"集体商标。

在商事活动中使用，表明了使用者在该组织中的成员资格。消费者通过集体商标能够识别出商品或服务的提供者是特定集体组织的成员，从而将该集体组织的整体信誉和形象与使用商标的商品或服务联系起来。例如，"库尔勒香梨"是中国新疆库尔勒地区的特色水果，库尔勒香梨协会注册了"库尔勒香梨"集体商标。只有协会成员，即库尔勒地区符合一定种植和质量标准的香梨种植户和经销商，才能使用该商标。这样，消费者看到"库尔勒香梨"商标，就知道该香梨来自库尔勒地区，并且具有特定的品质和特点。

◎ 案例9：上海市浦东新区知识产权局查处侵犯"BORDEAUX"地理标志商标专用权案

第19564618号"BORDEAUX"商标是波尔多葡萄酒行业联合委员会在葡萄酒商品上注册的地理标志集体商标，专用权期限至2027年7月20日。

2019年4月25日，上海市浦东新区知识产权局接到成都市市场监督管理局通报的线索：当事人上海菲桐贸易有限公司在全国糖酒商品交易会上展出涉嫌侵犯"BORDEAUX"注册商标专用权的葡萄酒。经查，自2018年7月起，当事人委托烟台奥威依曼酒业有限公司加工生产"伯克拉斐"系列干红葡萄酒，由当事人提供酒瓶、酒盖、酒瓶标贴、内外箱等物料。其中，酒瓶标贴系当事人提供式样并委托深圳市大卫福音包装设计印刷有限公司设计、生产，再交由烟台奥威依曼酒业有限公司加贴。当事人擅自在葡萄酒酒瓶标贴上使用"BORDEAUX"字样，获得违法经营收入38.59万元。

办案机关认为，当事人生产销售上述侵权商品的行为构成《商标法》第五十七条第（一）项规定的侵权行为。因涉案商品数量多、案值大，已达到刑事追诉标准，办案机关将该案移送公安机关。2020年6月4日，上海市浦东新区人民法院依法作出刑事判决，判处被告上海菲桐贸易有限公司犯假冒注册商标罪，罚金10万元；被告人诸葛某某（系上海菲桐贸易有限公司实际经营人）犯假冒注册商标罪，判处有期徒刑1年6个月，缓刑1年6个月，罚金5万元；查获的假冒注册商标的葡萄酒予以没收；禁止被告人诸葛某某在缓刑考验期限内从事食品生产、销售及相关活动。

地理标志是特定地区的宝贵资源和财富。生产销售假冒地理标志的商品，会严重损害地理标志声誉，严重侵害特定地区生产经营者的竞争优势等合法权益。保护地理标志既是我国履行知识产权保护国际条约义务的体现，也是我国推进乡村振兴战略的重要举措。有观点认为，《中华人民共和国刑法》（以下简称《刑法》）第二百一十三条假冒注册商标犯罪的侵害客体不包括集体商标和证明商标。本案的查处，从实证角度明确了地理标志集体商标属于假冒注册商标犯罪的侵害客体，体现了我国对国内外地理标志商标的保护，反映了我国商标行政执法跨地区协作机制的有效运行和商标行政执法与刑事司法的有效衔接。

2. 证明商标

证明商标是指由对某种商品或者服务具有监督能力的组织所控制，而由该组织以外的单位或个人适用于其商品或者服务，用以证明该商品或服务的原产地、原料、制造方法、质量或其他特定品质的标志。就性质而言，其控制权与使用权分离。对商品或服务具备监督能力的组织掌握着证明商标的控制权，如各类行业协会、专业检测机构等，这些组织凭借自身专业能力、技术资源或长期积累的行业公信力，得以把控证明商标使用标准。但实际使用该商标的却是组织以外的单位或个人，这种分离模式使商标能在更广泛的市场主体中发挥证明作用。从功能角度，证明商标如消费者的"指南针"。

证明商标是为了向社会公众证明某一产品或服务所具有的特定品质。证明商标注册人的权利以保有、管理、维持证明商标为核心，应当允许其商品符合证明商标所标示的特定品质的自然人、法人或者其他组织正当使用该证明商标中的地名。该案认定水果经营部有权客观描述其商品的产地，这对商品确实产于某一地区的自然人、法人或者其他组织正当使用证明商标中的地名的权利予以了有效保护，同时也在一定程度上遏制了持有证明商标的权利人滥用其权利阻止相关自然人、法人或其他组织正当使用该证明商标中的地名的行为。在市场中，消费者难以洞悉商品或服务真实品质、原料来源、制造工艺等关键信息，证明商标便能清晰传达这些特定品质特征。例如，"阳澄湖大闸蟹"证明商标，让消费者知晓所购大闸蟹源自阳澄湖特定水域，有着区别于其他产地大闸蟹的生长环境与品质特点。"绿色食品"证明商标则表明商品在生产过程中遵循绿色环保标准，原料、生产环节都符合健康、安全要求，保障消费者权益。

◎ **案例10：上海市徐汇区玮恺茶行与被上诉人杭州市西湖区龙井茶产业协会（以下简称西湖龙井协会）侵害商标权纠纷案**

2014年7月7日，西湖龙井协会在玮恺茶行经营的店铺购买了一份礼盒茶叶，礼盒内有两个大小相同的金属茶叶罐，礼盒外部纸质包装袋、礼盒及茶叶罐中央位置均印有"西湖龙井"字样，在茶叶罐内的塑料包装上亦有斜排的"西湖龍井"字样，茶叶包装上无任何生产厂商、生产日期、生产批次等信息。西湖龙井协会认为玮恺茶行侵犯了西湖龙井协会的注册商标专用权，故诉至法院，请求判令玮恺茶行停止侵权并赔偿西湖龙井协会经济损失5万元。玮恺茶行认为，西湖龙井协会的诉讼主体资格不符，不能代表茶农利益，西湖龙井协会于2011年才获得注册商标，但西湖龙井已存在千年历史，是西湖附近茶叶的通用名称，只要是西湖产地的茶叶就可以使用，并不需要申领"西湖龙井"标识。

一审法院认为，西湖龙井作为我国传统名茶，其特定的品质主要由其茶叶产区的自然因素、采摘条件和制作工艺等所决定，西湖龙井协会作为涉案商标的商标权人，对于不符合产地、工艺、品质要求的商品上标注该商标的，有权禁止并追究其侵权责任。本案中，玮恺茶行印有"西湖龙井""西湖龍井"等字样的包装袋、礼盒、茶叶罐、包装纸等与西湖龙井协会涉案商标构成近似，易使相关公众误认，对商品来源产生混淆。玮恺茶行提交的证据不能证明其产品来源于"西湖龙井"的指定生产地域范围，以及产品符合"西湖龙井"的品质要求，因此其在被控侵权产品上突出使用涉案地理标志证明商标的行为构成对西湖龙井协会涉案注册商标专用权的侵犯。法院判决玮恺茶行立即停止侵犯西湖龙井协会注册商标专用权的行为，并赔偿西湖龙井协会经济损失及合理开支1.8万元。

上海知识产权法院再次明确玮恺茶行虽销售的系散装茶叶，但在销售时向消费者提供了带有"西湖龙井"及"西湖龍井"标识的包装盒，此种行为不属于"销售侵犯注册商标专用权的商品"，却构成"未经商标注册人的许可，在同一种商品上使用与其注册商标相同或近似的商标"，且其未能证明被控侵权的茶叶符合"西湖龙井"的产地和品质要求，故玮恺茶行的行为构成商标侵权。另外，作为规范的经营者，如果玮恺茶行销售的确系"西湖龙井"茶叶，其在向上家购买时即应取得相关证明，而不是在发生纠纷后再去寻找证据。综上，上海知产法院判决，驳回上诉，维持原判。

七、商品商标和服务商标

商品商标是将特定的商品与其他商品区分开来的标志，用于识别商品提供者。依据商标使用者的不同，商品商标可分为制造商标与销售商标。制造商标由商品生产者使用，用以表明商品出自特定制造商，彰显产品的制造工艺与品质保障，例如，苹果公司在其电子产品上使用的商标，代表着苹果卓越的制造技术与创新能力。销售商标则由商品销售者使用，强调销售渠道的信誉与特色，比如，王府井百货在其自有品牌商品上使用的商标，体现了王府井百货的品牌影响力与销售服务品质。

服务商标是指提供服务的经营者为将自己提供的服务与他人提供的服务相区别而使用的标志。在经济活动中，有些企业的"产品"并不是作为有形的商品提供给消费者，而是作为某种商业性质的服务项目用以满足消费者的需求。如旅游服务、修理服务、保险服务、娱乐服务、交通服务、邮电服务等。不同企业提供的这类不同"产品"，也需要用不同标记将它们区分开。例如，中国"民航"、英国"英航"、德国"汉莎航空公司"等，它们都提供同一服务，但各自有不同的服务标记。

商品商标与服务商标的区别在于，商品商标是指商品的生产者或经营者为了将自己生产或经营的商品与他人生产或经营的商品区别开来，而使用的文字、图形或其组合标志。商品商标可以是具有某种含义或毫无任何意义的文字、图形或其组合。如同其他商标一样，只要不违反法律的禁用条款，不损害公共道德或他人的利益，具有商标的显著性，均可成为商品商标。服务商标作为某种商业性质的服务项目用以满足消费者的需求。商品商标所要区别的是某种商品，它一般都是有形的，表现为某种物品。而服务商标则不然，它所要区别的是某种服务，它一般都是无形的，表现的是人的行为，它依附于服务行为本身。由此可见，服务商标区分无形商品的难度比起商品商标区分有形商品的难度就大得多。

◎ **案例11：湖北省荆州市公安县市场监督管理局查处侵犯"![商标]"等注册商标专用权案**

第1385942号"![商标]"商标、第1948357号"![商标]"商标是中国石油化工集团有限公司（以下简称中石化）在第37类"车辆加油站"等服务上的注册商标，专用权期限分别至2030年4月13日、2032年10月27日。第4638026号"![商标]"商标是中国石化销售股份有限公司在第37类"车辆加油站"等服务上的注册商标，专用权期限至2028年12月13日。2022年3月9日，湖北省荆州市公安县市场监督管理局执法人员根据荆州市市场监督管理局移送的违法线索，对公安县中宏石化有限责任公司曾埠头加油站进行现场检查。经查，2022年2月，当事人在对加油站进行装饰装潢时，在罩棚檐面、立式广告牌、加油机机身上使用了"![SHIHUA]""![图形]""![ZSHIHUA]""![快捷]"标识。涉案标识与"![图形]""![图形]""![图形]"注册商标在文字图形排列、标志设计等方面高度近似。执法人员随机询问3名消费者，3人均误以为该加油站为中石化所属。至案发时，当事人经营涉案加油站共销售汽、柴油2.37万余升，销售金额共计17.4596万元。调查期间，当事人自行拆除涉嫌侵权标识并更换新标识。

2022年5月26日，公安县市场监督管理局认定，在加油站使用侵权标识，构成《商标法》第五十七条第（二）项规定的侵权行为，依据《商标法》第六十条第2款，对当事人作出罚款20万元的行政处罚。

该案是一起典型的服务商标侵权案。中国石油化工集团有限公司是行业内知名度很高的大型国有企业，其加油服务网络遍及中国城乡，涉案系列商标广为相关公众知晓。侵权主体"精心"设计出与权利人注册商标高度近似的标识，并使用于其经营场所显著位置，极易导致消费者混淆误认。执法人员对涉案加油站消费者的随机询问，进一步印证当事人使用涉案标识实际上已导致消费者误以为其加油站系中石化网点。办案机关综合考量侵权事实、消费者混淆误认的实际情形、侵权案值和当事人配合调查等情由，依法作出行政处罚，合理、适当，有力地维护了注册商标权利人的合法权益。

第二章　商标授权的条件

本章导读：商标授权是商标获得法律保护的关键环节，其条件的规定旨在确保商标的合法性、显著性及不损害他人权益。本章解读了商标授权的条件，对商标禁止注册的绝对理由和相对理由进行了阐述。绝对理由涵盖不得作为商标使用的标识、缺乏显著性的标识等，通过具体案例展示了这些规定在实践中的应用及判定标准。相对理由则涉及误导性使用地理标志、代表人抢注等行为，明确了此类行为对市场秩序和商标权利人的危害。学习本章内容，能帮助读者了解商标授权的边界，认识到维护商标注册秩序、保护各方合法权益的重要性，为企业和个人申请商标、避免侵权纠纷提供指引。

第一节　商标禁止注册的绝对理由

一、不得作为商标进行使用的标识

《商标法》第十条规定："下列标志不得作为商标使用：（一）同中华人民共和国的国家名称、国旗、国徽、国歌、军旗、军徽、军歌、勋章等相同或者近似的，以及同中央国家机关的名称、标志、所在地特定地点的名称或者标志性建筑物的名称、图形相同的；（二）同外国的国家名称、国旗、国徽、军旗等相同或者近似的，但经该国政府同意的除外；（三）同政府间国际组织的名称、旗帜、徽记等相同或者近似的，但经该组织同意或者不易误导公众的除外；（四）与表明实施控制、予以保证的官方标志、检验印记相同或者近似的，但经授权的除外；（五）同'红十字''红新月'的名称、标志相同或者近似的；（六）带有民族歧视性的；（七）带有欺骗性，容易使公众对商品的质量等特点或者产地产生误认的；（八）有害于社会主义道德风尚或者有其他不良影响的。县级以上行政区划的地名或者公众知晓的外国地名，不得作为商标。但是，地名具有其他含义或者作为集体商标、证明商标组成部分的除外；已经注册的使用地名的商标继续有效。"本条列举了不得作为商标使用的标志，其目的是禁止损害或者可能损害国家尊严、社会公共利益、社会公共秩序、民族团结、宗教信仰等的标志，或者违反社会善良风俗、具有其他不良影响的标志获准注册和使用。"不得作为商标使用"是指除了禁止这些标志作为商标注册外，还禁止上述标志作为商标使用。标志具有多种含义或者多种使用方式，实践中不同社会群体对有关标志是否属于本条禁用情形往往存在着不同的理解，但只要特定群体有合理充分的理由认为该标志用作商标违反了本条规定，则应认定为该标志属于上述禁用情形。如"MLGB"，在网络环境下，特定网络使用群体认为其具有不文明含义，该标志仍属于上述禁用情形。

◎ 案例1：上海俊客贸易有限公司与原国家工商行政管理总局商标评审委员会、姚洪军商标权无效宣告请求行政纠纷案

　　涉案商标"MLGB"由上海俊客贸易有限公司（简称上海俊客公司）申请注册。在法定期限内，姚洪军针对涉案商标，向原国家工商行政管理总局商标评审委员会（以下简称商标评审委员会）提起注册商标无效宣告申请。商标评审委员会认为，涉案商标的字母组合在网络等社交平台上广泛使用，含义消极、格调不高，用作商标有害于社会主义道德风尚，易产生不良影响。上海俊客公司虽称涉案商标指称"My life is getting better"，但并未提交证据证明该含义已为社会公众熟知，社会公众更易将"MLGB"认知为不文明用语。商标评审委员会据此裁定宣告涉案商标权无效。上海俊客公司不服，向北京知识产权法院提起行政诉讼。北京知识产权法院判决驳回上海俊客公司的诉讼请求。上海俊客公司不服一审判决，提起上诉。北京市高级人民法院认为，网络环境下已有特定群体认为"MLGB"具有不良影响的含义，应认定涉案商标含义消极、格调不高。据此判决驳回上诉，维持一审判决。

　　近年来，人民法院坚持在知识产权司法裁判中体现正确的价值导向，增强司法的道德底蕴，提高公众对裁判的认同感，传播知识产权司法保护的正能量。商标法禁止具有不良影响的标志作为商标使用，避免具有不良影响的商标进入市场环境，在知识产权司法裁判中体现正确的价值导向，是人民法院担负的重要职责。本案终审判决的作出，对于净化网络环境、制止以擦边球方式迎合"三俗"行为均具有良好的示范效应，充分发挥了司法裁判对主流文化意识传承和价值观引导的职责作用。此外，二审判决还进一步拓展了此类案件的审理思路，明确了人民法院在判断商标是否具有不良影响的过程中，应当考量的判断主体、时间节点、判断标准及举证责任等。本案裁判对于人民法院在类似案件审理过程中准确理解和正确适用《商标法》第十条第一款第（八）项关于"其他不良影响"的规定，具有指导意义。

二、不具有显著性的标识

　　商标的显著性是指用于特定商品或者服务的标志具有的识别商品或者服务的来源，从而能够将这种商品或者服务的提供者与其他相同或类似商品或服务的提供者加以区分的特性。不具有显著性的商标不能被称为商标，更不能获得商标注册。具体来讲，是指商标能够使消费者识别、记忆，进而发挥指示商品或者服务来源的功能与作用。《商标法》第十一条规定：下列标志不得作为商标注册：（一）仅有本商品的通用名称、图形、型号的；（二）仅直接表示商品的质量、主要原料、功能、用途、重量、数量及其他特点的；（三）其他缺乏显著特征的。前款所列标志经过使用取得显著特征，并便于识别的，可以作为商标注册。

◎ 案例2：第17085619号"十万个为什么100000WHYS及图"商标无效宣告案

　　申请人：四川某出版社有限公司

　　被申请人：上海某出版社有限公司

　　申请人主要理由：争议商标的主要识别部分"十万个为什么"，于争议商标申请日前已成为指代百科类主题图书、期刊的通用名称，且该文字使用在图书、期刊等商品上，仅直接表示了商品的主题特点。争议商标除"十万个为什么"外的其他构成要素与"十万个为什么"紧密对应，亦不具有商标应有的显著特征。违反了《商标法》第十一条第一款的规定。

　　本案的争议焦点为商标"十万个为什么"是否具备《商标法》第十一条第一款所规定

的显著特征。商标的显著特征，是指商标应当具备的足以使相关公众区分商品来源的特征。《商标法》第八条规定，可以作为商标申请注册的标志，必须是"能够将自然人、法人或者其他组织的商品与他人的商品区别开的标志"，第九条更是明确要求"申请注册的商标，应当有显著特征，便于识别"。

无效宣告申请人四川某出版社有限公司未提交证据证明"十万个为什么"已被收录于国家标准、行业标准之中，而为法定的通用名称。虽然"十万个为什么"被部分出版社作为书名用于百科类图书，也有新闻报道将其作为百科类图书的指代，但市场上更多的是以"××百科全书""××大百科"等命名的同类书籍，并无明确证据表明"十万个为什么"已被专业工具书、辞典等列为书籍类商品的名称，或相关公众已普遍将其与百科类图书等同。

经审理，商标局认为，申请人提交的在案证据不足以证明"十万个为什么"一词已被收录于国家标准、行业标准之中，或被专业工具书、词典列为商品名称，在相关公众的认知中已成为书籍等商品的指代称谓，从而属于法定的通用名称或约定俗成的通用名称。"十万个为什么"并非对书籍等商品具体主题内容的直接描述，不构成仅直接表示商品的质量、内容等特点的情形。同时，该图书名称在书籍等商品领域经被申请人长期使用已取得了较高的知名度，能起到商标区分商品来源的作用。综上，争议商标未违反《商标法》第十一条第一款的规定。

商标的显著性既可以是固有显著性，也可以通过使用取得。固有显著性，又称内在显著性或先天显著性，是指商标本身的构成要素较为独特，或者其构成要素并不独特，但与其所使用的商品或服务联系起来显得较为独特而带来的显著性。此类商标通常由臆造词、任意词，或者独特的图形、设计等构成，与所标识的商品或服务本身不存在直接的描述性关联。例如，"Kodak"（柯达）这一商标，是由其创始人乔治·伊士曼精心创造的无实际含义的词汇，用于标识其生产的摄影器材产品。由于该词汇在被用作商标之前，在市场上没有任何特定指向，因此当它作为商标投入使用时，能够迅速吸引消费者的注意力，并使消费者清晰地认识到其代表着特定企业的产品，具有极高的固有显著性。又如，苹果公司的苹果图形商标，简洁而独特的苹果图案与电子科技产品之间并无直接联系，但通过大力的市场推广和长期使用，成功成为苹果公司产品的显著标识，具有固有显著性。

获得显著性，也被称为后天显著性或者第二含义，是指原本不具有显著性或者显著性较弱的标识，缺乏固有显著性的标志，经过长期、广泛的使用后，在消费者群体中逐渐形成了与特定商品或服务的稳定联系，从而能够起到区分商品或者服务来源的作用，得到相关公众的认同，从而获得的显著性。许多描述性词汇、通用名称等在初始阶段可能因缺乏显著性而无法作为商标注册，但随着企业持续将其用于商业活动，并通过大量的广告宣传、产品质量保证及市场推广等手段，使得消费者逐渐将该标识与特定的企业及其产品或服务紧密联系起来，此时该标识便获得了显著性。比如"六个核桃"，原本是商品的主要原料描述，经过多年宣传和销售，具备了区分商品来源的含义，获得了显著性。又比如"阿司匹林"，最初是一种药品的通用名称，但拜耳公司通过长期的研发、生产和市场推广，使其成为该公司生产的此类药品的显著标识，在消费者心中建立了独特的认知，从而获得了显著性。尽管后来"阿司匹林"成为通用名称，但在一定历史时期内，它曾作为拜耳公司产品具有显著识别性的商标存在。

◎ 案例3：涉"竹盐"商标权无效宣告请求行政纠纷案

第3953036号"竹盐BAMBOO-SALT及图"商标，由株式会社某生活健康于2004年3月11日申请注册，核定使用在第3类"牙膏、非医用漱口水、沐浴液"等商品上。佛山市南海区黄某嘉纯生物工程有限公司（以下简称黄某嘉纯公司）针对诉争商标向国家知识产权局提出宣告无效申请。国家知识产权局作出被诉裁定，认为诉争商标的注册未违反2001年《商标法》第十条第一款第（七）项、第（八）项，第十一条第一款第（二）项、第（三）项的规定，裁定诉争商标的注册予以维持。

黄某嘉纯公司不服，向一审法院提起诉讼。一审法院判决驳回黄某嘉纯公司的诉讼请求。黄某嘉纯公司不服一审判决，提起上诉。二审法院认为，诉争商标虽然包含多种要素，但均指代竹盐相关事物，或者描述商品品质、功效的通常词汇。结合诉争商标核定使用的商品，其标志在整体上系仅直接表示核定商品的主要原料、品质等特点，缺乏固有显著特征。但根据在案证据，诉争商标在"牙膏"商品上经过使用具有较高知名度，已具备商标法所要求的显著特征，应予维持注册；在除"牙膏"之外的其余核定商品上的注册违反了2001年《商标法》第十一条第一款第（二）项的规定，应予宣告无效。鉴于株式会社某生活健康生产的牙膏产品中含有"竹盐"成分，且其在牙膏商品上的"竹盐"商标具有较高的知名度，故可以认定诉争商标使用在"牙膏"商品上不具有欺骗性。在除"牙膏"之外其余核定商品上具有欺骗性，应予宣告无效。据此，二审法院判决撤销一审判决和被诉裁定，国家知识产权局重新作出裁定。

本案为经过使用获得商标显著性的典型案例。本案二审判决厘清了商标显著性的判断标准，即以整体判断为原则，以相关公众的通常认识为标准，以标志和商品的结合为对象。经过使用取得显著特征、便于识别的商标，可获准注册，但应仅限于实际使用的商品，不宜因在某个商品上经使用获得的知名度，延及诉争商标核定使用的其他商品。本案对于缺乏固有显著性但通过使用获得显著性商标的判断规则进行了有益探索。

商标显著性的判定是一个复杂且综合的过程，需要考虑多个因素。商标自身的构成要素是首要考量因素。一般来说，商标构成越独特、新颖，其固有显著性往往越高。例如，由自创的无含义词汇组成的商标，如"Google""Xerox"等，相较于那些使用常见词汇组合而成的商标，具有更强的识别性。同样，独特的图形设计，如星巴克美人鱼图案、奔驰三叉星标志等，因其独特的造型和鲜明的视觉特征，在众多商标中脱颖而出，容易被消费者识别和记忆。此外，商标与所标识商品或服务的关联程度也对显著性判定有着重要影响。当商标与商品或服务之间不存在直接、明显的联系时，消费者更容易将其视为区别商品来源的标志，从而具有较高的显著性。相反，如果商标仅仅是对商品或服务的功能、质量、用途等方面的描述，那么其显著性通常较低。例如，"保暖"一词用于保暖衣物上，由于它直接描述了商品的功能，缺乏独特的区别性，难以作为商标获得注册；而"耐克"这一商标与运动产品之间没有直接的语义关联，却在市场上成功建立了与耐克公司运动产品的紧密联系，具有较高的显著性。

市场使用情况也是判定商标显著性的关键因素，特别是对于那些原本显著性较弱的商标。商标在市场上的使用时间、使用范围、广告宣传力度及消费者的认知程度等都会影响其显著性的强弱。一个商标经过长时间、大范围的使用，并通过大量的广告宣传在消费者群体中广泛传播，就更有可能获得显著性。例如，"中华"牙膏作为一个具有悠久历史的品牌，经过多年的市场耕耘和持续的广告推广，在消费者心中已经形成了明确的品牌认知。尽管"中华"一词本身并非具有高度独特性，但通过长期的市场使用，它已经获得了较强的显著性，成为区别牙膏产品来源的重要标志。同时，消费者对商标的认知和理解也是判定显著性的重要依据。商标的显著性最终体现在消费者能否通过该商标准确地区分不同企业的商品或服务。如果消费者在看到或听到某个商标时，能够自然而然地将其与特定的商品或服务提供者联系起来，那么该商标就具有较高的显著性。这就要求商标在设计和使用过程中，充分考虑目标消费者群体的认知习惯和文化背景，以确保商标能够有效地传达商品或服务的来源信息。

《商标法》第十二条规定："以三维标志申请注册商标的，仅由商品自身的性质产生的形状、为获得技术效果而需有的商品形状或者使商品具有实质性价值的形状，不得注册。"在实际应用中，判断一个三维标志是否属于不得注册的情形，需要综合考虑多个因素。例如，对于"由商品自身的性质产生的形状"，可以看该形状是否为该类商品通常所具有的、不可避免的形状，如圆形的饮料瓶，其形状是为了满足盛装液体的基本功能，一般不能作为商标注册。对于"为获得技术效果而需有的商品形状"，要考察该形状是否是实现某种技术功能所必需的，如汽车的流线型设计是为了降低风阻、提高燃油效率，这种形状也不能注册为商标。而"使商品具有实质性价值的形状"，则需判断该形状是否为消费者购买商品时主要考虑的因素。如著名的蒂芙尼（Tiffany）蓝色礼盒，其独特的颜色和形状成为品牌的象征，具有实质性价值，但如果仅从形状角度看，它是一个普通的长方体礼盒，不具有商标注册的独特性。

◎ 案例4："鞋面缝线"三维标志商标申请驳回复审行政纠纷案

埃瓦国际有限公司（以下简称埃瓦公司）于2018年6月6日向国家知识产权局申请注册第31447132号三维标志商标（以下称为诉争商标），指定使用商品（第25类，类似群组2507）：鞋（脚上的穿着物）；鞋；短靴；中筒靴；系带靴子；鞋底。国家知识产权局作出商标驳回通知书，驳回诉争商标的注册申请。埃瓦公司提出复审申请，国家知识产权局作出被诉决定，认为诉争商标使用在"鞋（脚上的穿着物）"等全部商品上缺乏商标应有的显著特征，构成商标法第十一条第一款第（三）项所指情形，埃瓦公司提供的在案证据亦不足以证明诉争商标具有可注册性，决定驳回诉争商标的注册申请。

埃瓦公司不服，向一审法院提起行政诉讼。一审法院判决驳回埃瓦公司的诉讼请求。埃瓦公司不服一审判决，提起上诉。二审法院认为，诉争商标为环绕靴子鞋面边缘的黄色缝线。鞋面的边缘缝线是鞋类商品的必要组成部分，其在鞋类商品上所占比例较小，属于以相关公众一般注意力难以识别的部分。缝线粗细、线段长短等因素属于相关公众难以区分的细微差异，黄色缝线颜色亦是鞋类商品的常见选择，诉争商标所示缝线使用在鞋、短靴、中筒靴等商品上，相关公众在一般情况下不易将其识别为指示商品来源的标志，不具有作为商标的显著特征。囿于诉争商标的标示位置及其指定使用的商品特点，埃瓦公司应当举证证明相关公众对该公司所售鞋类商品上边缘缝线的认识已脱离商品组成部分这一固有概念而明确指向商品来源。在案证据并未区分或凸显诉争商标在其鞋类商品销售中改变相关公众认知习惯、超越所属行业通常使用情况的特殊影响，且部分证据所示鞋类商品边缘缝线并非黄色，缝线粗细及间隔亦有不同，与埃瓦公司所称诉争商标的设计特征未能明确对应，故不足以证明诉争商标通过使用已获得显著性。据此，二审法院判决驳回上诉、维持原判。

本案为位置商标显著性审查判断的典型案例。位置商标因与其商品的密切关联，相关公众通常难以将其识别为指示商品来源的信息，不具备固有显著性。与以商品包装或容器申请的三维标志相比，位置商标通过使用获得显著性的证明难度更高。本案全面分析了诉争商标所涉鞋面缝线位置商标显著性认定的裁判标准，从标志构成、位置界定、商品特性、识别方式等方面予以详细论述，明确指出位置商标显著性的证明应达到超越所属行业通常使用情况、改变相关公众对其系商品组成部分的认知习惯的程度。本案对位置商标这一新类型商标可注册性的审查判断提供了有益借鉴。

三、代理机构超范围注册

商标代理机构超范围注册主要存在以下几种情形。其一，部分代理机构在未取得特定业务资质的情况下，擅自开展相关商标代理服务。例如，一些小型代理机构在未获得涉外商标代理资质时，便承接为国外企业或个人办理商标注册申请的业务。这类业务涉及不同国家和地区的商标法律制度差异，缺乏专业资质的代理机构往往难以准确把握相关规定，容易导致商标注册申请出现错误或延误。其二，代理机构超越自身经营范围承接复杂、特殊类型的商标业务。商标业务涵盖普通商品商标、服务商标、集体商标、证明商标，以及涉及特殊行业或领域的商标等多种类型。某些代理机构为追求经济利益，不顾自身专业能力局限，盲目承接如集体商标、证明商标这类对专业知识和经验要求极高的业务。集体商标和证明商标的注册申请需要严格遵循特定的法律程序和条件，包括对商标使用管理规则、集体组织或证明机构主体资格等多方面的审查。不具备相应专业能力的代理机构在处理此类业务时，极有可能因无法满足注册要求而致使申请失败，给委托方带来经济损失和时间成本的浪费。其三，代理机构违反《商标法》第十九条规定："商标代理机构应当遵循诚实信用原则，遵守法律、行政法规，按照被代理人的委托办理商标注册申请或者其他商标事宜；对在代理过程中知悉的被代理人的商业秘密，负有保密义务。委托人申请注册的商标可能存在本法规定不得注册情形的，商标代理机构应当明确告知委托人。商标代理机构知道或者应当知道委托人申请注册的商标属于本法第四条、第十五条和第三十二条规定情形的，不得接受其委托。商标代理机构除对其代理服务申请商标注册外，不得申请注册其他商标。"除对其代理服务申请商标注册外，擅自申请注册其他商标。这种行为背离了商标代理机构的本职服务角色，利用自身在商标注册流程中的信息优势和操作便利，为自身谋取不正当利益，严重扰乱了商标注册市场的正常秩序。

◎ 案例5：第29135506号"麦乐兹MAILEZI"商标无效宣告案

争议商标由该案被申请人香港誉丰集团（国际）有限公司于2018年2月5日申请注册，经异议于2020年9月7日获准注册，核定使用在第30类咖啡、冰激凌商品上。2020年10月14日，该商标被该案申请人麦当劳公司提出无效宣告请求。申请人以争议商标与其在先注册的引证商标构成使用在相同或类似商品上的近似商标及被申请人名下申请注册了大量商标并公然进行出售等为由，请求对争议商标予以无效宣告。被申请人在规定期限内未予答辩。

商标局经审理认为，根据在案证据及查明事实，被申请人的董事马某某与广东两家代理公司的法定代表人为同一人，马某某作为商标代理机构法定代表人，通过其个人及在我国香港特别行政区注册的公司在多个商品和服务上注册了400余件商标，其中多件与他人知名标识相近。被申请人作为商标代理机构，申请注册商标的行为明显具有利用他人在先标识知名度谋取不正当利益的意图，有损公平竞争的市场秩序。因此，争议商标的注册已构成我国《商标法》第十九条第四款和第四十四条第一款规定所指情形。

本案涉及《商标法》第十九条第四款"商标代理机构除对其代理服务申请商标注册外，不得申请注册其他商标"的禁止注册规定，与《商标法》第四十四条第一款"以欺骗手段或者其他不正当手段取得注册"情形规定的合并适用。本案根据《中华人民共和国商标法实施条例》（以下简称《商标法实施条例》）第八十四条第一款的规定，准确认定被申请人的身份事实上为商标代理机构。同时，本案综合被申请人的设立恶意及查明事实表明被申请人、马某某及其名下的两家商标代理公司在多个商品和服务类别上申请注册大量与他人在先知名标识相近商标并进行出售的情形，认定争议商标的注册属于《商标法》第四十四条第一款所指情形。

四、不以使用为目的的恶意注册与采用不正当手段的恶意注册

不以使用为目的的恶意注册指商标申请人并非基于正常生产经营活动的需求，而大量申请注册囤积商标，其目的在于通过囤积商标，利用商标转让、发起民事诉讼后再和解等手段谋取不正当利益。《商标法》第四条规定："自然人、法人或者其他组织在生产经营活动中，对其商品或者服务需要取得商标专用权的，应当向商标局申请商标注册。不以使用为目的的恶意商标注册申请，应当予以驳回。本法有关商品商标的规定，适用于服务商标。"民事主体申请注册商标，应当有真实的使用意图，以满足自身商标使用需求为目的，申请注册商标的行为应具有合理性、正当性。审查判断申请商标是否属于《商标法》第四条第一款规定所指情形，可以考虑申请人或者与其存在关联关系的自然人、法人、其他组织申请注册商标的数量、指定使用的类别、商标交易情况，申请人所在行业、经营状况，以及申请注册的商标与他人有一定知名度的商标相同或者近似的情况等因素。短期内在多个商品或服务类别上申请注册大量商标，明显超出正常的生产经营需要，且无法证明具有真实使用意图或其他正当理由的，应认定为不以使用为目的的恶意注册。

采用不正当手段的恶意注册是指申请人利用不合理或不合法的方式，将他人已经使用但尚未注册的商标以自己的名义向商标局申请注册的行为。《商标法》第四十四条规定："已经注册的商标，违反本法第四条、第十条、第十一条、第十二条、第十九条第四款规定的，或者是以欺骗手段或者其他不正当手段取得注册的，由商标局宣告该注册商标无效；其他单位或者个人可以请求商标评审委员会宣告该注册商标无效。"首先，申请人主观上具有谋取不正当利益的目的。比如，申请人把他人已经使用的商标作为自己的商标提出申请，若注册成功，可能会利用其注册商标的占用权，禁止他人使用原本属于自己的商标，或对被抢注者高价转让，或高价许可使用该商标，抑或直接控告被抢注人侵权并提出赔偿请求。其次，在行为上，申请人采取了不正当手段，包括利用与他人同行的关系、曾经合作过的背景，或同一区域内了解内情的其他人利用自身优势，如管理者、法律顾问、记者、商标代理人等，在知晓经营者商标使用情况后，预见抢注该商标所带来的利益而抢先注册。这些行为违背了

"诚实信用"原则，剽窃了他人已经使用但未来得及申请注册的商标。

◎ 案例6："王子"商标驳回申请案

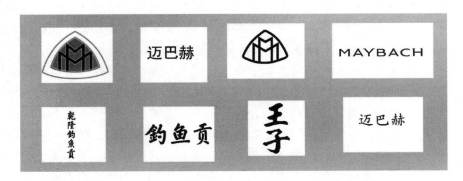

诉争商标"王子"由某酒业公司于2021年5月14日申请注册，指定使用在第33类米酒、酒精饮料（啤酒除外）等商品上。国家知识产权局认为，诉争商标的注册申请违反了《商标法》第四条第一款规定，故对其注册申请予以驳回。

北京知识产权法院一审查明，某酒业公司于2020年8月26日成立，经营范围包括酒类经营、食品销售、日用百货销售。该公司在第3、18、32、33、35类等多个商品或服务类别上累计申请340余件商标，其中仅在2020年至2021年间就累计申请300余件商标。北京市高级人民法院二审补充查明，某酒业公司申请注册的300余件商标包括"迈巴赫"等与他人商标相近的商标。

一、二审法院均认为，在案证据无法证明诉争商标存在实际使用情况，也无法证明某酒业公司具有真实的使用意图或存在其他正当理由。根据某酒业公司申请注册商标的时间跨度、申请数量、指定使用的商品和服务类别等情况，可以认定某酒业公司申请注册包括诉争商标在内的大量商标的行为，已超出正常经营活动需要，构成《商标法》第四条第一款所指"不以使用为目的的恶意商标注册申请"之情形。

◎ 案例7：第36878950号"姚安娜"商标无效宣告案

第36878950号"姚安娜"商标由被申请人郭某申请注册，核定使用在化妆品等商品上。该商标被该案申请人一姚思为、申请人二华为技术有限公司提出无效宣告请求，主张申请人一的艺名为"姚安娜"，因与申请人二及任正非的联系备受关注，具有较高知名度。被申请人无"姚安娜"的合理来源，却恶意注册姚安娜的中文名、拼音及英文名等，具有复制、模仿申请人一姓名的故意。争议商标核定使用的化妆品等商品亦是姚安娜代言的产品，易使公众认为与姚安娜密切相关，损害其姓名权。被申请人注册商标缺乏真实使用意图，故请求对争议商标进行无效宣告。被申请人辩称，争议商标的注册不具有恶意。

商标局经审理认为，在争议商标申请注册日前，"姚安娜"已被广大公众所知晓。被申请人未经申请人一许可，将其艺名注册在化妆品等商品上，易造成消费者误认为与申请人一存在密切关联，致使申请人一的姓名权受到损害，已违反《商标法》第三十二条有关规定。同时，被申请人在化妆品商品上大量注册了与知名地名、其他主体知名商标相近的商标，构成《商标法》所规定"其他不正当手段取得注册"的情形。

本案涉及对知名艺人"姚安娜"姓名权的保护。恶意抢注他人知名商标并囤积商标以期达到非法牟利的不正当注册行为是商标行政主管机关重点规制、严厉打击的目标。本案合并适用《商标法》第三十二条和第四十四条第一款规定，对恶意注册申请人有一定的震慑作用。

第二节　商标禁止注册的相对理由

一、误导性使用地理标志

地理标志，是指标示某商品来源于某地区，该商品的特定质量、信誉或者其他特征，主要由该地区的自然因素或者人文因素所决定的标志。《商标法》第十六条规定："商标中有商品的地理标志，而该商品并非来源于该标志所标示的地区，误导公众的，不予注册并禁止使用；但是，已经善意取得注册的继续有效。"一种常见的误导性使用情形是在非地理标志产品规定产地范围外的相同或类似产品上，使用受保护的地理标志产品名称。当出现误导性使用地理标志的情形时，从本质上讲，这是对消费者知情权和选择权的严重侵犯。消费者在市场中进行消费决策时，往往依赖商品所附带的各种信息，包括商标及地理标志所传达的产地和品质信息。误导性使用地理标志，会使消费者基于错误的认知做出购买决策，导致其购买到的商品并非如预期般来自特定产地，且不具备相应的品质特征。这不仅损害了消费者的经济利益，更破坏了消费者对市场的信任，扰乱了正常的市场交易秩序。以"龙口粉丝"为例，它是经原国家质量监督检验检疫总局公告的地理标志产品，保护范围明确为山东省龙口市、招远市、蓬莱市（现烟台市蓬莱区）、莱阳市、莱州市现辖行政区域。若有企业在河南、安徽等非规定区域生产的粉丝，却冠以"龙口粉丝"之名进行销售，这无疑是对消费者的严重误导。消费者往往基于对"龙口粉丝"这一地理标志所代表的优质品质、传统工艺及特定产地环境的信任而购买，非产地产品的冒充行为，不仅无法提供消费者预期的产品特质，还破坏了"龙口粉丝"这一地理标志的市场信誉。还有一些商家采用"擦边球"策略，在产品上使用与受保护地理标志产品名称相似的名称。比如，知名的"沙窝萝卜"，其以口感脆甜、水分充足等特点闻名遐迩。有些不良商家将普通萝卜产品命名为"莎窝萝卜"，从名称上看极为相似，普通消费者稍不留意就可能误认。这种近似名称的使用，利用了消费者对知名地理标志产品的认知和信任，误导消费者以为其购买到的是具有特定品质的地理标志产品，实则为普通产品，从而获取不正当利益。

从商标注册的角度来看，禁止将误导性使用地理标志的标识注册为商标，是维护商标制度公平性与严肃性的必然要求。商标的基本功能在于区分商品或服务的来源，使消费者能够准确识别不同企业的产品或服务。而地理标志本身就具有独特的识别性，代表着特定产地的商品。若允许将误导性使用地理标志的标识注册为商标，将导致商标所传递的来源信息与实际情况严重不符，混淆消费者对商品来源的判断，削弱商标的识别功能，进而破坏整个商标注册和使用的生态系统。

在实践中，误导性使用地理标志并申请商标注册的行为表现形式多样。常见的一种情形是，将与某一地理标志相同或近似的标识用于并非来源于该地理标志所标示地区的商品上，试图借助该地理标志的声誉来提升自身产品的市场竞争力。例如，在非瑞士生产的手表上使用与"瑞士制造"相似的标识，试图让消费者误以为该手表具有瑞士制表工艺的高品质；在非新疆阿克苏地区种植的苹果上标注"阿克苏冰糖心苹果"，以吸引消费者购买。另一种情形是，在商品上使用地理标志，但对商品的真实产地进行模糊处理或故意隐瞒，使消费者难以准确判断商品的实际来源。比如，在产品包装上仅突出地理标志名称，而将真实产地以极小字体标注在不显眼的位置，误导消费者认为该商品来自地理标志所指向的地区。

◎ 案例1："老鹰茶"地理标志保护案

诉争商标"老鹰茶"由某茶业公司于2015年4月20日申请注册，指定使用在第30类"茶"等商品上。国家知识产权局经审查认为，诉争商标的注册违反2013年《商标法》第十六条第一款的规定，裁定诉争商标予以无效。

北京知识产权法院一审查明，2012年7月31日原国家质量监督检验检疫总局批准"老鹰茶"为国家地理标志保护产品，地理标志保护产品的保护范围为四川省石棉县美罗乡、丰乐乡、挖角乡、草科乡、粟子坪乡、新棉镇6个乡镇现辖行政区域。

一审法院认为，在案证据显示"老鹰茶"已经于诉争商标申请日前被批准为国家地理标志保护产品，地理标志保护产品保护范围为四川省石棉县美罗乡等6个乡镇现辖行政区域。"老鹰茶"作为茶叶的一种，其口感、质量与其生长的环境具有密切的关联。某茶业公司位于四川省成都市，老鹰茶（红茶）加工工艺技术指导地点在四川省邛崃市，在案证据不足以证明诉争商标"老鹰茶"核定使用的茶商品来源于四川省石棉县6个乡镇现辖行政区域，诉争商标的使用容易误导公众，使相关公众对该商品的产地产生误认。因此，诉争商标的注册违反了2013年《商标法》第十六条第一款的规定。一审判决驳回某茶业公司的诉讼请求。北京市高级人民法院二审维持原判。

《商标法》关于地理标志保护的规定，旨在避免并非来源于地理标志所标示地区的商品使用包含地理标志的商标误导公众，从而保证使用包含地理标志商标的商品所具有的特定质量、信誉或者其他特征，主要由该地理标志所标示地区的自然因素或者人文因素所决定。若并无证据证明商品来源于地理标志保护产品的保护范围，仍申请注册包含地理标志的商标，应当认定该商标的使用容易误导公众。

二、代表人、代理人和其他关系人的抢注

《商标法》第十八条规定："申请商标注册或者办理其他商标事宜，可以自行办理，也可以委托依法设立的商标代理机构办理。外国人或者外国企业在中国申请商标注册和办理其他商标事宜的，应当委托依法设立的商标代理机构办理。"商标代理机构应当遵循诚实信用原则，遵守法律、行政法规，按照被代理人的委托办理商标注册申请或者其他商标事宜；对在代理过程中知悉的被代理人的商业秘密，负有保密义务。

在商标注册的复杂生态中，代表人、代理人及其他存在特定关系的主体实施的抢注行为，严重破坏了公平有序的市场竞争环境，损害了商标真正权利人的合法权益。基于此，《巴黎公约》第六条第七项作出了针对性的规定：如果一个国家的商标所有人的代理人或代表人未经该所有人授权而以自己的名义向一个或一个以上的国家申请该项商标的注册，该所有人有权反对所申请的注册或要求取消注册。《商标法》第十五条规定："未经授权，代理人或者代表人以自己的名义将被代理人或者被代表人的商标进行注册，被代理人或者被代表

人提出异议的，不予注册并禁止使用。就同一种商品或者类似商品申请注册的商标与他人在先使用的未注册商标相同或者近似，申请人与该他人具有前款规定以外的合同、业务往来关系或者其他关系而明知该他人商标存在，该他人提出异议的，不予注册。"根据最高人民法院《关于审理商标授权确权行政案件若干问题的规定》（2020年修正）（以下简称《商标授权确权规定》）第十六条规定："以下情形可以认定为《商标法》第十五条第二款中规定的'其他关系'：（一）商标申请人与在先使用人之间具有亲属关系；（二）商标申请人与在先使用人之间具有劳动关系；（三）商标申请人与在先使用人营业地址邻近；（四）商标申请人与在先使用人曾就达成代理、代表关系进行过磋商，但未形成代理、代表关系；（五）商标申请人与在先使用人曾就达成合同、业务往来关系进行过磋商，但未达成合同、业务往来关系。"

在商业实践中，此类抢注行为的表现形式多种多样。例如，某些代理人在为品牌拓展市场、处理商标相关事务的过程中，利用工作便利，接触到被代理人尚未注册但具有潜在商业价值的商标信息，出于利益驱使，私自将这些商标抢先注册在自己名下，企图日后通过转让商标，或者以此要挟被代理人而获取巨额经济利益。还有一些与企业有业务合作的广告商、供应商等其他关系人，在合作期间了解到企业的核心商标尚未注册，便为了自身私利，抢先提交商标注册申请。

从法律层面来看，这种抢注行为一旦被认定，其法律后果极为明确且严厉。对于尚未注册成功的抢注申请，商标审查机关将依据相关法律规定，直接驳回申请，使其无法获得商标专用权。而对于已经注册成功的商标，被代理人、被代表人或其他利害关系人只要在规定的时间内，依法提出异议或无效宣告请求，经审查确认抢注事实成立，该注册商标将被宣告无效，其商标专用权自始便不具备法律效力。通过这样严格的法律规制，旨在维护商标注册制度的公正性与权威性，确保商标真正权利人能够凭借自身的品牌培育与市场经营活动，获得应有的商标权益，营造健康、诚信、公平的商业竞争环境，促进市场经济的良性发展。

◎ 案例2："一只酸奶牛"商标无效宣告案

申请人主要理由："一只酸奶牛"是申请人独创经营的餐饮品牌，争议商标是以不正当手段抢先注册申请人在先使用并具有一定影响力的商标。原被申请人营业执照中的经营范围包含知识产权代理服务，争议商标核定使用的服务不属于商标代理服务所属群组。

无效宣告裁定：争议商标自2015年4月9日申请注册之日至2017年12月20日原被申请人变更经营范围之时一直属于原被申请人所有，原被申请人企业经营范围涉及知识产权代理服务，而商标代理属于知识产权代理服务，原被申请人主体应属于经市场监督管理部门核准登记从事商标代理业务的服务机构，但争议商标并非核定使用在知识产权代理服务上，违反了《商标法》第十九条第四款规定。综上，对争议商标予以无效宣告。

本案是一起打击从事商标代理业务的服务机构恶意申请注册除其代理服务以外的其他商标行为的典型案例。是否在行政主管部门备案并非认定商标代理机构的必要条件，虽然至本案审理时，原被申请人的经营范围已发生变更，不再包括知识产权代理服务，但不能改变争议商标申请时原被申请人属于商标代理机构的事实，否则将使《商标法》第十九条第四款"防止商标代理机构恶意抢注、维护商标注册秩序"的立法目的落空。

三、侵犯他人在先权益与以不正当手段抢注他人已有一定影响的未注册商标

在商标注册领域，侵犯他人在先权益，以及以不正当手段抢注他人已有一定影响的未注册商标的行为屡见不鲜，严重破坏了市场的公平竞争秩序。《商标法》第三十二条规定："申请商标注册不得损害他人现有的在先权利，也不得以不正当手段抢先注册他人已经使用并有一定影响的商标。"从侵犯他人在先权益来看，他人在先权益涵盖广泛，如在商标注册申请人提出申请之前，他人已合法取得的著作权、外观设计专利权、企业名称权等。假设某企业耗费大量心血设计出独具特色的产品外观，并获得了外观设计专利，另一企业却企图将该外观设计的主要元素注册为商标，这无疑侵犯了前者的外观设计专利权，属于典型的侵犯他人在先权益的行为。此类行为不仅违背了诚实信用原则，更损害了在先权利人长期投入所积累的合法利益，使市场竞争的天平发生倾斜。

以不正当手段抢注他人已有一定影响的未注册商标同样是商标注册中的一大乱象。这里的"一定影响"，意味着该未注册商标在市场上已通过使用，在相关公众中形成了一定认知度和辨识度。例如，一家小型创业公司专注于手工皮具制作，经过多年的苦心经营，凭借独特的设计和优良的品质，其未注册的品牌在手工皮具爱好者群体中广为人知。然而，某大型企业发现该品牌具有市场潜力后，利用自身资源优势，抢先将该品牌注册为商标。这种行为属于以不正当手段抢注，违背了商业道德和市场公平竞争原则。法律为了遏制此类行为，规定以不正当手段抢先注册他人已经使用并有一定影响的商标，若在先使用人提出异议，商标将不予注册。即使已注册，在先使用人在规定时间内提出无效宣告请求并经审查属实的，该注册商标也将被宣告无效，从而确保商标真正的权利人能够获得应有的权益。

◎ **案例3**："七个桔儿"商标异议案规制网络直播、短视频领域商标抢注行为

异议人：蕲春七个桔儿文化传媒有限公司

被异议人：绍兴恒熙商贸有限公司

被异议商标：七个桔儿

异议人主要异议理由：被异议人以不正当手段抢注异议人在先使用并有一定影响力的"七个桔儿"商标，违反《商标法》第三十二条的规定。

被异议人未在规定期限内作出答辩。

经审查，商标局认为，在案证据可以证明，异议人"七个桔儿"为一支使用黄冈方言从事短视频制作与宣传的团队，在抖音、快手、微信公众号等平台广泛使用宣传，异议人凭其"七个桔儿"知名度在"广告宣传""餐厅"等相关领域开展商业活动，在相关公众中已具有一定知名度。被异议商标指定使用"广告；为零售目的在媒体上展示商品"等服务与异议人在先使用服务具有密切关联性。被异议人申请注册被异议商标的行为具有明显的复制、抄袭他人商标的故意，其行为难谓正当，亦易造成消费者误认，故已构成以不正当手段抢先注册异议人在先使用并有一定影响的商标的行为。依据《商标法》第三十二条、第三十五条规定，被异议商标不予注册。

本案焦点问题在于判断是否构成《商标法》第三十二条"以不正当手段抢先注册他人已经使用并有一定影响的商标"。构成本条款所指情形应同时满足"有一定影响"和"不正当手段"两个要件。"有一定影响"是对商标使用的程度和结果的要求，要求在先商标有一定的使用时间、区域或广告宣传，并为中国一定范围内的相关公众所知晓。"不正当手段"指

系争商标申请人明知或应知他人在先使用未注册商标而抢先注册。这两个要件具有独立性，但亦密切关联。在实践中，认定构成"不正当手段"，需考虑在先使用商标影响力是否及于系争商标申请人。

　　本案双方当事人并无业务合作、人员往来等"明知"情形，同时双方并非同一地域、同行业企业，异议人商标在先使用的时间也并非很长。在此情况下，更需结合在先商标知名度的覆盖面、在先商标的显著性等因素综合考量。本案中，异议人提交的证据可以证明，"七个桔儿"品牌创立于2019年，其团队制作的短视频在抖音、快手、微信公众号等互联网平台广泛宣传，拥有60多万粉丝。"七个桔儿"获得知名度后，通过"七个桔儿"抖音号对他人企业产品及服务进行宣传推广，具有一定知名度。"七个桔儿"商标为异议人自创，有较强显著性，被异议商标与该文字构成相同，被异议商标指定使用的"广告；为零售目的在媒体上展示商品"等服务与异议人最具知名度的领域有密切关联。综合考虑以上因素，可以认定被异议商标的申请注册属于《商标法》第三十二条"以不正当手段抢先注册他人已经使用并有一定影响的商标"之情形。

四、与他人在相同或类似商品或服务上已经注册商标相同或者近似

（一）商标相同与近似

商标相同是指两商标在视觉效果上，或者声音商标在听觉感知上完全相同或基本无差别。所谓基本无差别，是指两商标虽有个别次要部分不完全相同，但主要部分完全相同或者在整体上几乎没有差别，以至于在一般注意力下，相关公众或者普通消费者很难在视觉或听觉上将两者区分开来。

商标近似是指文字、图形、字母、数字、三维标志、颜色组合和声音等商标的构成要素在发音、视觉、含义或排列顺序等方面虽有一定区别，但整体异议不大，使用在同一种或者类似商品上易使相关公众对商品或者服务的来源产生混淆。文字商标的近似应主要考虑形、音、义三个方面，图形商标应主要考虑构图、外观及着色，组合商标既要考虑整体表现形式，又要考虑显著部分。

商标近似的判定应从商标本身的形、音、义和整体表现形式等方面以相关公众的一般注意力为标准，采用隔离比对、整体比对和要部比对相结合的方法，判断商标标志本身是否相同或者近似。隔离比对是指在判定商标近似时，不能将商标并排放置进行比对，而只能在隔离的状态下分别进行。但在审查商标时，比对只能是直接的，而非隔离的，因此，隔离观察在审查中应当尽可能模拟消费者选购商品、服务的场景去判断。整体比对是指应当将两商标进行整体的对比，不能以局部代替整体判断。要部比对是指应对比商标中显著识别的部分。相关公众的一般注意力，可以理解为具有普通知识和经验的消费者，在购买商品或接受服务时对该商品或者服务施加的注意力。

◎　案例4：（法国）拉科斯特股份有限公司（以下简称拉科斯特公司）与（新加坡）鳄鱼国际机构私人有限公司（以下简称鳄鱼国际公司）、上海东方鳄鱼服饰有限公司北京分公司（以下简称上海东方鳄鱼公司）侵犯商标专用权纠纷案

　　本案中，拉科斯特公司主张，被诉侵权产品1、2、4、5、6侵犯了其第141103号"鳄鱼图形"注册商标；被诉侵权产品3及被诉侵权产品7礼盒中的钱包侵犯了其第940231号"鳄鱼图形+

LACOSTE"注册商标；被诉侵权产品7礼盒中的领带及被诉侵权产品8侵犯了其第1318589号"鳄鱼图形"注册商标；被诉侵权产品7礼盒中的皮带侵犯了其第879258号"鳄鱼图形"注册商标。

一审法院审理认为，鳄鱼国际公司于1993年12月24日、1994年6月29日申请的第1331001、1343051号"CARTELO及图"商标予以核准注册，并且认定"CARTELO及图"商标与"鳄鱼图形""鳄鱼图形+LACOSTE"商标之间不会产生混淆和误认，故本案被诉侵权产品1～8在实际销售时其外包装及产品吊牌上均使用的"CARTELO及图"商标，与拉科斯特公司主张权利的第141103、940231、1318589、879258号注册商标不会造成消费者的混淆和误认。也就是说，鳄鱼国际公司、上海东方鳄鱼公司出品的被诉侵权产品1～8在外包装及产品吊牌上使用"CARTELO及图"商标，并未侵犯拉科斯特公司的商标专用权。同样，被诉侵权产品3皮包正面、被诉侵权产品7礼盒中的钱包正面及皮带扣正面使用的"CARTELO"字样与拉科斯特公司主张权利的四个注册商标也不会造成消费者的混淆和误认，未侵犯拉科斯特公司的注册商标专用权。

拉科斯特公司主张，被诉侵权产品1～8均在不同部位单独使用了"鳄鱼图形"，与原告据以主张权利的四个注册商标中的鳄鱼图形相比，仅仅是"鳄鱼身体朝向相反"，但鳄鱼姿态相同，互为镜像，足以导致潜在消费者在被诉侵权产品售出后使用中造成混淆和误认。

二审法院审理认为，在拉科斯特公司主张权利的注册商标中，其鳄鱼头朝右，嘴巴大张，躯干及尾部上布满块状鳞片或装饰有横向条纹，其中第213407号注册商标鳄鱼图形下还显著标有LACOSTE文字；鳄鱼国际公司使用的被诉标识一、二中的鳄鱼头朝左，被诉标识一中的鳄鱼图形躯干上的鳞片呈立体状，被诉标识二中的鳄鱼图形整体颜色为黄绿色或黄色，嘴巴张开露出红色，躯干上有斜向排列的条纹。被诉标识一、二与拉科斯特公司的系列注册商标相比，其均为鳄鱼图形，具有一定的近似性，但被诉标识一、二中的鳄鱼头部朝向、体型、鳞片、颜色均与拉科斯特公司主张权利的鳄鱼图形不同。特别是，双方之间的诉争商标在相关市场中具有特殊的形成历史和发展历程，有特殊的使用和共存状况，在本案中认定诉争商标是否构成侵犯注册商标专用权意义上的近似商标，既不能割裂各自形成和发展的历史，又不能无视相互之间的共存过程和使用状态，否则，就难以作出公平合理的裁判。因此，就本案诉争商标具体情况而言，在认定其是否近似时，仅仅比对标识本身的近似性是不够的，还必须综合考量鳄鱼国际公司的主观意图、双方共存和使用的历史与现状等因素，结合相关市场实际，进行公平合理的判断。

综上，根据被诉标识一、被诉标识二与拉科斯特公司请求保护的注册商标在构成要素上的比对，以及双方的发展历史和共存状况及其他相关因素，二审法院亦认定被诉标识一、被诉标识二与拉科斯特公司请求保护的注册商标不构成侵犯注册商标专用权意义上的混淆性近似，不足以对拉科斯特公司的注册商标造成损害。

（二）商品或服务相同与类似

《商标审查审理指南》中相同商品是指名称相同的商品，或者名称不同但在功能、用途、主要原料、生产部门、销售渠道、消费对象等方面相同或者基本相同，相关公众一般认为是同一事物的商品。相同服务是指名称相同的服务，或者名称不同但在服务的目的、内容、方式、对象、场所等方面相同或者基本相同，相关公众一般认为是同一方式的服务。

类似商品是指在功能、用途、生产部门、销售渠道、消费对象等方面相同或有密切联系的商品。类似服务是指在服务的目的、内容、方式、对象等方面相同或有密切联系的服务。

类似商品的判定应当综合考虑商品的功能和用途，商品的原材料和主要工艺，商品的销售渠道、销售场所，商品的生产者和消费群体，商品与零部件的关系，以及消费习惯等其他影响类似商品判定的相关因素。类似服务的判定应当综合考虑服务的目的、服务内容与方式、服务场所、服务提供者所属行业的关联性、服务接受对象的群体范围等其他影响类似服务判定的相关因素。

商品与服务类似，是指商品和服务之间具有较大关联性。判定商品与服务是否类似，应当综合考虑商品与服务之间联系的密切程度，以及在用途、用户、通常效用、销售渠道、销售习惯等方面的一致性。

第三章　商标的取得、续展、变更与终止

本章导读：商标的取得、续展、变更与终止是商标生命周期中的重要环节，直接关系到商标权的稳定性和有效性。本章系统介绍了这些内容，从商标使用的判定标准，到形式审查、实质审查以及注册、异议等流程，让读者清晰了解商标是如何取得的。同时，对商标续展和变更的办理途径、注意事项进行了讲解，强调了及时办理的重要性。在商标终止部分，详细阐述了注销、撤销、无效等不同终止情形的原因和法律后果。通过学习本章，读者能全面掌握商标在各个阶段的相关知识，从而更好地管理和保护自己的商标权益。

第一节　商标的取得、续展与变更

一、商标使用

商标的使用，是指将商标用于商品、商品包装或者容器以及商品交易文书上，或者将商标用于广告宣传、展览以及其他商业活动中，用于识别商品来源的行为。对商标使用的判定贯穿于商标注册各个环节。

商标的生命在于使用。一方面，商标的使用是商标专用权得以维持和保护的必要条件，商标的使用是商标功能实现的前提，只有发挥商标的识别来源功能，才能构成商标的使用。另一方面，商标的价值体现在使用过程中，其所承载的商誉是通过商标的使用获得的。商标的使用一般需满足以下要件：一是商标使用人是商标权利人或经权利人授权的人；二是商标使用在指定或核定使用的商品或者服务上；三是规范使用商标标志；四是商标使用地点在中国境内，包括在中国境内从事商品的生产、加工、销售或提供的相关服务；五是使用应为公开、真实、合法的商业性使用。

二、商标的形式审查与实质审查

国家知识产权局在收到商标注册申请之后要进行审查，审查包括形式审查和实质审查。

形式审查是接收商标申请之后，受理商标申请之前的一个必要程序。收到商标申请后，经形式审查认为符合《商标法》及其实施条例要求的，予以受理。

形式审查的主要任务是：①审查申请人提交的申请文件是否符合《商标法》及其实施条例的规定，申请手续是否齐备，申请人是否具备申请资格。发现申请手续不齐备、未按规定填写申请文件的，商标注册部门不予受理，书面通知申请人并说明理由。发现申请手续基本齐备或者申请文件基本符合规定，但是需要补正的，商标注册部门书面通知申请人予以补正。申请人在规定期限内按照指定内容补正并交回商标注册部门的，保留申请日期。期满未

补正的或者未按照要求进行补正的，不予受理并书面通知申请人。②审查申请人缴纳有关费用的金额和期限是否符合《商标法》及其实施条例的规定。未在规定期限内足额缴纳费用的，不予受理并书面通知申请人。③审查异议、评审、续展等相关申请是否在法定期限内提交。未在法定期限内提交的，不予受理并书面通知申请人。

国家知识产权局经过形式审查未发现问题的，即会决定受理，并发给申请人"受理通知书"，同时进入实质审查阶段。商标局对商标是否具备注册条件进行审查，包括商标显著性、近似性、合法性等方面。如符合规定，将初步审定并公告；不符合规定或与他人在先商标权利冲突的，予以驳回。

由于相对理由涉及他人的权利，在他人未提出异议之前，国家知识产权局只可能对于是否与他人在相同或类似商品或服务上已注册的或初步审定的商标相同或近似以及是否误导性地使用地理标志进行审查。商标通过实质审查后，在商标局网站上进行公告，公告期为3个月。公告期内，任何人可对商标提出异议。

三、商标注册

商标注册是指自然人、法人或者其他组织对其生产、制造、加工、拣选或经销的商品或者提供的服务，为取得商标专用权，依法向国家知识产权局商标局提出商标注册申请，经商标局审查核准，予以注册并颁发商标注册证书的法律行为。申请人可以自行办理商标注册申请，也可以委托依法设立的商标代理机构办理。我国香港特别行政区、澳门特别行政区及台湾地区申请人应当委托依法设立的商标代理机构办理。根据《商标法》第四条规定："自然人、法人或者其他组织在生产经营活动中，对其商品或者服务需要取得商标专用权的，应当向商标局申请商标注册。不以使用为目的的恶意商标注册申请，应当予以驳回。"一旦商标成功注册，注册人便对该商标享有专用权，受法律保护。这意味着，他人未经授权，不得在相同或类似商品或服务上使用与该注册商标相同或近似的标识。

依据《商标法》规定，自然人、法人或者其他组织在生产经营活动中，对其商品或者服务需要取得商标专用权的，均可向国家知识产权局申请商标注册。其中，法人涵盖各类企业、事业单位等组织；其他组织包括社会团体、民办非企业单位等。对于自然人申请商标注册，除需提供个人身份证明外，通常还需提供个体工商户营业执照复印件或农村土地承包经营合同复印件等，以证明其与生产经营活动的关联性。例如，个体手工艺人可以凭借个体工商户营业执照，将自己独特的手工艺品商标进行注册。可申请注册的商标客体丰富多样，包括文字、图形、字母、数字、三维标志、颜色组合和声音等，以及上述要素的组合。但并非所有标识都能顺利注册为商标，商标必须具备显著性，能够使消费者将其与特定的商品或服务来源相区分。像一些过于简单、通用的词汇或图形，如"苹果"用于水果产品，若不具备独特的设计或使用方式，缺乏显著性，通常难以获得注册。同时，商标不得与他人在先取得的合法权利相冲突，如他人已注册的商标、著作权、外观设计专利权等，也不能违反法律法规的禁止性规定，如带有欺骗性、有害于社会主义道德风尚等。

◎ 案例：第31473360号"JOY@ABLE"商标驳回复审案

申请商标：JOY@ABLE

郑州易值科贸有限公司短期内提交了大量注册申请，明显超出正常经营活动需要，缺乏真实使用意图，亦扰乱正常的商标注册秩序。根据《商标法》第四条、第三十条的规定，国家知识产权局决定驳回上述商标注册申请。

申请人若能有证据证明其申请的商标具有使用的目的，有合理来源，没有主观恶意，则不构成《商标法》第四条的相关情形。本案中，申请人在复审理由中称，其公司的主商标为"赏目""悦能"，均为服装品牌，申请人申请注册的商标均为上述商标的扩展注册，且申请人强调自己并没有商标售卖行为。经审理认为，第一，申请人在其所有的900多件商标中，"赏目"及"悦能"系列商标仅占其商标总数的一小部分，申请人在其他不同类别还大量注册了"鱼小双""把美""万赏"等商标，上述商标均与其自称的主商标没有直接关系。第二，申请人还大量申请注册了"V++""J++""Q++"等简单字母及符号组合的商标，以上商标不符合商业使用习惯，也无法解释其注册的合理性。申请人将其申请注册大量商标的行为解释为其主商标的扩展注册，与事实不符。第三，并不能以申请人有无商标售卖行为来当然推定申请人的行为系属正当。申请人的商标注册申请及对其名下商标权的处分是一个动态过程，商标售卖只是其中最直接的一种明确不以使用为目的、具有恶意的表现形式。故申请人的理由不属于合理的抗辩事由。

经复审认为，申请人作为商标注册人，在全部45个商品及服务类别上共注册了929件商标，其中2018—2019年不足9个月的时间内就申请注册了500余件商标。申请人短期内大量申请注册商标的行为明显超出了生产经营的正常需要。申请人关于其近期商标申请均为其实际使用商标扩展注册的复审理由与其实际申请行为及商标的构成情况不符，不能解释其注册行为具有合理性和正当性。因此，申请商标已构成《商标法》第四条所指情形。

依照《商标法》第四条、第三十条和第三十四条的规定，国家知识产权局裁定如下：申请商标在复审服务上的注册申请予以驳回。

《商标法》第四条的适用需要慎重把握"不以使用为目的"及"恶意"两个要件，适用时综合考量以下几点：申请人的具体情况、申请人的商标申请注册量及申请注册的类别跨度和时间跨度、申请人名下商标的标识构成及申请人是否有合理的抗辩理由。

四、商标异议

商标异议是指在商标局初步审定并公告某一商标申请后，自公告之日起3个月内，在先权利人、利害关系人或任何人认为该商标的注册将损害自己的利益或违反相关法律法规时，可以向商标局提出反对意见，要求商标局在异议期满后不核准该商标注册，国家知识产权局经过实质审查，认为符合《商标法》规定的，即予以初步审定并公告。国家知识产权局会在其官方刊物《商标公告》上公布商标、使用的商品或者服务、申请人名义、申请人地址、商标代理人名称、申请日期和初步审定号等信息。但初步审定并公告并不等同于对商标进行核准注册，申请人也并不因此而取得商标权。对于初步审定的商标，自公告之日起三个月内，任何人认为商标注册损害了公共利益，存在不予注册的绝对理由，即认为商标注册违反了《商标法》第四条（不以使用为目的的恶意商标注册）、第十条（禁止特定内容违法的商标注册）、第十一条（禁止缺乏显著性的商标注册）、第十二条（禁止特定三维标志注册）和第十九条第四款（商标代理机构除对其代理服务申请商标注册外，不得申请注册其他商标）

的，都可以向国家知识产权局提出异议。在先权利人和利害关系人认为商标注册损害了自己的民事权利，存在不予注册的相对理由，即认为商标注册违反了《商标法》第十三条第二款和第三款（禁止抢注驰名商标）、第十五条（禁止代理人、代表人和其他关系人抢注）、第十六条第一款（禁止注册误导公众的地理标志）、第三十条（禁止在相同或类似商品上注册与他人已注册商标或已初步审定的商标相同或近似的商标）、第三十一条（先申请原则）和第三十二条（禁止商标注册损害其他在先权利，禁止抢注特定未注册商标）的，也可以向国家知识产权局提出异议。

商标局在受理商标异议申请后，会及时将异议人的"商标异议申请书"及异议理由和证据材料等的副本送交被异议人，限定被异议人在收到商标异议申请书等副本之日起30日内答辩，被异议人在限定期限内未作出书面答辩的，视为放弃答辩权利，异议程序照常进行。商标局将根据双方提供的证据和理由进行审查，并作出裁定。

五、商标续展与变更

商标续展，是商标得以延续的关键环节。根据《商标法》第三十九条和第四十条规定："注册商标的有效期为十年，自核准注册之日起计算。注册商标有效期满，需要继续使用的，商标注册人应当在期满前十二个月内按照规定办理续展手续；在此期间未能办理的，可以给予六个月的宽展期。每次续展注册的有效期为十年，自该商标上一届有效期满次日起计算。期满未办理续展手续的，注销其注册商标。"

商标续展的办理途径：第一，委托商标局备案的商标代理机构办理，这些机构拥有专业的商标代理人，熟悉商标续展流程与相关法律法规，能够为企业提供全方位的服务。从前期准备申请材料，到向商标局提交申请，再到后续跟进审查进度、处理可能出现的问题，代理机构都能凭借丰富的经验和专业知识高效完成。第二，申请人直接到商标局的商标注册大厅办理。

续展申请核准后，商标局会按照申请书上填写的地址，以邮寄方式发给申请人续展证明。若申请人委托商标代理机构办理，商标局则将续展证明寄发给代理机构。因此，申请人务必确保申请书上填写的地址准确无误，若地址发生变更，应及时办理商标变更手续，以免影响续展证明的接收。续展申请有不符合规定的地方，商标局会按照申请书上填写的地址，以邮寄方式书面通知申请人限期补正。申请人需在规定期限内，按照商标局的要求对申请材料进行补正。若未在规定期限内按要求补正，商标局有权对续展申请不予核准。

商标变更，是指在商标核准注册之后，若商标注册人的名义、地址或者其他注册事项出现变动，需向商标局申请办理对应的变更手续。根据《商标法》第四十一条规定："注册商标需要变更注册人的名义、地址或者其他注册事项的，应当提出变更申请。"根据《商标法实施条例》的规定，不仅已注册的商标存在变更需求，那些已申请但尚未获准注册的商标，若其申请人名义、地址、代理人发生变化，或者需要删减注册申请中指定商品，也可向商标局申请变更。若要改变注册商标的文字、图形，这并不属于商标变更范畴，而是应当重新提出商标注册申请，按新申请商标对待。因为商标的文字、图形是商标的核心识别要素，对其更改相当于创设了一个全新的标识，需重新经过商标局的审查流程，以确定其是否符合注册标准，能否获得商标专用权。

第二节　商标终止

一、商标注销

商标注销是指国家知识产权局根据商标注册人本人或他人的申请，或者基于特定法律事由，将已注册的商标从商标注册簿上删除，使其商标专用权归于消灭的法律程序。

（一）申请注销

商标权人根据自身意愿和实际情况，主动向国家知识产权局提出申请，要求注销其注册商标或者注销其商标在部分指定商品上的注册的行为。根据《商标法实施条例》第七十三条规定："商标注册人申请注销其注册商标或者注销其商标在部分指定商品上的注册的，应当向商标局提交商标注销申请书，并交回原《商标注册证》。商标注册人申请注销其注册商标或者注销其商标在部分指定商品上的效力自商标局收到其注销申请之日起终止。"申请注销的办理途径多样，既可以通过商标网上服务系统自行提交电子申请，也可以前往商标业务受理窗口、商标审查协作中心或商标注册大厅现场办理，还可委托在商标局备案的商标代理机构代为办理。申请文件方面，要准备好"商标注销申请书"，提供申请人身份证明文件复印件。若委托办理则需商标代理委托书，还需交回"商标注册证"原件（电子方式领取的无须交回）。申请文件为外文的需提供中文译本。办理时需注意，注销申请在核准前可撤回，若商标处于质押查封状态，须经质权人同意才能注销，对于涉及利益相关方的商标，原则上要有利益相关方同意注销的书面文件，经商标局核准注销后，该注册商标专用权或其在部分指定商品上的效力自商标局收到注销申请之日起终止。

（二）到期不续展

注册商标有效期为十年，期满需继续使用的，应在期满前十二个月内申请续展，在此期间未提出申请的，可再给予六个月宽展期，宽展期满仍未申请的，由国家知识产权局注销其注册商标。一旦商标到期未续展，首先面临的便是商标权丧失。按照法律要求，商标注册人应在期满前十二个月内办理续展手续，若在此期间未能办理，还有六个月的宽展期。但倘若宽展期也错过，期满未办理续展手续，其注册商标将被商标局注销，企业便不再拥有该商标的专用权。

二、商标撤销

商标撤销是指商标注册后，因违反商标法或其他法定原因，由商标局或商标评审委员会撤销该注册商标的法律程序，撤销后其专用权将不再受到法律保护。根据《商标法》第四十九条："商标注册人在使用注册商标的过程中，自行改变注册商标、注册人名义、地址或者其他注册事项的，由地方工商行政管理部门责令限期改正；期满不改正的，由商标局撤销其注册商标。注册商标成为其核定使用的商品的通用名称或者没有正当理由连续三年不使用的，任何单位或者个人可以向商标局申请撤销该注册商标。商标局应当自收到申请之日起九个月内做出决定。有特殊情况需要延长的，经国务院工商行政管理部门批准，可以延长三个月。"

（一）依职权撤销

1. 自行改变注册商标

商标经核准注册后，其文字、图形、字母、数字、三维标志、颜色组合和声音等，以及上述要素的组合，构成了受法律保护的特定标识。商标注册人应当严格按照核准注册的商标图样使用商标，不得自行改变。改变后一旦被发现，地方工商行政管理部门首先会责令商标注册人限期改正。若商标注册人在规定期限内未进行改正，商标局将依法撤销其注册商标。因为商标的稳定性和识别性是商标制度的核心价值之一，随意改变注册商标会导致消费者对商品或服务来源产生混淆，破坏市场的交易秩序。

2. 自行改变注册商标的注册人名义、地址或者其他注册事项

当商标注册人的名义发生变更，如企业因合并、分立、改制等原因更改了企业名称，或者注册地址发生迁移，从城市的一个区域搬迁至另一个区域，甚至跨城市、跨省份迁移，抑或其他注册事项，如联系电话、电子邮箱等发生变化时，商标注册人有义务及时向商标局申请办理变更手续。

3. 自行转让注册商标

商标作为一种重要的无形资产，具有可转让性。然而，商标转让必须依法进行，须经商标局核准，并予以公告。未经商标局核准，自行转让注册商标的行为是不被法律允许的。

4. 使用注册商标的商品粗制滥造、以次充好，欺骗消费者

商标不仅仅是商品或服务的标识，更承载着企业对消费者的质量承诺。当商标注册人使用注册商标的商品存在粗制滥造、以次充好，严重欺骗消费者的情况时，各级工商行政管理部门可依据相关法律法规，责令商标注册人限期改正。对于情节严重的，工商行政管理部门还可予以通报批评，甚至处以罚款。在极端情况下，商标局有权撤销其注册商标。

（二）依申请撤销

1. 连续三年不使用

若注册商标没有正当理由连续三年不使用，任何单位或个人都可以向商标局申请撤销该注册商标。这一规定旨在促使商标注册人积极使用商标，避免商标资源的闲置浪费。在实际操作中，商标局受理撤销申请后，会及时通知商标注册人，要求其自收到通知之日起2个月内提交该商标在撤销申请提出前使用的证据材料，或者说明不使用的正当理由。所谓使用证据材料，涵盖商标注册人自己使用注册商标的证据，如在生产的商品包装上使用商标、在广告宣传中展示商标等，也包括商标注册人许可他人使用注册商标的证据，如签订的商标使用许可合同、被许可人使用商标的实际情况等。对于"正当理由"，TRIPs协定第十九条第一款规定："出现商标人意志以外的情况而构成对商标使用的障碍，例如对受商标保护的货物或服务实施进口限制或其他政府要求，此类情况应被视为不使用商标的正当理由。"《商标授权确权规定》第二十六条第四款规定："商标权人有真实使用商标的意图，并且有实际使用的必要准备，但因其他客观原因尚未实际使用注册商标的，人民法院可以认定其有正当理由。"此处的"客观原因"应当是指直接导致商标权人无法使用商标的障碍，且商标权人难以预料或控制。

2. 成为通用名称

当注册商标在市场使用过程中，逐渐演变为其核定使用的商品或服务的通用名称时，该

注册商标就失去了其原本作为区分商品或服务来源的显著特征。此时，任何人都可以依法申请撤销该注册商标。例如，"阿司匹林"原本是德国拜耳公司的注册商标，但随着时间的推移，在医药领域，"阿司匹林"逐渐成为乙酰水杨酸药物的通用名称，消费者在提及"阿司匹林"时，更多的是指这种药物本身，而非拜耳公司的产品。

3. 侵犯他人在先权利或恶意抢注

自商标注册之日起五年内，商标所有人或者利害关系人，如果发现已注册的商标存在侵犯其在先权利的情况，如侵犯他人的著作权、外观设计专利权、姓名权、肖像权等，或者是以不正当手段抢先注册他人已经使用并有一定影响的商标，可以请求商标评审委员会裁定撤销该注册商标。

4. 商标含有误导性地理标志

商标中有商品的地理标志，而该商品并非来源于该标志所标示的地区，误导公众的，自商标注册之日起五年内，商标所有人或者利害关系人可以请求商标评审委员会裁定撤销该注册商标。但是，如果是善意取得注册的除外。

◎ **案例1："好药师及图"商标撤销案**

刘蕊（即本案申请人）以无正当理由连续三年不使用为由于2016年10月19日对沈阳市千红生物科技有限公司（即本案被申请人）注册的第6511078号"好药师及图"商标（以下称复审商标）提出撤销申请，请求撤销复审商标在第5类"人用药"等全部核定使用商品上的注册。经审查，认为申请人提供的商标使用证据有效，复审商标不予撤销。申请人不服，依法提出撤销复审。在撤销复审程序中，双方当事人对证据争议较大，故申请人提出口头审理的请求。被申请人亦于2018年8月2日提交了声明书表示同意本案进行口头审理。为查明相关案件事实，依据《商标法实施条例》第六十条、《商标评审案件口头审理办法》第二条的规定，于2018年8月24日对本案进行口头审理，在口头审理过程中，双方当事人对本案各项证据一一陈述和质证，合议组充分了解了各方陈述的意见。

经审理认为，被申请人提交的与御室公司签订的"商标使用授权书"约定，被申请人同意御室公司在第5类商品上使用复审商标。由于商标使用许可行为本身并非《商标法》意义上的商标使用行为，因此，该项证据无法直接证明复审商标的使用情况，只有与其他证据形成证据链才能够起到证明作用。虽然被申请人还提交了在指定期间御室公司与宝华公司、万隆公司、康荃源公司签订的"药品全国总代理协议书"、发票、随货同行单、实物图片、药品说明书等证据予以佐证，但被申请人还注册了第8401036号"好药师及图"商标，上述证据指向的商标为第8401036号"好药师及图"商标，该商标与本案复审商标存在差异。根据最高人民法院《关于审理商标授权确权行政案件若干问题的规定》，"实际使用的商标标志与核准注册的商标标志有细微差别，但未改变其显著特征的，可以视为注册商标的使用。"因此，商标的使用应当规范，如果需要改变商标标志，应当重新进行申请，但考虑到商业活动的复杂性，未改变商标显著特征的使用，也应当视为对注册商标的使用，如允许对注册商标在原有的基础上进行细微的改变。但在注册商标专用人有多个商标时，对商标标志的改变应当不至于与其他商标标志相混淆，更不能以其他商标标志的使用来认定该商标标志的使用。被申请人提交的证据可以证明在指定期间内，其在六味地黄胶囊、脉通颗粒、胃痛宁片、壮阳春胶囊和复方颠茄氢氧化铝片商品上真实、有效地使用了前述第8401036号"好药师及图"商标，但此使用不能当然视为本案复审商标的使用。综上，被申请人提交的在案证据不能证明复审商标在指定期间内在其核定使用的商品上进行了真实、合法、有效的使用，故复审商标应予撤销。

三、商标无效

商标无效，是指已经注册的商标，因违反商标法的相关规定，或通过欺骗、不正当手段获取注册，经法定程序，由商标局宣告该注册商标无效；其他单位或个人也可请求商标评审委员会宣告该注册商标无效，致使该商标自始不具备商标专用权的制度。商标无效的情形包括商标禁止注册的绝对理由和商标禁止注册的相对理由。被宣告无效的注册商标，其商标专用权视为自始即不存在。这意味着从商标注册的那一刻起，该商标就不应获得注册，其所谓的商标专用权自始至终都不具有法律效力。对宣告无效前人民法院作出并已执行的商标侵权案件的判决、裁定、调解书，以及工商行政管理部门作出并已执行的商标侵权案件的处理决定，还有已经履行的商标转让或者使用许可合同，原则上不具有追溯力。注册商标被宣告无效后，自宣告无效之日起一年内，商标局对与该商标相同或者近似的商标注册申请，不予核准。这一规定旨在防止市场上出现商标混淆的情况，保护消费者的利益。因为在商标被宣告无效后，消费者可能对该商标仍有一定的记忆和认知，如果在短时间内允许他人注册相同或近似商标，则容易导致消费者对商品或服务的来源产生误认。

◎ 案例2：“DEMARSON”商标无效宣告案

申请人：德某森公司

被申请人：泉州市某电子商务有限公司

申请人主要理由：申请人独创的“DEMARSON”已经具有了一定的知名度，争议商标与该商标完全相同，且被申请人并未对其独立创作争议商标作出合理解释。此外，被申请人的法定代表人和股东设立了多家公司，共申请注册了600余件商标，远远超出生产经营需要，且不乏抄袭他人品牌之商标，上述主体恶意囤积商标，攀附他人声誉，违反了《商标法》第四十四条第一款的规定。

经审理，商标局认为，争议商标与申请人在先登记的企业字号完全相同，难谓巧合；同时，被申请人与其18家关联公司在多个类别的商品和服务上申请注册了多件与他人具有较强显著性的商业标识、设计师姓名相同或近似的商标，被申请人未作出合理解释。此外，被申请人关联公司经营范围还包括商标代理等业务。可见被申请人及其关联公司具有恶意串通囤积、模仿他人商标或姓名、规避《商标法》相关规定的一贯恶意，不具备注册商标应有的正当性，扰乱了商标注册管理秩序，构成《商标法》第四十四条第一款所指的“以其他不正当手段取得注册”之情形。

该案在认定争议商标的注册构成现行《商标法》第四十四条第一款所指情形的基础上，一并将被申请人及其关联公司共19家关联主体统一收录到重点监控名录中，充分体现了商标主管机关对恶意囤积商标、攀附他人商誉行为的严厉打击。同时，该行为也是完善商标恶意注册规制路径和利用信息化预警机制发挥重点监控、严厉打击作用的重要举措。

第二编　商标权的内容与利用

第四章　商标权的内容

本章导读：商标权作为知识产权的重要组成部分，其内容与权利人的义务紧密关联，深刻影响着商标的使用、保护及市场秩序。本章剖析了商标权的内容与权利人的义务。首先，详细阐释商标专用权概念，借助案例清晰展现商标专用权的积极效力和消极效力在实际中的体现。其次，梳理商标权的各项效力，明确其与核准注册的商标标识及核定使用商品或服务的密切联系。最后，深入解读商标权利人在使用、驰名商标使用、保护他人在先权利等方面的诸多义务，并结合众多典型案例，让读者更易理解和把握，为深入学习商标权相关知识筑牢基础。

第一节　商标权的内容及效力

一、商标专用权概念

商标专用权指的是商标权利人所有的专有权，是商标使用和保护的基础。在我国《商标法》中，商标专用权的表述为："经商标局核准注册的商标为注册商标，包括商品商标、服务商标和集体商标、证明商标；商标注册人享有商标专用权，受法律保护。"该权利既包括对于核准注册的商标标识在核定使用的商品或服务上的使用，也就是商标专用权的积极效力；也包括禁止他人在相同或类似的商品或服务上使用相同或类似的商标标识，也就是商标专用权的消极效力。应当指出的是，对于商标专用权积极效力和消极效力的划分，均属于对于商标专用权效力的研究。有学者将其以商标专用权和商标禁用权予以表达，在学生学习内容上，与商标专用权消极效力和积极效力的解读并无明显区别，但是在逻辑上存在一定的不协调。商标专用权是商标权利人依本商标所获权利的整体概念，这从《商标法》对商标专用权的定义中可以看到。禁止应为商标专用权的部分效力，将禁止权作为商标专用权的并列概念予以阐述不便于对商标专用权内容的理解。

◎ **案例1：涉"骑呗"三年不使用抗辩商标侵权及不正当竞争纠纷案**

一审案号：（2020）沪0115民初78547号

二审案号：（2022）沪73民终77号

上诉人（原审原告）：北京单车恋人商贸有限公司

被上诉人（原审被告）：上海骑呗信息技术有限公司、浙江骑呗信息技术有限公司

援引此案例，是因为本案出现了不同主体在同一大类下不同群组上注册相同商标的情形。原告北京单车恋人商贸有限公司成立于2010年，于2017年6月提出第25001528号"骑呗"商标注册申请，商标专用权期限自2018年6月至2028年6月。核定使用的服务项目为第36类

"金融分析、金融咨询、金融贷款"等。2018年2月被告上海骑呗信息技术有限公司成立。同年，上海骑呗信息技术有限公司申请注册第29297143号"骑呗"商标，该商标专用权期限自2019年4月至2029年4月，该商标核定使用的服务项目为第36类"经纪"。原告曾就被告申请的上述商标注册提出异议，国家知识产权局作出商标异议决定书，认定双方商标虽文字相同但指定使用的服务在服务内容及服务方式等方面具有一定区别，不属于类似服务，故准予注册。❶

　　一审法院经审理认为，被告对"骑呗"标识的使用超出其商标核定使用的服务类别，落入了原告"骑呗"商标核定使用的"金融信息、金融贷款服务"中，应承担停止侵害、赔偿损失的民事责任。上海知识产权法院审理后认为，被告虽然在经纪服务上享有"骑呗"注册商标，但其在经营中超出了该注册商标核定的服务范围，其在与原告核定使用类似的服务类别上使用了原告注册的"骑呗"商标，该行为构成商标侵权。

　　本案的教学意义在于，不同主体在同一大类下的不同群组上注册相同商标的情形，更须对被告使用商标的方式做详细划分，在核准商品和服务类别内的使用行为为商标专用权的积极效力的实现；超出核准类别的使用行为则可能构成商标侵权。需要进一步解释的是，在大类相同的不同群组之间相似的判断该如何展开。虽然"类似商品和服务区分表"是商标行政管理部门审查核准商标注册时商品类别的划分依据，并且以此作为商标使用范围依据，但同一大类的不同群组间并不当然为类似，同一群组之内也不必然，虽然事实经常是这样的。在一些特定情况下，同一类似群内的商品或服务项目之间并不全部构成类似，以《类似商品和服务区分表》（2024文本）为例：第二十一类，家用或厨房用器具和容器；烹饪用具和餐具（刀、叉、匙除外）；梳子和海绵；刷子（画笔除外）；制刷原料；清洁用具；未加工或半加工玻璃（建筑用玻璃除外）；玻璃器皿、瓷器和陶瓷。2114群组"不属别类的动植物器具"：（一）饮水槽210001，喂料槽210002，家禽环210011，鸟环210018，鸟戏水台*210019，鸟笼210059，动物饲料槽210074，人造留窝鸡蛋210164，家养宠物用笼子210302，宠物排泄用盒210306，宠物排泄用盘210306，动物梳毛手套210403，宠物喂食碗210414，宠物自动喂食碗210415。（二）室内植物培养箱210305，室内水族池210336，水缸（室内水族池）210336，水族池罩210337，室内生态培养箱210338（注：本类似群各部分之间商品不类似）。同时也有虽然未处于同一类似群，但仍属类似商品或服务的情况，如第二十一类，2111群组"隔热用具"：食物保温容器210007，饮料隔热容器210035，隔热瓶210046，保温瓶210046，冷藏瓶210047，隔热容器210062，冰块模210099，冷却容器（冰桶）210196，冰桶210196，非电动制冰块和冰淇淋器210211，非电便携式冷藏箱210261，保温袋210323，茶壶保温套210343，冷却食物和饮料用冷却包210369，可重复使用的冰块210370，暖水瓶C210039，暖水瓶壳C210040（注：暖水瓶与1104电热水瓶类似）。

二、商标权的效力

　　商标是区别商品或服务来源的识别标志，脱离具体商品谈商标，背离了商标的根本属性。根据《商标法》第五十六条规定："注册商标的专用权，以核准注册的商标和核定使用

---

❶　https://www.ciplawyer.cn/articles/150443.html.

的商品为限。"本条规定表明，在商标权积极效力的行使范围限于核准注册的商标和核定使用的商品，意味着在未核定的商品上使用注册商标标识的并不属于本商标权保护范围，同时意味着，即使标识相同，在核定与未核定商品上使用应属不同的权利保护范围。但是这并不意味着他人在该未核定商品上就可以绝对自由地使用与该注册商标标识相同或者近似的标识。理由是如果上述使用可能造成消费者混淆的情况下，就构成商标侵权。《商标法》第五十七条规定"未经商标注册人的许可，在同一种商品上使用与其注册商标近似的商标，或者在类似商品上使用与其注册商标相同或者近似的商标，容易导致混淆的"属侵犯注册商标专用权行为。甚至就驰名商标而言，即使该使用与驰名商标核定使用的商品或服务既不相同也不相似，也可能被驰名商标权利人所禁止。可以看到，商标专用权的消极效力范围要远大于积极效力范围。商标的使用，只能在核准注册的商标标识和核定使用的商品或服务上。但禁止他人使用，却可及于近似的商标标识和近似的商品或服务，而且地域范围及于商标法生效的全国范围，使商标权保护更加有效。

商标权利内容和效力的学习和理解，与核准注册的商标标识与核定使用的商品或服务的理解均具有深刻的关联。首先，核准注册的商标标识应具备法定构成要素，即《商标法》第八条列举的"文字、图形、字母、数字、三维标志、颜色组合和声音等，以及上述要素的组合"。其次，要具有显著性，即《商标法》第九条要求"申请注册的商标，应当有显著特征，便于识别，并不得与他人在先取得的合法权利相冲突"。核定使用的商品和服务类别以"类似商品和服务区分表"为参考，"类似商品和服务区分表"是以"商标注册用商品和服务国际分类表"为基础，进行了符合我国习惯的调整，将某些存在特定联系、容易造成误认的商品或服务组合到一起，编辑而成的商品和服务分类依据。

◎ 案例2：成都马路边餐饮管理有限公司与延吉市马路边边麻辣烫饭店侵害商标权纠纷案
　[本案为2019年中国法院50件典型知识产权案例，案号：（2019）吉24知民初4号]
　　2017年10月28日，案外人郭一凡注册了第21125511号注册商标，该商标由图案、汉字"马路边边"及汉语拼音"MA LU BIAN BIAN"构成，核定使用商品/服务项目为国际分类第43类，后该商标权由成都马路边餐饮管理有限公司（以下简称成都马路边公司）受让。成都马路边公司成立于2017年1月17日，在其经营中使用"马路边边"商标作为其麻辣烫餐饮服务的特有标识。经过一段时期的使用和宣传行为，"马路边边"麻辣烫饭店在餐饮行业获得了一定的知名度和美誉度，被"新浪四川""新浪微博"、成都商报社、川报新媒体中心等多家媒体及四川省烹饪协会等单位授予多项荣誉称号。

　　延吉市马路边边麻辣烫饭店（以下简称延吉马路边边饭店）成立于2019年3月4日，企业类型为个体工商户，注册经营范围包括正餐、饮料、餐饮服务。经营期间，延吉马路边边饭店在店铺牌匾、店内装潢、菜单、订餐卡、宣传海报、火锅炉具、代金券、赠送顾客的打火机等上均突出使用了"马路边边"字样。

　　法院审理认为，"马路边边"作为成都马路边公司注册商标的主要元素，具有显著性特征，能够起到区分商品或服务来源的识别性作用。成都马路边公司作为该注册商标的专用权人，有权提起诉讼。延边马路边边饭店主张"马路边边"为餐饮业惯用普通词汇。但从"马路边边"的字面含义来看，并不具有某种特定餐饮服务惯用名称的功能，且依照普通消费者的一般认知，在"马路边边"一词成为商标或者企业字号、名称使用之前，并不会将该词汇与具体某种饮食或者餐饮服务联系在一起。故延吉马路边边饭店侵犯了成都马路边公司注册商标专用权，其"马路边边"为餐饮业惯用普通词汇的主张不能成立。

本案裁判对经营者合理使用商品或服务的通用名称的界限作出了判断，保护了"网红"商家的合法权益，对制止不正当竞争、规范市场竞争秩序、创造良好营商环境具有典型意义。

第二节　商标权利人的义务

2019年《商标法》，在第六条、第十四条、第三十二条、第四十九条分别规定了商标使用义务、驰名商标使用禁止义务、禁止损害他人在先权利义务、不得自行改变注册商标标识义务和不得改变注册商标其他注册事项义务。

一、商标使用义务

《商标法》第六条规定："法律、行政法规规定必须使用注册商标的商品，必须申请商标注册，未经核准注册的，不得在市场销售。"本条规定了强制使用注册商标商品的情形。根据我国商标法，商标注册以自愿为原则，强制注册为例外。对于一般商品或服务，是否注册商标由经营者决定，认为需要取得商标专用权的，可提交商标申请。但法律、行政法规规定必须使用注册商标的商品或服务，未注册商标的，不得进入市场销售。

在现行法律、行政法规中，对必须使用注册商标的商品或服务作出规定的，只有《中华人民共和国烟草专卖法》（以下简称《烟草专卖法》）和《中华人民共和国烟草专卖法实施条例》（以下简称《烟草专卖法实施条例》）。《烟草专卖法》第二十条规定："卷烟、雪茄烟和有包装的烟丝必须申请商标注册，未经核准注册的，不得生产、销售。"《烟草专卖法实施条例》第二十二条规定："卷烟、雪茄烟和有包装的烟丝，应当使用注册商标。"第六十五条规定："电子烟等新型烟草制品参照本条例卷烟的有关规定执行。"根据上述规定，必须使用注册商标的商品只限于卷烟、雪茄烟、有包装的烟丝以及电子烟等新型烟草制品。注册商标是指在我国注册的有效商标，且其核定使用商品应当包括卷烟、雪茄烟、有包装的烟丝以及电子烟等新型烟草制品。进口的烟草制品及进口的电子烟等新型烟草制品也应当遵守上述规定。实践证明，在商标自愿注册的基础上，对部分特殊商品保留强制注册制度，通过商标管理商品，确有必要。卷烟、雪茄烟、有包装的烟丝以及电子烟等新型烟草制品属于《烟草专卖法》及其实施条例中规定的严格管控的商品，对其商标注册及管理上也应严格，其使用的商标均应经核准注册后方能使用。

此外，部门规章对其他特殊商品也有强制使用注册商标的规定。例如，原农业部制定的部门规章《农药标签和说明书管理办法》（2017年农业部令第7号）第三十一条规定："农药标签和说明书不得使用未经注册的商标。标签使用注册商标的，应当标注在标签的四角，所占面积不得超过标签面积的九分之一，其文字部分的字号不得大于农药名称的字号。"

二、驰名商标使用禁止义务

《商标法》第十四条第五款规定："生产、经营者不得将'驰名商标'字样用于商品、商品包装或者容器上，或者用于广告宣传、展览以及其他商业活动中。"驰名商标的使用禁止限于利用"驰名商标"字样宣传。

商标的作用在于将商品和服务进行区别。驰名商标是指在一定地域范围内为相关公众所熟知的商标。商标驰名有赖于商品生产者和服务提供者提供高品质的商品或服务，获得市场和消费者的认可，以此积累商誉，并通过对商标的持续使用、宣传和保护，不断扩大其知名度和影响力。商标为公众所熟知也会对企业发展产生积极影响。一方面，其与商品或服务的密切关联能够吸引更多的消费者进行选择；另一方面，驰名商标能获得更高水平的保护，包括禁止他人在不相同或者不相类似的商品上注册和使用已注册驰名商标、禁止将未注册驰名商标用作企业名称中的字号等。我国的驰名商标认定和保护制度自确立之初就遵循个案认定、被动保护原则，驰名商标认定是在具体争议案件中对商标知名度和影响力的确认，可以作为判定是否构成恶意、是否需要给予扩大保护等问题的基础。因此，驰名商标认定不是赋予商标特定的荣誉，更不意味着对相关产品或服务质量的保障。

商品或服务的质量是企业获得并积累商誉的基础，商标只是承载商誉的载体。商品生产者和服务提供者的宣传应该聚焦商品和服务的品质，这是消费者进行选择的决定因素，而非驰名商标的认定记录，更不能将驰名商标当成荣誉称号进行片面宣传。为更好体现立法本意，2013年《商标法》第三次修改时，全面完善了驰名商标制度，通过规范认定情形、禁止将未注册驰名商标作为字号使用等加强驰名商标保护，并增加生产、经营者不得将"驰名商标"字样用于商品、商品包装或者容器上，或者用于广告宣传、展览以及其他商业活动中的规定，防止企业为谋求广告效应和商业利益而刻意追求驰名商标认定。

与此同时，为了更好保护驰名商标，激发市场活力，行政机关应当在执法中正确区分"驰名商标"字样正当使用与违法使用的界限，既要防止滥用驰名商标，也要避免企业的正当使用行为遭受错误打击。2016年，原国家工商总局商标局在《关于企业在自建网站上使用驰名商标字样等有关问题的批复》中指出，驰名商标的认定保护记录是一种客观事实，企业在网站上或其他经营活动中对自己商标获得驰名商标扩大保护的记录做事实性陈述，没有突出使用"驰名商标"字样行为的，不属于《商标法》第十四条第五款所述的违法行为。2019年11月，国家知识产权局印发《关于加强查处商标违法案件中驰名商标保护相关工作的通知》，进一步强调各级知识产权管理部门在日常工作中要引导企业正确认识驰名商标认定和保护制度，企业可在经营活动中对商标获得驰名商标保护的记录做事实性陈述。

◎ 案例1：陈某诉南宁市青秀区工商行政管理和质量技术监督局行政诉讼案二审

上诉人（一审被告）：南宁市青秀区工商行政管理和质量技术监督局

被上诉人（一审原告）：陈某

2015年9月8日，原告向被告南宁市工商局邮寄"关于甲公司销售'公牛'牌插座涉嫌违规的投诉函"，主要内容为：2015年9月7日，原告在南宁市民族道金湖广场南宁市人人乐商业有限公司门店购物，购买了"公牛"牌插座等商品，该超市开具购物发票一张并加盖公章。原告发现购买的公牛牌插座"该商品外包装标注'中国驰名商标'字样，依据工商总局相关规定，上述字样不允许标注内容。"原告要求：①请求该局对于本次举报予以立案查办；②请求该局责令南宁市人人乐商业有限公司对违规商品立即作下架处理；③对于南宁市人人乐商业有限公司处以相应罚款；④如本次投诉符合奖励条件，请给予相应奖励；⑤对本人的举报身份予以保密。

接到上述举报后，南宁市工商局将该举报转被告青秀区工商质监局办理。2015年9月21日，青秀区工商质监局派出工作人员前往甲公司（即五象广场店）开展调查工作，对该店内销售插座的货架及相关"公牛"牌插座进行了拍照取证，并对该店工作人员进行询问及制作询问笔录，调取了"南宁市人人乐五象购物广场商品进销存台账"等证据。2015年10月29日，青秀区工商质监局向原告作出被诉"答复书"。原告对该答复不服，向南宁市工商局提起行政复议，南宁市工商局于2015年12月24日作出"行政复议决定书"，决定维持青秀区工商质监局作出的"答复书"。原告不服，提起行政诉讼。

一审、二审法院认为：2014年5月1日施行的现行《商标法》相较旧法，在第十四条中增加了关于生产、经营者不得将"驰名商标"字样用于商品、商品包装或者容器上，或者用于广告宣传、展览以及其他商业活动中等内容。

同时，《工商总局关于执行修改后〈中华人民共和国商标法〉有关问题的通知》（工商标字〔2014〕81号）第三条规定："（二）对于将'驰名商标'字样用于商品、商品包装或者容器上，或者用于广告宣传、展览以及其他商业活动中的行为，适用修改后的商标法处理。但是，对于将'驰名商标'字样用于商品、商品包装或者容器上并于2014年5月1日以前已经进入流通领域的除外。"

所谓商品流通，是指商品进入批发、零售、物流及其他相关服务等贸易活动。青秀区工商质监局在对原告投诉问题开展调查时，存在如下问题：

（1）原告购买的"公牛"牌插座，是否确系在甲公司购买，青秀区工商质监局未能查清。

（2）假设原告购买的"公牛"牌插座确系在甲公司购买，则该插座与青秀区工商质监局派员前往甲公司现场检查当日，在商家门店货架待售的"公牛"牌插座，是否为同一进货批次，是2013年6月15日、2014年1月13日、2014年8月26日三个进货批次中哪一批次的货物，根据现有证据无法证实。而"公牛"牌插座的供应商深圳市增进科技有限公司于2013年6月15日、2014年1月13日两次批发销售给甲公司的"公牛"牌插座，属于前述工商标字〔2014〕81号文规定的于2014年5月1日以前已经进入流通领域的商品，并未违反相关规定。只有供应商于2014年8月26日批发销售给甲公司的插座，才涉嫌违反前述关于"驰名商标"的禁止性规定。

综上，青秀区工商质监局在未查明案件事实情况下，即在"答复书"中认定被举报产品进货时间是2014年1月13日，并认定其产品外包装上的"中国驰名商标"字样未违反国家规定，属认定事实不清、证据不足。

三、禁止损害他人在先权利义务

《商标法》第三十二条规定："申请商标注册不得损害他人现有的在先权利，也不得以不正当手段抢先注册他人已经使用并有一定影响的商标。"根据最高人民法院对《商标法》条文的释义："他人现有的在先权利"是指在商标注册申请人提出商标注册申请之前，他人已经取得的权利。商标权容易与这些权利发生冲突。本条规定申请商标注册不得损害他人现有的在先权利，即不得将他人已经获得权利的外观设计、著作权、企业名称等作为商标申请注册。需要注意的是，虽然条文释义对于在先权利进行了列举，但商标法并未对在先权利予以限定，也就是条文释义的列举是阐释性的，并非限定性的。实践中，所有在商标注册申请人提出商标注册申请之前，他人已经合法取得的权利均可作为本条规定的"在先权利"。《商标授权确权规定》第十八条将"在先权利"定位为一种开放性的规定，既包括法律有明确规定的在先权利，也包括其他应予保护的合法权益，之后结合实践中几种常见的权利形式，分别对在先著作权、姓名权、字号权益及角色形象、作品名称及角色名称的保护进行了规定。另外，《关于审理商标授权确权行政案件若干问题的规定》（以下简称《商标授权确权规定》）第十八条明确了判断是否损害在先权利的时间点一般为诉争商标申请日，但在诉争商标核准注册时在先权利已不存在的，则权利冲突的障碍已经消除，故不因之前存在在先权利而影响诉争商标的注册。

（一）关于在先著作权

在先著作权构成《商标法》第三十二条规定的在先权利之一。在司法实践中，对在先标志主张著作权的案件量较多，争议也较大，主要集中在权属认定标准上。《商标授权确权规定》第十九条第一款规定，主张在先著作权的，应该按照《著作权法》的相关规定，对于所主张的客体是否构成作品、当事人是否为著作权人或者利害关系人以及诉争商标标志申请注册是否构成对著作权的侵害进行判断；第二款参考了最高人民法院《关于审理著作权民事纠纷案件适用法律若干问题的解释》（以下简称《著作权解释》）第七条，规定关于设计底稿等可以作为证明著作权归属的证据，结合对商标标志主张著作权案件的特点，对著作权登记证书作了限定，即只有在诉争商标申请日之前的著作权登记证书才具有初步证明的效力；第三款则明确了商标注册证、商标公告可以作为确定利害关系人的初步证据。

关于商标注册证或者商标公告在权属问题上的证明效力问题。根据《商标法》的规定，有权主张在先著作权的不仅包括著作权人，还包括利害关系人，在先的注册商标经过公告，在没有相反证据的情况下，应当认为其是合法取得的，不侵犯他人著作权。在这个前提下，其商标标志可能有如下来源：自行创作、委托创作、许可、受让。在创作和受让的情况下，商标权人享有著作权。在委托创作的情况下，委托人即在先商标申请人可以依照合同约定享有著作权或者在约定的范围内或委托创作的目的范围内使用作品。在此情况下，除非合同中有相反约定，在先商标申请人对于将该标志作为商标注册和使用享有专有权，其可作为利害关系人主张权利。许可使用的情况下，商标申请人作为被许可人，亦是有权主张著作权的利害关系人。当然，商标申请人也可以提供《商标授权确权规定》第十九条第二款规定的如设计底稿、取得权利的合同等证据证明其为著作权人。这种"初步证据"加上"反证"的方式符合著作权法对权属问题的通常证明标准，而且如果在后的商标申请人并非抄袭在先商标标志，而是有其他来源，其也很容易举出反证。

值得注意的是，权属问题只是主张在先著作权要解决的问题之一，其他如是否构成著作权法意义上的作品、是否在著作权保护期、诉争商标与其作品是否构成实质性近似等，都需要根据著作权法的相关规定进行判断，并且著作权法意义上实质性近似的判断与商标法领域的近似判断并非同一概念，在认定诉争商标的申请注册是否损害他人在先著作权时，应当依据著作权相关法律规定并结合具体案件情况予以认定。

（二）关于在先姓名权

在实践中，经常出现将名人姓名注册为商标的案件，除涉及政治等领域公众人物姓名的情形可能构成"不良影响"条款外，还存在一些将体育、娱乐等领域的名人姓名注册为商标的情况。自然人的姓名权是《中华人民共和国民法典》（以下简称《民法典》）明确规定的一项权利，虽然其是重要的人身权利，但其所包含的财产利益日益受到关注并在法律层面得到认可。《商标授权确权规定》第二十条对依据在先姓名权请求适用《商标法》第三十二条保护的问题作了规定。根据该规定，相关公众认为某商标标志指代了特定自然人，容易认为标记有该商标的商品系经过该自然人许可或者与该自然人存在特定联系，构成认定对在先姓名权构成损害的条件。对于实践中出现的并非以自然人的户籍姓名，而是以笔名、艺名、译名等特定名称来主张姓名权的，如果该特定名称具有一定的知名度，与该自然人建立了稳定的对应关系，相关公众以其指代该自然人的，人民法院应当予以支持。

（三）关于在先字号权

字号是企业名称中主要起识别作用的部分，容易与商标产生冲突，《民法典》规定了法人和非法人组织享有名称权，对字号权并未有明确规定。《最高人民法院关于适用〈中华人民共和国反不正当竞争法〉若干问题的解释》第四条规定了具有一定市场知名度的条件。《商标授权确权规定》第二十一条沿用了上述司法解释规定的条件，并规定以相关公众容易造成混淆误认为判断是否侵害字号权益的标准。对于已经具有一定的市场知名度、与企业建立起稳定对应关系的企业名称简称，亦可以作为在先权利受到保护，实践中此类案件亦不在少数。

（四）关于角色形象、作品名称以及角色名称等权利

现实中，很多角色形象，尤其是虚拟形象，可以作为美术作品来进行保护，构成著作权法中的作品类型，属于法律有明确规定的在先权利，当事人对相关角色形象主张在先著作权的，可以依照《著作权法》对相关权利进行审查。对于作品名称和角色名称，我国《著作权法》并无明确规定，但是对于具有较高知名度的作品名称、角色名称而言，其知名度会带来相应的商业价值，权利人可以自行使用或者许可他人使用，同样构成可受保护的合法权益。如果他人未经许可将上述作品名称、角色名称等作为商标使用在相关商品上，容易使相关公众误认为该商品获得了权利人的许可或者与其有特定联系，会损害相关权利人自行或者许可他人对其进行商业利用的权利，权利人可以依据《商标法》第三十二条对该商标提出异议、无效申请，司法实践中存在对作品名称或者角色名称给予保护的案例。在具体适用方面，从利益平衡的角度出发，对此类合法利益进行保护的同时，也要对其有所限制，既要考虑到对合法权益进行保护，防止不正当占用他人的经营成果，也要避免损害社会公众对社会公共文化资源的正当使用。由于此类权益产生的基础是作品名称、作品中的角色名称，故对其提供保护限于作品的著作权保护期之内，《商标授权确权规定》第二十二条对此作了相应规定。

除上述权利形式外，当事人在诉争商标申请日之前享有的其他形式的民事权利或应予保护的合法权益，亦可作为本条规定的"在先权利"。对于实践中存在的所谓"商品化权益"的问题，鉴于目前法律尚无相关规定，在具体案件中可以根据当事人的具体请求，将其作为著作权、姓名权、作品名称、作品中的角色名称等权利或者利益予以保护。

认定诉争商标的注册是否构成对他人在先权利的侵害，应当从以下几个方面进行审查：在诉争商标申请日前，该在先权利是否具有一定知名度；诉争商标的申请注册人主观上是否存在恶意；诉争商标标志与该在先权利是否相同或者近似；诉争商标指定使用的商品与该在先权利知名度所及范围相同或类似，容易导致相关公众误认为其与该在先权利所有人存在特定联系。

◎ 案例2：华润（集团）有限公司、华润知识产权管理有限公司与成都市金牛区华润灯饰商店侵害商标权及不正当竞争纠纷案［本案源自2021年中国法院50件典型知识产权案例：知识产权民事案件之（二）侵害商标权纠纷案件。案号：（2021）最高法民再338号］

某集团有限公司诉称：某集团有限公司是第77609×号"华润"商标、第384356×号"华润万家"商标及第77312×号"华润"商标的注册商标专用权人。其中，"华润万家"商标核准注册在第35类上，均包含"推销（替他人）"等服务；第三枚商标核准注册在第36类"资本投资"等服务上，相关行政机关及人民法院已经认定该商标构成驰名商标。成都市金牛区某灯饰商店注册使用"华润"作为其字号，并在其经营的灯饰店店外招牌、宣传资料等多处使用"华润"字样，售卖多种他人品牌灯具。某集团有限公司主张，成都市金牛区某灯饰商店的行为足以使消费者对服务来源产生混淆与误认，并引人误认为与某集团有限公司存在关联关系，违反了《商标法》第五十七条、第十三条及《反不正当竞争法》第二条、第五条第三项的规定，故诉至法院，请求：①判令成都市金牛区某灯饰商店立即停止侵犯某集团有限公司第77609×号"华润"商标、第384356×号"华润万家"商标注册商标专用权的行为；②判令成都市金牛区某灯饰商店立即停止侵害某集团有限公司第77312×号"华润"驰名商标的行为；③判令成都市金牛区某灯饰商店立即停止在其店铺经营、广告宣传、推广等活动中使用与"华润"相同或类似文字的商标侵权行为；④判令成都市金牛区某灯饰商店立即停止使用带有"华润"文字的企业名称；⑤判令成都市金牛区某灯饰商店就侵权行为在《成都商报》《华西都市报》《成都日报》显著位置刊登声明以消除影响；⑥判令成都市金牛区某灯饰商店赔偿某集团有限公司经济损失50万元；⑦判令成都市金牛区某灯饰商店赔偿某集团有限公司为调查和制止商标侵权及不正当竞争行为而产生的律师费、授权公证费、图书馆检索费、保全证据公证费、律师调查取证费、员工调查取证费等其他合理开支共计7万元。

成都市金牛区某灯饰商店辩称：①成都市金牛区某灯饰商店的字号经核准登记，属于合法审批后使用。成都市金牛区某灯饰商店的字号，有特定的含义，是以该商店法定代表人之子的名字来命名的，成都市金牛区某灯饰商店以"华润"为字号时，并不知道某集团有限公司及诉争"华润"商标的存在，没有搭便车的故意，不构成商标侵权及不正当竞争。②"华润灯饰"系成都市金牛区某灯饰商店的企业合法简称，且成都市金牛区某灯饰商店未突出使用"华润"二字，该企业字号与某集团有限公司的涉案商标有显著不同，不会引起相关公众误认，成都市金牛区某灯饰商店的经营范围与第77609×号"华润"、第384356×号"华润万家"商标核定服务范围不同。③即使第77312×号"华润"商标被认定为驰名商标，客观上也不会让相关公众将成都市金牛区某灯饰商店销售灯具的经营行为与从未生产经营灯饰的某集团有限公司联系起来，不构成驰名商标的跨类保护，也不会导致诉争驰名商标淡化。故成都市金牛区某灯饰商店不构成商标侵权和不正当竞争，不应当承担停止侵权及赔偿损失等责任。

四川省成都市中级人民法院于2018年12月25日作出（2017）川01民初1643号民事判决，

驳回某集团有限公司的诉讼请求。宣判后，某集团有限公司提出上诉。四川省高级人民法院于2020年11月9日作出（2020）川知民终174号民事判决，驳回上诉，维持原判。某集团有限公司及涉案商标受让人某知识产权管理有限公司不服上述判决，向最高人民法院申请再审。

最高人民法院裁定提审本案，并于2021年12月20日判决：①撤销四川省高级人民法院（2020）川知民终174号民事判决；②撤销四川省成都市中级人民法院（2017）川01民初1643号民事判决；③成都市金牛区某灯饰商店立即停止侵害某知识产权管理有限公司第77609×号"华润"商标及第384356×号"华润万家"商标专用权的行为，即停止在其店铺经营、广告宣传、推广等活动中使用与"华润"相同或近似的商业标识；④成都市金牛区某灯饰商店立即停止使用带有"华润"文字的企业名称，并变更其企业名称，变更后的企业名称不得含有与"华润"相同或近似的字样；⑤成都市金牛区某灯饰商店于本判决生效后15日内赔偿某知识产权管理有限公司经济损失及合理费用共计8万元；⑥驳回某集团有限公司、某知识产权管理有限公司的其他诉讼请求。一、二审案件受理费各9500元，共计19000元，由成都市金牛区某灯饰商店各承担7500元，共计15000元；由某集团有限公司及某知识产权管理有限公司共同承担各2000元，共计4000元。

最高人民法院再审认为：

第一，关于成都市金牛区某灯饰商店的被诉侵权行为是否侵害了涉案商标专用权的问题。首先，成都市金牛区某灯饰商店经销各种品牌的灯具、灯饰商品，其经营范围为灯具批发、零售，该服务与两涉案商标核定使用的第35类"推销（替他人）"服务在服务目的、内容、方式及服务对象等方面存在较大关联，二者构成类似服务。虽然"类似商品和服务区分表"中第35类"推销（替他人）"服务中并未明确包含"批发、零售"服务，但是认定服务是否构成类似，应当以相关公众的一般注意力为标准，结合经营主体的经营范围、经营模式、服务对象等因素综合考虑。从本案来看，成都市金牛区某灯饰商店将自己所代理或购进的各类品牌灯饰进行归类并统一销售，以方便消费者选购，其所销售的灯饰产品显示的标识及相关信息仍来源于其代理或购进的灯饰品牌，而"华润灯饰"系为销售上述灯饰产品所提供的服务标识。上述销售模式与涉案商标核定使用的服务存在交叉和重合，二者构成类似服务。二审判决认定成都市金牛区某灯饰商店从事的经营类别与上述涉案商标核定使用的服务不构成相同或类似服务不当，最高人民法院予以纠正。其次，被诉侵权标识的显著识别部分"华润"文字，与两涉案商标的显著识别部分在文字构成、呼叫等方面相同或近似，构成近似商标。"华润"系臆造词，具有较强显著性；某集团有限公司及某知识产权管理有限公司提交的证据能够证明在成都市金牛区某灯饰商店注册成立之前，某集团有限公司的"华润"品牌已为相关公众广泛知晓，"华润"系列商标在超市行业亦具有较高知名度。在上述情况下，成都市金牛区某灯饰商店作为从事商品销售的主体，仍突出使用与涉案商标相同或近似的标识，从事与涉案商标核定服务类似的服务，容易造成相关公众的混淆与误认，其所提交的证据亦尚不足以证明被诉侵权标识已经在行业内具有较高知名度，足以避免相关公众将其与涉案商标相混淆。最后，成都市金牛区某灯饰商店主张其使用"华润灯饰"标识系来源于其经营者儿子的名字，具有合理性和正当性。最高人民法院认为，公民虽享有其合法的姓名权，并有权合理使用自己的姓名，但应当遵循诚实信用原则并遵守相关法律法规的规定，在将姓名进行商业使用时，不得侵害他人的在先权利。成都市金牛区某灯饰商店的行为已超出合理使用姓名的界限，故对其相关抗辩理由及所提相关证据，不予采纳。综上，成都市金牛区某灯饰商店使用"华润灯饰"标识的行为，容易造成相关公众对其服务来源产生混淆或误认，构成对涉案商标专用权的侵害。

第二，关于成都市金牛区某灯饰商店的被诉侵权行为是否对某集团有限公司及某知识产权管理有限公司构成不正当竞争的问题。在案证据显示，在成都市金牛区某灯饰商店注册成立之前，某集团有限公司在超市行业已具有较高知名度。国家工商行政管理总局分别于2001年10月20日、2010年7月15日下发通知，要求各地工商行政管理局对已经登记注册的以"华润"作为字号的企业名称进行清理，并要求对在2001年10月20日之后申请"华润"作为字号的，如果与某集团有限公司、该集团总公司无投资关系，一律不予核准。在上述情况下，成都市金牛区某灯饰商店仍将与某集团有限公司字号相同、与涉案商标相同或近似的文字注册为企业名称，客观上容易造成相关公众的混淆与误认，对某集团有限公司及某知识产权管理有限公司均构成不正当竞争。此外，如前文所述，成都市金牛区某灯饰商店经营者儿子的名字包含"华润"亦不能作为其企业名称具有合理性和正当性的依据。

审判要旨：①在商标侵权案件中认定服务是否构成类似，应当以相关公众的一般注意力为标准，综合考虑经营主体的经营范围、经营模式、服务对象等因素。商业主体将自身所代理或购进的商品进行归类，以方便消费者选购的批发或零售等销售模式统一销售产品，与区分表第35类"推销（替他人）"服务存在交叉和重合，应当认定二者构成类似服务。②公民享有其合法的姓名权，有权合理使用自己的姓名，但应当遵循诚实信用原则并遵守相关法律法规的规定，对姓名进行商业使用时不得侵害他人的合法在先权利。在他人已经在先将相同或近似的文字注册为商标，并经过长期使用已经具有较高知名度的情况下，该公民再将与上述注册商标相同或近似的文字使用在相同或类似服务上，容易造成相关公众混淆或误认的，即使与其自身姓名存在关联，亦构成对注册商标权的侵害。

◎ 案例3："松鼠张三疯"商标异议案

本案为2019年商标异议、评审典型案例。本案异议人一：三只松鼠股份有限公司，异议人二：章燎源，异议人三：厦门三风企业管理有限公司，被异议人：福建三五七投资有限公司。

异议人一、二主要理由：被异议商标是对异议人一在先注册并使用的"三只松鼠"系列知名商标的模仿，客观上造成了相关公众对被异议商标与"三只松鼠"系列商标的混淆误认；被异议商标的申请注册损害了异议人二章燎源（异议人一的法定代表人）在先使用并具有较高知名度的网络昵称"章三疯"的姓名权，被异议商标应不予核准注册。异议人三主要理由：被异议商标与异议人三在先注册于类似商品上的第14179277号"张三疯"商标及第20496054号"张三疯ZHANG SANFENG及图"商标构成使用在类似商品上的近似商标，足以导致相关公众产生混淆、误认。

异议决定：被异议商标与异议人一在先注册的商标未构成使用在类似商品上的近似商标。异议人二于2012年创立了异议人一，以"三只松鼠"作为核心品牌，以"松鼠老爹_章三疯"作为网名在新浪博客上发表文章，经过广泛的宣传使用，"松鼠老爹_章三疯"已与章燎源产生相互对应关系且已在相关行业内具有一定知名度。被异议商标与该名称文字组合方式、呼叫和含义近似，且被异议商标指定使用商品与坚果等商品密切相关，此种情形易使相关消费者将被异议商标指向异议人二，从而可能致使异议人二的利益受到损害，被异议商标的注册已构成对异议人二姓名权的侵害。综上，对被异议商标不予注册。

本案是一起打击恶意侵犯他人姓名权行为、保护在先权利人利益的典型案例。明知为他人的姓名却基于恶意攀附他人商誉的目的申请注册商标的，应当认定构成对他人姓名权的侵害。商标实质审查阶段难以甄别出申请注册商标损害他人除商标权以外的其他在先权利等情形，在异议审查程序中在先权利人可以主张其权利，维护自身合法权益。

四、不得自行改变注册商标标识义务

《商标法》第四十九条第一款："商标注册人在使用注册商标的过程中，自行改变注册商标、注册人名义、地址或者其他注册事项的，由地方工商行政管理部门责令限期改正；期满不改正的，由商标局撤销其注册商标。"

根据国家知识产权局《〈商标一般违法判断标准〉理解与适用（五）》第十八条：《商标法》第四十九条第一款所称自行改变注册商标，是指商标注册人擅自对注册商标的文字、图形、字母、数字、三维标志、颜色组合、声音等构成要素作局部改动或者变换相对位置，影响对该注册商标的认知或者识别，仍标明"注册商标"或者注册标记的。

本条规定了自行改变注册商标的含义。

商标注册是取得商标专用权的法定程序。使用注册商标，需要改变注册商标的文字、图形、字母、数字、三维标志、颜色组合、声音等以及上述要素的组合的，是对商标权客体的改变，应当重新提出商标注册申请，并且在该商标核准注册后方能作为注册商标使用。自行改变注册商标，是商标法禁止的行为，应承担相应的法律后果。

自行改变注册商标，一般是指在不改变商标显著特征前提下的改变，即商标主体及其表现形式均未进行实质性改变，且改变后仍标明注册商标或者标注注册标记。若相关改变导致注册商标构成要素的实质性变化，变成另一个商标，改变后的商标又未注册且仍标明注册商标或者标注注册标记的，构成未注册商标冒充注册商标的违法行为。需要强调的是，若注册商标经变形、修改从而导致违反《商标法》第十条规定的，应按照《商标法》第五十二条规定进行处罚；若构成《商标侵权判断标准》第二十二条所述情形，则属于商标侵权行为，应按照《商标法》第六十条第二款规定进行处罚。对同时违反多个法律规范的竞合行为，按照《行政处罚法》第二十九条规定，按照罚款数额高的规定处罚。

需要特别关注的是，是否具有实质性变化，为本条进行行政管理的依据，并非判断其商标性使用的标准。也就意味着虽然商标进行了改变使用，但仍属于对原注册商标的使用。以商标连续三年不使用撤销为例，变化后的商标使用仍然承认为该商标的使用行为，但这种承认有一定限制。根据《商标审查审理指南》："自行改变注册商标，是指商标注册人或者被许可使用人在实际使用注册商标时，擅自改变该商标的文字、图形、字母、数字、立体形状、颜色组合等，导致原注册商标的主要部分和显著特征发生变化。改变后的标志同原注册商标相比，易被认为不具有同一性。"同时，《商标授权确权规定》第二十六条第二款规定："实际使用的商标标志与核准注册的商标标志有细微差别，但未改变其显著特征的，可以视为注册商标的使用。"换言之，在实际使用的商标标志与核准注册的商标标志仅有细微差别的情况下，是可以视为注册商标的使用的，但这种细微差别应当以未改变商标标志的显

著特征为限。

另外，对于商标改变规定了例外情形。根据《商标一般违法判断标准》第十九条："将卷烟整体包装作为商标注册的，其按照国家有关规定加注警语、修改警语内容和警语区面积造成卷烟商标改变并使用的行为，不视为违反《商标法》第四十九条第一款的规定。"实践中，许多卷烟商标涉及将烟盒整体包装进行注册的情形。我国是《烟草控制框架公约》的缔约国，为履行相关承诺，国家烟草专卖局、原国家质量监督检验检疫总局制定《中华人民共和国境内卷烟包装标识的规定》，对卷烟包装的警语内容、警语区等内容作了强制性规定。卷烟商品加注警语后，会导致烟盒整体包装发生较大变化。为支持和配合全国卷烟包装标识的调整工作，原国家工商行政管理总局于2016年发布《关于卷烟包装标识调整后商标执法工作中有关问题的通知》（工商标字〔2016〕241号），指出卷烟商标改版属于政府在全国范围内统一的强制性调整行为，各地工商行政管理和市场监管部门在执法过程中，对将卷烟全包装作为商标注册的企业按照《中华人民共和国境内卷烟包装标识的规定》修改警语内容和警语区面积造成卷烟商标改变并使用的行为，不视为《商标法》第四十九条第一款规定的自行改变注册商标的行为。

为履行《烟草控制框架公约》，《商标一般违法判断标准》延续原有关规定，对于将卷烟包装整体进行注册的商标进行豁免规定。需要强调的是，如果商标注册人在使用卷烟商标时进行了其他改动，仍需依据《商标法》第四十九条规定进行查处。

自行改变注册商标标识的法律后果：一是行政责任。《商标法》第四十九条规定，商标注册人在使用注册商标的过程中，自行改变注册商标、注册人名义、地址或者其他注册事项的，由地方工商行政管理部门责令限期改正；期满不改正的，由商标局撤销其注册商标。二是民事责任。最高人民法院《关于审理注册商标、企业名称与在先权利冲突的民事纠纷案件若干问题的规定》第一条第二款规定："原告以他人使用在核定商品上的注册商标与其在先的注册商标相同或者近似为由提起诉讼的，人民法院应当根据民事诉讼法第一百二十四条第（三）项的规定，告知原告向有关行政主管机关申请解决。但原告以他人超出核定商品的范围或者以改变显著特征、拆分、组合等方式使用的注册商标，与其注册商标相同或者近似为由提起诉讼的，人民法院应当受理。"该规定表明，若不规范使用注册商标而侵犯他人合法权益的，也需要承担停止侵权、赔偿损失等民事责任。

◎ **案例4：河北省唐山市丰润区市场监督管理局查处唐山市丰润区晨源金属制品厂自行改变注册商标案**

本案例源自国家知识产权局《〈商标一般违法判断标准〉理解与适用（五）》。北新集团建材股份有限公司（以下简称北新集团）在第6类轻钢龙骨等商品上注册第5443945号"龙牌"商标、第14821518号"龙牌（竖写）"商标。个体工商户霍某某在建筑用金属架等商品上注册第14489152号"今德龙"商标。2020年11月，河北省唐山市丰润区市场监督管理局接到北新集团投诉，称唐山市丰润区晨源金属制品厂（经营者：霍某某）制售的"今德龙牌®"轻钢龙骨与该公司的"龙牌"轻钢龙骨相混淆，构成了不正当竞争行为。唐山市丰润区市场监督管理局认为，当事人唐山市丰润区晨源金属制品厂经营者拥有"今德龙"注册商标，当事人在其制售的轻钢龙骨上标注"今德龙牌®"字样，属于《商标法》第四十九条规定的"自行改变注册商标"，但"今德龙牌®"商标标识不足以与北新集团的"龙牌"注册商标相混渍，故当事人的上述行为不构成不正当竞争。唐山市丰润区市场监督管理局向当事人下达了《责令改正通知书》，责令当事人限期改正违法行为。

"牌"字在商标中显著性不强，该案当事人在注册商标"今德龙"后加"牌"字并标注注册标记，并未改变注册商标的显著特征，不会使相关公众认为改变后的商标系投诉人的注册商标，故不构成冒充注册商标，而属于自行改变注册商标。

◎ 案例5：亿健诉国家商标局［（2017）京73行初633号］

诉争商标"亿健YIJIAN"由潘岩君于2006年6月6日向商标局提出注册申请，申请注册号为5400430号，核定使用商品为第28类。2015年10月19日，张奇作为申请人向商标局提出对诉争商标连续三年不使用的撤销申请，商标局作出"商标撤"三字〔2016〕第Y004550号决定，驳回张奇的撤销申请，诉争商标不予撤销。张奇不服，于2016年7月11日向商标评审委员会提出复审申请，其主要理由为：申请人通过调查认为，诉争商标无正当理由已连续三年未使用，被申请人提交的相关证据材料属于无效证据，诉争商标被许可单位浙江顶康科技有限公司在2012年10月19日至2015年10月18日使用的商标并非本案诉争商标，诉争商标的注册应予以撤销（图1、图2）。

图1　实际使用商标　　　　　　　　图2　争议商标

图片来源：北京盈科（上海）律师事务所　本案例解读

法院认为，关于实际使用的商标与诉争商标存在区别的问题，《最高人民法院〈关于审理商标授权确权行政案件若干问题的意见〉》第二十条规定，人民法院审理涉及撤销连续三年停止使用的注册商标的行政案件时，实际使用的商标与核准注册的商标虽有细微差别，但未改变其显著特征的，可以视为注册商标的使用。本案中，诉争商标与实际使用商标均由中文"亿健"与英文"YIJIAN"组成，其区别仅在于两部分排列不同、字体不同，尚未达到显著特征不同的程度。另考虑到浙江顶康科技有限公司在第28类商品上并未注册有其他商标，故应认定诉争商标在核准使用的"锻炼身体器械"上进行了商标法意义上的使用。

五、不得改变注册商标其他注册事项义务

《商标法》第四十九条第一款："商标注册人在使用注册商标的过程中，自行改变注册商标、注册人名义、地址或者其他注册事项的，由地方工商行政管理部门责令限期改正；期满不改正的，由商标局撤销其注册商标。"

根据《〈商标一般违法判断标准〉理解与适用（五）》第二十条：有下列情形之一的，均属《商标法》第四十九条第一款规定的自行改变商标注册事项：

（一）商标注册人名义（姓名或者名称）发生变化后，未依法向国家知识产权局提出变

更申请的；

（二）商标注册人地址发生变化后，未依法向国家知识产权局提出变更申请，或者商标注册人实际地址与《商标注册簿》上记载的地址不一致的；

（三）除商标注册人名义、地址之外的其他注册事项发生变化后，商标注册人未依法向国家知识产权局提出变更申请的。

本条规定了自行改变注册事项的情形。

《商标法》第四十一条规定："注册商标需要变更注册人的名义、地址或者其他注册事项的，应当提出变更申请。"第四十九条第一款规定："商标注册人在使用注册商标的过程中，自行改变注册商标、注册人名义、地址或者其他注册事项的，由地方工商行政管理部门责令限期改正；期满不改正的，由商标局撤销其注册商标。"自行改变注册事项包括以下三类情形：

一是自行改变注册商标的注册人名义，指商标注册人名义（姓名或者名称）发生变化后，未依法向国家知识产权局提出变更申请，或者实际使用注册商标的注册人名义与《商标注册簿》上记载的注册人名义不一致。

二是自行改变注册商标的注册人地址，指商标注册人地址发生变化后，未依法向国家知识产权局提出变更申请，或者商标注册人实际地址与《商标注册簿》上记载的地址不一致。

三是自行改变注册商标的其他注册事项，指除商标注册人名义、地址之外的其他注册事项发生变化后，注册人未依法向国家知识产权局提出变更申请。《集体商标、证明商标注册和管理办法》第十四条规定："集体商标注册人的成员发生变化的，注册人应当向商标局申请变更注册事项，由商标局公告。"第十三条规定："集体商标、证明商标的初步审定公告的内容，应当包括该商标的使用管理规则的全文或者摘要。集体商标、证明商标注册人对使用管理规则的任何修改，应报经商标局审查核准，并自公告之日起生效。"因此，《商标法》第四十九条第一款规定的其他注册事项，包括集体商标注册人的成员、集体商标或证明商标的使用管理规则。若使用集体商标的集体成员与国家知识产权局公告的该集体商标的成员不一致，或者使用集体商标、证明商标的商品的品质与国家知识产权局公告的该商标使用管理规则规定的品质不一致，均构成自行改变注册商标的注册事项。

区分自行改变注册商标和冒充注册商标的基本原则是，对注册商标作局部或轻微等未改变商标显著特征的改动，改变后的商标相关公众仍认为是同一商标，且改变后的商标仍标明注册商标或者标注注册标记的，属于自行改变注册商标注册事项。例如，当事人注册商标为"Ｔｉａｎｘｉ"，而实际使用"Ｔｉａｎｘｉ"，仅增加非显著性元素，未改变该商标显著特征，且仍标明注册商标或者标注注册标记的，属于自行改变注册商标。对注册商标的主体部分或显著部分进行较大或者根本性的改变，足以使相关公众认为改变后的商标为一件新商标，且仍标明注册商标或者标注注册标记的，则属于冒充注册商标。例如，当事人注册商标为"雪冰元素"，实际使用为"雪冰"，将"元素"两字缩得较小，显著部分为"雪水"，与原注册商标相比较发生了根本性改变，已成为一个新的商标，在该标志上标注注册标记的行为属于冒充注册商标行为。

第三节　商标权的终止

商标权终止即商标权的消灭，指因法定事由导致注册商标权利人丧失商标权的制度，需要提示的是，要关注其与商标无效制度之间的区别。商标权的终止和商标无效，均以商标权获得为条件，如果未获得商标权则无终止和无效情形。而法律后果是对两种情形予以区分的关键：商标无效的结果是商标权自始无效，而商标权终止并未否认终止前的商标权效力。因此，根据行为效力，商标权的终止在我国商标制度下应包含以下情形：撤销、注销、商标权属争议。

一、注册商标的撤销

注册商标的撤销，是指国家知识产权局对于违反《商标法》及有关规定的商标使用行为作出决定，使原注册商标专用权归于消灭的程序。按照《商标法》第四十九条规定，注册商标撤销的情形有三种，其一是改变注册商标标示或其他注册事项的，其二是注册商标成为其核定使用的商品的通用名称的，其三是没有正当理由连续三年不使用的。

（一）改变注册商标标示或其他注册事项的

本项既是商标权人正确使用商标的义务，也是商标权可予以撤销的事由，已经在商标权人义务中进行了描述，不再赘述。需要再次提示的是，满足本事由并不导致商标权被当然撤销。根据《商标法》第四十九条第一款规定，存在本情形的，由地方工商行政管理部门责令限期改正；期满不改正的，由商标局撤销其注册商标。同时根据《商标一般违法判断标准》第二十一条：商标注册人自行改变注册商标、注册人名义、地址或者其他注册事项，由负责商标执法的部门责令限期改正；期满不改正的，负责商标执法的部门逐级报告国家知识产权局，由国家知识产权局按照规定程序依法处理。因此，符合本事由的，商标行政管理部门直接采取的处罚行为为责令限期改正，体现了商标行政管理部门对于商标使用中的违法行为的制止和纠正。期满不改正的，商标行政管理部门才会依法撤销该注册商标。

（二）注册商标成为其核定使用的商品的通用名称的

《商标法》第四十九条第二款规定"注册商标成为其核定使用的商品的通用名称"为商标撤销的法定情形。注册商标成为其核定使用的商品的通用名称，是指一定地域范围内，相关公众普遍知悉的某一类商品区别于其他种类商品的名称，包括某类商品规范化的名称、约定俗成的名称、惯常使用的名称以及相关公众用以称呼某类商品的其他名称。由于注册商标权人在使用注册商标过程中未切实维护其注册商标等，注册商标可能成为其核定使用商品的通用名称，"阿司匹林"就是一个典型例子。注册商标成为其核定使用商品的通用名称后，即丧失了识别商品来源的功能，基于商标识别力要件和独占适格性要件考虑，不再适合于让商标权人独占。同时《商标法》第四十四条规定："已经注册的商标，违反本法第四条、第十条、第十一条、第十二条、第十九条第四款规定的，或者是以欺骗手段或者其他不正当手段取得注册的，由商标局宣告该注册商标无效；其他单位或者个人可以请求商标评审委员会宣告该注册商标无效。"其中第十一条规定："下列标志不得作为商标注册：（一）仅有本商品的通用名称、图形、型号的；（二）仅直接表示商品的质量、主要原料、功能、用途、重量、数量及其他特点的；（三）其他缺乏显著特征的。前款所列标志经过使用取得显著特征，并便于识别的，可以作为商标注册。"因此，缺乏显著性既是商标无效事由，也是商标撤销事由。

那是否两者并无区别，在没有显著性的情况下可任意选择向知识产权局提出商标无效或撤销商标权请求？显然并不是这样的。商标无效后的效果是商标权自始无效，其解决的主要问题是，商标授权之时存在不应授予商标权的事由（包括绝对事由和相对事由）但是仍然授予了商标权，在这种情形下，制度给予的救济措施。也就是商标授权之时就应存在缺乏显著性的情形，显然这与商标撤销制度是有区别的。

如上文所述，商标撤销导致商标权丧失的效力只发生在撤销行为生效之后，而不溯及既往。《商标法》第四十九条规定的"注册商标成为其核定使用的商品的通用名称"才是商标撤销事由。也就是商标权生效后，由于对商标使用管理不当，导致注册商标成为其核定使用的商品的通用名称的。在这种情形下，商标权获得的时候符合法律规定，不存在无效事由，而使用过程中导致商标丧失了显著性，从而予以撤销。可以看到，虽然商标显著性既是商标无效事由也是商标权撤销事由，但是以申请日为判断时点，缺乏显著性和丧失显著性的事由还是具有根本区别的。

◎ 案例1："科乐美公司商标行政纠纷"案［（2020）最高法行申11294号］

从实务中看，在不同商品或服务类别上，缺乏固有显著性的同一商标的"第二含义"显著性认定常会出现差异。比如，注册在第9类"视频游戏软件、计算机游戏软件、电子游戏程序"等商品的"实况足球"文字商标是有效的，但申请注册在第41类的"娱乐服务、通过网络提供在通信网络间的在线计算机游戏服务"等服务上的"实况足球"文字商标则被认为缺乏显著性。在本案中，再审法院认为："实况足球"由四个汉字构成，一般而言，"实况"多指现场的实际情况、真实情况；"足球"作为一种体育项目为大众所熟知。对于相关公众而言，诉争商标相关标志容易理解为"足球比赛实时转播服务""接近真实场景的足球类游戏类型"等，指定使用在"通过网络提供在通信网络间的在线计算机游戏服务；提供在线录像（非下载）；在计算机网络上提供在线游戏"等服务上，直接表示了服务的内容或者特点。原审判决据此认定诉争商标无法起到识别服务来源的作用，并不具有固有显著特征，具有相应的事实和法律依据，并无不当。二审判决基于科乐美公司提供证据的实际情况，认定在案证据并不能证明诉争商标经宣传、使用已与科乐美公司建立了对应关系，具有了识别服务来源的显著特征，并无不当。

◎ 案例2：北京爸爸的选择科技有限公司申请宝洁公司的第16712415号"拉拉裤LA LA KU"商标撤销案

本案中商标局在最初的撤销程序中经审查认定，该商标经长期广泛地宣传和使用已具有知名度，申请人提交的证据不足以证明复审商标已经演变成为一次性婴儿尿布等商品上的通用名称，因此维持了复审商标的注册。之后，撤销申请人提出复审，并提交了国家图书馆科技查新中心出具的以"拉拉裤"为搜索关键词的"文献复制证明"及"检索报告"，以"拉拉裤""纸尿裤"为搜索关键词在京东、淘宝电商平台上的搜索结果截图，以及相关公证机关基于申请人保全证据的申请出具的"公证书"，百度搜索引擎上以"拉拉裤"为搜索关键词的搜索结果材料等证据，用以证明复审商标已在行业内通用，成为商品通用名称。商标评审委员会经审理认定，在案证据可以证明，自2011年至2017年的多篇介绍"拉拉裤"的文章中，文字"拉拉裤"均指代一种内裤式的纸尿裤，且许多行业内经营者将"拉拉裤"作为内裤式纸尿裤的商品名称使用，在国内使用率较高的京东、天猫两大电商平台及百度搜索引擎上"拉拉裤"已经成为用来搜索内裤式纸尿裤的商品名称。因此，广大同行业经营者及消费者普遍将文字"拉拉裤"作为内裤式纸尿裤的商品通用名称加以使用，而没有将其作为被申请人的注册商标加以识别。此外，宝洁公司对"拉拉裤"的使用方式为"帮宝适/PAMPERS拉拉裤"，并非单独使用"拉拉裤"，且其广告语中强调"一拉就穿上"的穿戴特点，由此社会公众更容易将"拉拉裤"识别为一种类型的纸尿裤的名称。虽然宝洁公司在收到撤销注册的复审决定之后向北京知识产权法院提起了诉讼，但一审判决基本还是支持了复审决定，认定"拉拉裤"已成为其核定使用商品上的通用名称，驳回了宝洁公司的诉讼请求。

◎ **案例3：广东佳宝集团有限公司（以下简称佳宝公司）与新兴县鲜仙乐凉果实业有限公司（以下简称鲜仙乐公司）侵害商标权及不正当竞争纠纷案［（2019）粤民终1861号］**

本案为2019年中国法院50件典型知识产权案例：知识产权民事案件之（二）侵害商标权纠纷案件。佳宝公司认为鲜仙乐公司未经许可擅自使用其"九制陈皮"注册商标并仿冒其产品名称、包装装潢，故于2018年7月2日提起诉讼。请求判令：鲜仙乐公司停止侵犯其商标权及不正当竞争行为，赔偿经济损失及合理维权费用共计20万元等。鲜仙乐公司辩称，其不构成侵权。

一审法院认为：鲜仙乐公司在被诉侵权产品包装袋上标注"九制陈皮"足以使相关公众误认为该商品来源于佳宝公司或者与该公司存在特定的联系，构成对佳宝公司"九制"注册商标专用权的侵害。鲜仙乐公司关于"九制"是行业通用名称的辩解意见缺乏依据。

一审法院判决：①鲜仙乐公司立即停止侵害佳宝公司"九制"注册商标专用权及不正当竞争行为，立即停止在其产品上使用"九制"文字标识；②鲜仙乐公司于判决生效之日起十日内赔偿佳宝公司经济损失及维权合理费用合计6万元；③驳回佳宝公司的其他诉讼请求。

二审法院认为：第一，关于"九制陈皮"是否为商品通用名称的问题。①"九制陈皮"早在2006年已被国家标准规定为某类商品的通用名称。②在当地政府机构、新闻媒体以及相关公众的普遍认知中，"九制陈皮"已成为某类商品的通用名称。③佳宝公司在大量场合将"九制陈皮"作为商品通用名称而非商标进行使用。④虽然佳宝公司对于"九制陈皮"的研制有突出贡献，但"九制陈皮"并非其始创，消费者不容易将"九制陈皮"与特定的生产商画等号。第二，关于鲜仙乐公司是否属于正当使用的问题。①鲜仙乐公司是描述性使用"九制陈皮"，不是通过"九制陈皮"来指示商品来源。鲜仙乐公司在其商品左上方的显著位置完整标注了自己注册的"鲜仙乐"图文商标，并且特地附加了标识，商标下方还加印了非常醒目的"鲜仙乐"的文字和拼音。而诉争的"九制陈皮"位于包装袋的右上方，其上并无注册商标的标识。②被诉侵权产品上的"九制陈皮"与佳宝公司注册的"九制"商标所使用的字体明显不同。③"九制"作为一种制造工艺，在诸多商品上被使用，相关公众不会轻易通过"九制陈皮"识别商品来源。④佳宝公司在"九制"商标注册之后，仍将其另一注册商标"佳宝"与"九制陈皮"并用。综上，虽然"九制"已被佳宝公司注册为商标，但是"九制陈皮"本身是经过复杂工艺腌制而成的陈皮类商品的通用名称。即便佳宝公司对"九制陈皮"的研发有着突出的贡献，其亦不能垄断该词语的使用。鲜仙乐公司在商品通用名称的含义上使用"九制陈皮"字样，并且同时规范使用自己的"鲜仙乐"注册商标，不会造成消费者对商品来源的混淆误认。鲜仙乐公司的使用没有超出正当、合理的限度，故不宜认定其构成商标侵权。但因鲜仙乐公司还构成不正当竞争，故其仍需承担相应的民事责任。

二审法院判决：①撤销一审判决第三判项；②变更一审判决第一判项为：仙鲜乐公司立即停止使用与佳宝公司"佳宝"牌"九制陈皮"包装、装潢相近似的包装、装潢；③变更一审判决第二判项为：仙鲜乐公司自本判决生效之日起十日内赔偿佳宝公司经济损失及维权费用合计4万元；④驳回佳宝公司的其他诉讼请求。

商标中含有本商品通用名称与被告系"正当使用"，是以正当使用本商品通用名称进行不侵权抗辩得以成立的两项要件。不超出介绍、描述商品类别的必要限度，亦不能导致权利人商标合法利益的损害，被告的使用行为才可称为"正当使用"。

（三）没有正当理由连续三年不使用的

根据《商标法》第四十九条第二款"没有正当理由连续三年不使用的，任何单位或者个人可以向商标局申请撤销该注册商标"（以下简称"撤三"制度）。注册商标无正当理由连续三年不使用撤销的规范目的在于促使商标注册人对其注册商标进行积极使用，发挥其商标功能，避免商标资源的闲置及浪费。对于本制度的立法目的，在实践中几乎不存在任何争议，但在具体要件及规范适用上却存在诸多争议。"撤三"制度在学理上的不同理解主要集中于以下两种观点：第一种观点更加强调"撤三"制度的公益目的，重视其对于注册主义弊端的弥补功能。公益目的强调商标的公共资源属性。如果商标权人非以使用为目的，而是试图以注册方式获利，如在没有实际使用意图的前提下以向他人出售为目的的商标注册申请，以妨害他人的经营活动为目的的商标注册申请，或是利用他人的知名度抢注商标等。这样的行为不仅妨碍他人正当的经营活动，限制第三人选择商标的范围，还会加重商标行政机关的负担，挤占商标资源，致使商标无法发挥其应有功能，损害公众对于商标制度的信赖。在这种理解下有必要更加注重对于不使用行为的惩罚力度，从而引导更多三年间并未实际使用的商标被撤销。第二种观点则关注商标权的财产权属性，强调"撤三"制度作为市场竞争主体间的利益调整。该观点从"撤三"制度的实际运用角度出发，指出：虽然对于连续三年不使用的商标，任何人都可以向商标局申请撤销，但实务中商标的撤销申请人大部分与被申请撤销的商标之间存在法律上或者事实上的利害关系，主要包括两种情况：因他人商标对自身申请注册的商标构成障碍的在后商标申请人；通过其他程序未能制止他人商标注册的利益相关人。几乎不存在纯粹为了维护公共利益而去对实际不使用或者停止使用的商标提出撤销申请的情况。另外，实际不使用的商标数量远远高于被申请撤销或者实际撤销的三年不使用商标数量。采取这一观点可能更多地将法律拟制的三年期限视为一种激活商标资源的手段，而非肩负遏制商标抢注行为的功能。在此种观点之下，对于商标权的撤销应更为审慎，行政权力是否应参与处理市场竞争关系，是否要求提出"撤三"请求的利害关系人具有实际使用意图，商标撤销后续注册机会是否公平等问题均需进一步解释和研究。

关于无正当理由连续三年不使用撤销的要件使用解释如下。

（1）无正当理由连续三年不使用的适用条件和申请答辩流程。《商标法实施条例》第六十六条：有商标法第四十九条规定的注册商标无正当理由连续3年不使用情形的，任何单位或者个人可以向商标局申请撤销该注册商标，提交申请时应当说明有关情况。商标局受理后应当通知商标注册人，限其自收到通知之日起2个月内提交该商标在撤销申请提出前使用的证据材料或者说明不使用的正当理由；期满未提供使用的证据材料或者证据材料无效并没有正当理由的，由商标局撤销其注册商标。前款所称使用的证据材料，包括商标注册人使用注册商标的证据材料和商标注册人许可他人使用注册商标的证据材料。以无正当理由连续3年不使用为由申请撤销注册商标的，应当自该注册商标注册公告之日起满3年后提出申请。

（2）正当理由的范围及规范商品的认定。《商标法实施条例》第六十七条：下列情形属于商标法第四十九条规定的正当理由：（一）不可抗力；（二）政府政策性限制；（三）破产清算；（四）其他不可归责于商标注册人的正当事由。第六十八条明确了使用范围：商标局、商标评审委员会撤销注册商标或者宣告注册商标无效，撤销或者宣告无效的理由仅及于部分指定商品的，对在该部分指定商品上使用的商标注册予以撤销或者宣告无效。《北京市高级人民法院商标授权确权行政案件审理指南》第19.7条：实际使用的商品或者核定的商品不属于"类似商品和服务区分表"中的规范商品名称，在认定具体商品所属类别时，应当结合该商品功能、用途、生产部门、消费渠道、消费群体进行判断，并考虑因消费习惯、生产模式、行业经营需求等市场因素，对商品本质属性或名称的影响，作出综合认定。

（3）使用主体的认定。《商标法实施条例》第六十九条：许可他人使用其注册商标的，许可人应当在许可合同有效期内向商标局备案并报送备案材料。备案材料应当说明注册商标使用许可人、被许可人、许可期限、许可使用的商品或者服务范围等事项。《北京市高级人民法院商标授权确权行政案件审理指南》第19.6条：商标法第四十九条第二款规定的"连续三年不使用"中的"使用"主体，包括商标权人、被许可使用人以及其他不违背商标权人意志使用商标的人。商标权人已经对他人使用诉争商标的行为明确表示不予认可，在商标权撤销复审行政案件中又依据该他人的行为主张使用诉争商标的，不予支持。

（4）未做实质性变更情况下使用的认定。《商标授权确权规定》第二十六条：商标权人自行使用、他人经许可使用以及其他不违背商标权人意志的使用，均可认定为商标法第四十九条第二款所称的使用。实际使用的商标标志与核准注册的商标标志有细微差别，但未改变其显著特征的，可以视为注册商标的使用。没有实际使用注册商标，仅有转让或者许可行为；或者仅是公布商标注册信息、声明享有注册商标专用权的，不认定为商标使用。商标权人有真实使用商标的意图，并且有实际使用的必要准备，但因其他客观原因尚未实际使用注册商标的，人民法院可以认定其有正当理由。

（5）"违法"使用的认定。《北京市高级人民法院商标授权确权行政案件审理指南》第19.5条：商标使用行为明确违反商标法或者其他法律禁止性规定的，可以认定不构成商标使用。

（6）指定期间后的使用。《北京市高级人民法院商标授权确权行政案件审理指南》第19.15条：指定期间之后开始大量使用注册商标的，一般不构成在指定期间内的商标使用，但当事人在指定期间内使用商标的证据较少，在指定期间之后持续、大量使用诉争商标的，在判断是否构成商标使用时可以综合考虑。

（7）单纯出口行为的认定。《北京市高级人民法院商标授权确权行政案件审理指南》第19.16条：使用诉争商标的商品未在中国境内流通且直接出口的，诉争商标注册人主张维持注册的，可以予以支持。

◎ 案例4：北京速行天地国际网络科技有限公司（以下简称速行天地公司）、北京蚂蜂窝网络科技有限公司和国家知识产权局商标撤销复审二审案［（2021）京行终949号］。

本案为注册商标在核定的商品类别上使用的认定。商标的使用限于其核定使用的商品系应有之义。但是，对于商标的使用方式及相关载体不能过于机械，要结合具体核定商品的物理属性、销售场所、销售习惯等进行具体的考量。

本案关键问题在于诉争商标于指定期间内在"观光旅游；旅游安排；旅行预订"服务上是否进行了真实、合法、有效的商业使用。商标使用是为了使相关公众将其作为商标识别，进而产生区分商品或服务来源的作用，不以区分商品或服务来源为目的的使用不能认定为商标意义上的使用。同时，商标的使用应当和其核定使用的商品或服务联系起来，并使相关公众在商标与其所标示的商品或服务之间建立联系，从而实现商标的功能。因此，能够识别商品或服务来源是商标使用的核心要件。

速行天地公司在行政阶段提交的官网截图、设计稿件页面截图、更新的旅行方案截图、员工名片、活动旗帜、明信片、蚂蜂窝俱乐部户外活动公约、微信公众号中的文章截图均为自制证据，证明力较弱，同时存在并非指定期间内形成，或无法确定其形成时间，抑或未显示诉争商标等情形。速行天地公司与案外自然人左传伟签订的合同并无相关费用支付证据与之佐证，合同实际履行与否无法确定。对商标标示的服务进行宣传、推广是服务商标商标性使用的一个方面，但速行天地公司并未提交证据证明，深圳悦缘公司出售给安徽科普公司的2部WiFi设备中确实存在针对标示诉争商标的"观光旅游；旅游安排；旅行预订"服务的广告宣传，但该笔交易标的物仅为2部WiFi设备，交易对象为单一主体，安徽科普公司对该2部WiFi设备的处分无法得知，亦不符合广告宣传应具备向不特定主体广而告之的特性。

因此，上述证据未形成完整的证据链证明诉争商标在核定使用的"观光旅游；旅游安排；旅行预订"服务上于指定期间内进行了真实、合法、有效的商业使用。原审判决对此认定并无不当，本院经审查予以确认。速行天地公司在二审诉讼中补充提交了商标授权许可协议，但因缺乏被许可人将诉争商标在"观光旅游；旅游安排；旅行预订"服务上进行实际使用的证据予以佐证，无法确认相关协议是否已实际履行。车载无线娱乐系统项目合作协议、合同终止协议、收据、代理合作协议等证据均为自制证据，未显示诉争商标和相关核定使用服务，且无有效证据佐证相关协议已履行。"自在游"微信公众号发布文章、图片等均为自制证据，且与"蚂蜂窝"商标是否实际使用缺乏关联性，并不具有区分服务来源的作用。WiFi设备即使具有访问"蚂蜂窝"商标的内容，但无法确认相关内容的形成时间，且无证据佐证访问内容已为相关公众所识别。因此，速行天地公司在二审诉讼中提交的证据亦未形成完整的证据链证明诉争商标在核定使用的"观光旅游；旅游安排；旅行预订"服务上进行了商标法意义上的使用，诉争商标在上述服务上的注册应当予以撤销。

◎ 案例5：法国卡斯特兄弟股份有限公司（以下简称法国卡斯特公司）与中华人民共和国国家工商行政管理总局商标评审委员会、李道之商标撤销复审行政纠纷申请再审案［2011年中国十大知识产权案件，最高人民法院（2010）知行字第55号行政裁定书］

合法"使用"仅限于是否符合《商标法》的规定。《商标法》第四十四条第（四）项规定的立法目的在于激活商标资源，清理闲置商标，撤销只是手段，而不是目的。因此只要在商业活动中公开、真实地使用了注册商标，且注册商标的使用行为本身没有违反商标法律规定，则注册商标权利人已经尽到法律规定的使用义务，不宜认定注册商标违反该项规定。本案中，综合李道之提交的证据可以认定在商业活动中对涉案商标进行公开、真实地使用。至于涉案商标有关的其他经营活动中是否违反进口、销售等方面的法律规定，并非《商标法》第四十四条第（四）项所要规范和调整的问题。因此裁定驳回了法国卡斯特公司的再审申请。最高人民法院特别指出商标使用合法与否的评判规范仅限于商标法律规定，使用商标的经营活动是否违反其他方面的法律规定，并非《商标法》第四十四条第（四）项所要规范和调整的问题。

只有商标权利人实际使用商标，商标才能发挥相应的功能与价值。商标的识别功能决定了长期不使用的商标无价值可言，反而会影响其他在相同或相似商品或服务类别上的商标权益，助长恶意注册商标进行知识产权"霸权行为"的不当之风。法律对此不仅无保护之必要，而且需要予以撤销。商标"撤三"制度的意义就在于督促商标注册人积极、公开、规范地使用自己注册的商标，避免商标资源的闲置与浪费。根据《商标法》第四十九条的规定，商标"撤三"的构成要件包括连续三年、无正当理由和不使用，同时满足上述三条的商标，任何人可以提起商标撤销程序，商标局应当依法予以撤销。因而"不使用"是商标"撤三"制度重要的构成要件，而"使用"一词的介绍便非常重要。上述案例及现有的司法案例基本形成了认定该条"使用"的裁判规则，即注册商标在核定的商品类别上进行了公开、合法、规范、有效的商业使用。在这一裁判规则中强调两点，即在核定的商品或服务类别上和真实使用。

首先，要求在核定的商品或服务类别上。原因在于：①商标的重要功能就在于识别不同提供者的商品和服务，若允许在核定外的商品或服务上使用则识别功能不复存在。②《商标法》规定注册商标的专用权以核准注册的商标和核定使用的商品为限，若允许在核定外的商品或服务上使用则会导致法秩序不统一、不协调。在与注册商标完全相同的情形之外，司法也有一定的拓展：

其一，实际使用的商品与核定的商品仅名称不同，但用途、生产部门、销售渠道、消费群体等方面基本相同，可以相互替代。

其二，实际使用的商品是核定商品的下位概念。

其三，实际使用的商品是核定注册商品的零部件，且零部件与整体之间密不可分，零部件往往不作为独立产品出售给消费者。

当然上述拓展有一定实践和理论争议。但在认定是否在核定的商品或服务上使用不能过于机械，而应当如案例4所言要结合具体核定商品的物理属性、销售场所、销售习惯等进行具体的考量。

其次，要求真实使用，包括真实使用的意图和实际使用的行为。对于真实使用的意图是主观而言的，要结合具体核定商品的属性和销售习惯等具体判断，若无真实使用的善意目的，仅为了维持商标有效性，避免其被撤销而进行象征性使用，则不符合要求。而实际使用的行为是客观构成要件，使用行为一般包括制造时将商标贴在商品上，或在服务场所、招牌、所用物品上附贴商标；或将贴有商标的商品销售、许诺销售、进口和出口（有争议）等；或在商品和服务的宣传中使用商标；或在交易文书上使用商标等。另外，注意商标使用还需公开，即附贴商标的商品或服务进入了流通环节或者未进入但为流通做了准备，与要求在商业活动中使用有异曲同工之处。

此外，使用的需是与注册商标相同或基本相同的标识，而不能仅仅是相似，实际使用的商标与核准注册的商标虽有细微差别但未改变其显著特征的则可以使用。另外，合法使用中的"合法"与否的评判规范仅限于商标法律规定，在案例6中，最高法院认为只要在商业活动中公开、真实地使用了注册商标，且注册商标的使用行为本身没有违反商标法律规定，则注册商标权利人已经尽到法律规定的使用义务，不宜认定注册商标违反该项规定。但需注意的是，若违反法律法规的强制性禁止性规定，商标使用还是存在不予认定的风险。

◎ 案例6：成都晴某商贸有限公司与泸某股份有限公司等商标权撤销复审行政纠纷抗诉案

本案例为2022年度检察机关保护知识产权典型案例。在办理商标连续三年不使用撤销行政诉讼监督案件中，检察机关要充分行使调查核实权，既要审查单个证据的真实性、合法性、关联性，又要注重对在案证据进行整体审查，综合判断诉争商标是否存在真实的商业使用。

第1671451号"天成生"商标（以下简称诉争商标）核定使用在第33类酒精饮料（啤酒除外）等商品上，商标注册人为泸某股份有限公司（以下简称泸某公司）。成都晴某商贸有限公司（以下简称晴某公司）以诉争商标于2011年12月15日至2014年12月14日期间（以下简称指定期间）未使用为由，向原国家工商行政管理总局商标局（以下简称商标局）提起撤销申请，商标局对诉争商标予以撤销。泸某公司不服商标局作出的决定，向原国家工商行政管理总局商标评审委员会（以下简称商标评审委员会）申请复审。2016年6月7日，商标评审委员会作出商评字〔2016〕第51786号《关于第1671451号"天成生"商标撤销复审决定书》（以下简称被诉决定），认为泸某公司提交的证据不能证明诉争商标在指定期间内进行了使用，诉争商标予以撤销。泸某公司不服被诉决定，向北京知识产权法院提起行政诉讼。

北京知识产权法院认为，泸某公司在诉讼中补充提交的销售订货单、提货通知单以及增值税发票等新证据均显示有诉争商标，能够形成完整证据链证明泸某旅行社公司（系泸某公司的关联公司）对诉争商标于指定期间进行了使用，且从泸某公司提交的"天成生"酒的酒瓶和包装上均可以明显看出泸某公司的企业名称。综合在案证据，可以证明泸某公司于指定期间内在核定使用商品上对诉争商标进行了真实、公开、合法的使用。法院判决撤销被诉决定，并判决商标评审委员会重新作出决定。判决生效后，晴某公司不服向北京市高级人民法院申请再审。北京市高级人民法院于2020年1月8日作出（2019）京行申850号行政裁定，裁定驳回晴某公司的再审申请。

晴某公司向北京市人民检察院第四分院（以下简称北京四分院）申请监督，主张原审判决认定事实的主要证据系伪造。检察机关受理该案后，重点开展以下工作：

一是对证据的真实性进行调查核实。泸某公司在一审诉讼中补充提交了新证据销售订货单，该销售订货单卖方为泸某公司，买方为泸州聚某酒业有限责任公司（以下简称聚某公司）。聚某公司的收货人为严某，而严某同时也是泸某公司在诉讼中提交的一份公证书中的授权代理人。针对严某与买方和卖方均存在关系这一情况，检察机关向四川省泸州市社会保险事业管理局发送"协助调查通知书"，调查严某历年社保缴费单位信息。经调查，在销售订货单签订时严某为泸某公司的职工，但却作为买方聚某公司的代表订购并收取了涉案商品。严某实际身份与涉案商品销售订货单、提货通知单上显示的身份不符。且经工商信息查询发现，聚某公司的法定代表人曾某长期在泸某公司任职。综合以上调查，泸某公司提交的证据真实性存疑，不应予以采信。

二是对证据的关联性进行审查。经审查，泸某公司提交的增值税发票仅有货物名称，并未显示诉争商标。增值税发票与销售订货单、提货单之间缺乏对应关系，不能证明系对诉争商标的使用。

三是全面检索关联案件。在泸某公司与晴某公司针对第9659147号"天成生"商标撤销复审行政纠纷的另一起案件中，泸某公司提交了与本案相同的销售订货单、提货通知单、增值税发票作为使用证据，北京知识产权法院对上述证据未予采信。

2020年11月18日，北京四分院提请北京市人民检察院抗诉。检察机关认为泸某公司提交的部分证据未显示诉争商标，部分证据之间缺乏关联性，部分证据系自制证据，部分证据的真实性存疑。因此，原审判决认定诉争商标使用的证据不足。

2021年2月19日，北京市人民检察院向北京市高级人民法院提出抗诉。2021年3月25日，北京市高级人民法院作出裁定，指令北京知识产权法院再审本案。2022年12月26日，北京知识产权法院作出判决，认为结合检察机关调取的新证据，难以证明诉争商标在指定期间内进行了真实、合法、有效的商业使用，判决撤销原审判决，驳回泸某公司的诉讼请求。

需要特别说明的是，权属争议导致商标权被剥夺或商标权转移的，并不属于注册商标撤销的情形。其原因之一为商标权可被撤销事由应为法定。作为依法行政和权利保障的产物，处罚法定原则构成行政处罚的一项基本原则，与罪刑法定原则一脉相承，其核心要义是"法无明文规定不违法，法无明文规定不处罚"。其中，"法无明文规定不违法"一般被称为构成要件法定，其决定哪些行为事实可以被涵摄为应受处罚行为；"法无明文规定不处罚"一般被称为法律效果法定，其决定应受行政处罚行为在行政法上该当何种责任后果。原因之二为撤销商标权的职权应为法定。在撤销商标权的权力行使上需要严格依照职权法定，职权法定是依法行政的基本要求。对行政机关而言，法律法规赋予的职权，既是权力更是义务还是责任，依法应当由行政机关行使的职权，行政机关既不能放弃，也不能任意授予其他组织行使。通过行政诉讼监督行政机关依法行政，把行政权关进制度笼子。原因之三为司法权性质决定了不会直接对商标权进行处分。因为司法权与行政权相互分立又互相制衡，司法权的性质是判断权，而行政权的性质是处理权。司法机关对商标权属争议进行判断，但并不直接对权利进行处分，而是由当事人持生效判决至国家知识产权局申请权属变更。司法机关会对权属作出判断结果，但不会对商标权作出处理结果。

二、注册商标的注销

注册商标的注销，是指国家知识产权局根据商标注册人主动申请、法定事由或注册商标有效期届满未续展等情形，依照法定程序将该注册商标从《商标簿》中移除，使其专用权自特定日期起终止的法律行为。其核心特征是基于注册人意愿或客观事实导致权利终止，而非因违法使用被强制剥夺。根据《商标法》及《商标法实施条例》，注册商标注销的原因主要有以下两种：其一是商标注册人主动申请注销，其二是注册商标在有效期满前未续展。《商标法实施条例》于2014年修改之前，曾规定"商标注册人死亡或者终止，自死亡或者终止之日起1年期满，该注册商标没有办理移转手续的，任何人可以向国家知识产权局申请注销该注册商标"，但在2014年5月1日修订后，此条规定被删除。

（一）主动申请注销

这是最常见的注销情形，体现了商标权人对自身权利的处分。根据《商标法实施条例》第七十三条的规定，商标注册人因企业另图发展、改变商品名称或标记等原因，不再使用该注册商标，可向商标局提交商标注销申请书，并交回原《商标注册证》。商标注册人申请注销其注册商标或者注销其商标在部分指定商品上的注册，经商标局核准注销的，该注册商标专用权或者该注册商标专用权在该部分指定商品上的效力自商标局收到其注销申请之日起终止。为深入贯彻落实《"十四五"国家知识产权保护和运用规划》关于加强知识产权源头保护，强化知识产权申请注册质量监管的部署，帮助经营主体了解商标注销相关法律规定及审查流程，引导其对名下不再有使用需求的闲置商标进行主动注销清理，以进一步释放商标资源，激发市场活力，国家知识产权局组织编写了《关于商标注销程序的指引》，供相关经营主体参考使用。注销申请一旦被核准，注册商标专用权即告终止，且该终止不可逆转。注册人应慎重考虑，特别是对尚有商业价值的商标。注销仅影响未来的商标权。注销生效前已发生的侵权行为、已签订的许可合同等，其法律效力需根据具体情况和相关法律（如民法典、商标法）判断，不受注销的直接影响。

（二）有效期满未续展注销

商标有效期满未续展注销是商标权终止的典型情形，其核心在于通过法定程序实现权利自然灭失。根据《商标法》第三十九条、第四十条的规定，注册商标的有效期为十年，自核准注册之日起计算。注册商标有效期满，需要继续使用的，商标注册人应当在期满前十二个月内按照规定办理续展手续；在此期间未能办理的，可以给予六个月的宽展期。每次续展注册的有效期为十年，自该商标上一届有效期满次日起计算。期满未办理续展手续的，注销其注册商标，这是因权利人的不作为（未履行续展义务）导致的权利终止。商标局应当对续展注册的商标予以公告。注销后商标专用权彻底终止，原权利人需重新申请注册，注销后一年内他人可抢注。

◎ 案例7：春回大地公司诉商标评审委员会案

上海申花于20世纪90年代注册了第41类"SFC"商标（核定服务包括教育、娱乐、体育赛事组织等），该标识是"Shanghai Shenhua Football Club"的缩写，长期用于俱乐部队徽及相关服务中。队徽中"SFC"既代表"申花足球俱乐部"，也暗含"上海足球俱乐部"的地域属性，具有较高的品牌识别度。该商标有效期至2014年4月13日，但申花未在宽展期内办理续展手续，导致商标于次日被商标局依法注销。这一疏忽使得"SFC"标识进入公有领域，任何主体均可申请注册。2014年4月14日，泉州市泉港区春回大地电子科技有限公司（简称"春回大地"）立即提交了第14374197号"SFC"商标注册申请，核定服务为第41类的录像带发行、娱乐、配音等，并于2015年7月21日获准注册。春回大地的经营范围为电子产品研发，与第41类服务无关，且其在2013—2014年间申请了400余件商标，包括多个"SFC"商标，明显超出正常经营需求，被法院认定为"囤积商标以营利"。上海电影股份有限公司（简称"上影公司"）于2015年11月2日以"其他不正当手段取得注册"为由，向商标评审委员会提出无效宣告请求。上影公司自2012年起在影院服务中持续使用"SFC"标识（如"SFC上影影城"），并通过广告、媒体报道等积累了较高知名度，该标识已与其建立直接关联。上影公司认为春回大地的抢注行为损害了其在先权益，并扰乱了商标注册秩序。2016年9月6日，商评委作出裁定，认定春回大地申请的400余件商标远超其经营能力，具有抢注和囤积目的，违反《商标法》第44条第1款，宣告涉案"SFC"商标无效。春回大地不服，向北京知识产权法院提起行政诉讼。

一审（北京知识产权法院）（2016）京73行初5375号：法院认为，春回大地在缺乏真实使用意图的情况下，大量抢注他人未续展商标，属于扰乱商标注册秩序的行为，驳回其诉讼请求。

二审（北京市高级人民法院）：维持原判，强调"其他不正当手段"包括囤积商标损害公共利益的情形。最终，2019年9月20日，春回大地的"SFC"商标被正式宣告无效。2015年10月20日，上影公司提交了第18106976号"SFC"商标申请。因成功无效春回大地的商标，该申请于2020年6月14日获准注册，核定服务为第41类的电影发行、娱乐信息等。上影公司通过在先使用抗辩，进一步巩固了其对"SFC"商标的权益。申花在2018、2021、2023年多次提交含"SFC"的商标申请，但均被驳回。具体原因虽未明确披露，但可能与上影公司的注册商标构成冲突，或因"SFC"缺乏显著性（如被认定为通用名称）。例如，2023年申请的商标因"与引证商标近似"被驳回，而2024年申请的"申花"商标虽因引证商标被撤销而获准，但未涉及"SFC"标识。

三、商标权权属争议

商标权权属争议是指不同主体就同一商标的专用权归属产生的纠纷，通常表现为商标转让、许可等流转环节的权利争议。当权属争议经法定程序认定构成商标权取得或存续的根本性瑕疵时，可能导致商标权终止。具体而言，商标权属争议可通过以下途径引发商标权终止：

（1）无权处分。如果商标转让人未经商标共有人同意就签订转让合同，共有人知晓后提出异议，可能导致转让合同无法履行，商标权仍归原共有人所有，若原共有人不认可转让，受让人无法取得商标权，从受让人的角度可视为商标权终止。

（2）转让程序瑕疵。商标转让需经商标局核准并公告，若转让人签订协议后不进行登记，或转让申请未通过商标局核准，商标权的移转未完成，原权利人仍可进行质押、许可等处分行为，受让人无法取得商标权，可能引发纠纷，若最终无法解决，可能导致商标权在受让人处无法实现，从受让人角度类似商标权终止。

（3）一并转让问题。《商标法》规定转让注册商标的，商标注册人对其在同一种或者类似商品上注册的相同或者近似的商标应当一并转让。若转让人未一并转让，商标局通知其限期改正，期满未改正的，视为放弃转让该注册商标的申请，可能导致商标权无法顺利转让，若原商标权人后续对未转让的商标进行处置，如转让给他人或自行使用等，可能使原转让合同的商标权无法实现，引发争议。

（4）许可未经备案。商标使用许可未经备案不得对抗善意第三人。若许可人将商标许可给被许可人后，又将商标转让给不知情的善意第三人，善意第三人可禁止被许可人继续使用商标，被许可人无法继续使用商标，从被许可人角度可视为其基于许可合同的商标使用权终止，若许可人与被许可人无法协商解决，可能引发争议，甚至可能导致商标权在许可关系中的使用状态终止。

◎ 案例8：杭州大上电器设备有限公司（以下简称"杭州大上公司"）与济南市莱芜区叶波大润发凤城超市连锁店（以下简称"莱芜叶波大润发凤城店"）商标权权属纠纷

一审：（2021）鲁0116民初1054号

二审：（2021）鲁01民终6795号

"叶波大润发"文字商标由高丽于2010年5月7日经国家工商行政管理总局商标局核准注册（注册号为第6017759号），核定服务项目为第35类，注册有效期限至2020年5月6日。2014年9月19日，高丽与杭州大上公司签订排他使用许可的《商标使用许可合同》，许可期限自2014年10月1日至2020年5月6日，但未约定排他许可地域，且杭州大上公司未提交该商标使用许可已报商标局备案且公告的相关证据。此外，高丽与叶红波系夫妻关系，2010年5月8日起，高丽多次委托叶红波全权负责"叶波大润发"商标的相关商业运作，委托时间自2010年5月7日至商标消失，委托书真实性经公证确认。2018年4月28日，高丽与陈小东签订《合伙开设叶波大润发超市协议》，约定共同出资设立莱芜区叶波大润发凤城超市。同日，叶红波以淮安大润发超市管理中心名义授权陈小东开设加盟店，使用叶波大润发商标，有效期自2018年4月28日至2021年4月27日。2019年4月28日，陈小东注册成立莱芜叶波大润发凤城店，并将"叶波大润发"商标用于门店和商品结算。杭州大上公司向一审法院起诉，请求确认莱芜叶波大润发凤城店侵犯其注册商标使用权，停止侵权行为，赔偿经济损失及合理费用支出共计5万元，并承担诉讼费用。一审法院认为，杭州大上公司未提交商标使用许可备案证据，该商标使用许可不得对抗善意第三人。高丽及其授权人叶红波均许可陈小东使用商标，可认定陈小东为善意第三人，不存在侵权故意，且超市已停止经营，故判决驳回杭州大上公司的诉讼请求，减半收取案件受理费525元由杭州大上公司负担。杭州大上公司不服一审判决提起上诉，认为原审法院认定被上诉人使用商标行为为善意存在事实认定错误，请求撤销一审判决，发回重审或改判，并由被上诉人承担一审、二审诉讼费。二审期间，杭州大上公司提交涉案商标使用许可备案公告，证明被上诉人可查询知晓许可情况；莱芜叶波大润发凤城店提交相关授权书、合伙协议及证明，证明其有权使用商标。法院经审查，对杭州大上公司证据的真实性认可，但不采信其观点；对莱芜叶波大润发凤城店的证据予以采信。二审法院认为，杭州大上公司的商标使用许可备案公告晚于陈小东取得授权时间，且公告未显示许可类型，陈小东无法知晓商标已被排他许可，可认定为善意。最终判决驳回上诉，维持原判，二审案件受理费1050元由杭州大上公司负担。

（5）许可期限与转让冲突。如果商标许可合同约定的许可期限较长，在许可期限内商标被转让，而转让合同未对许可期限内的使用问题进行妥善约定，可能会引发争议。若转让人与受让人无法就许可期限内的商标使用达成一致，可能导致被许可人在许可期限内无法继续使用商标，从被许可人角度商标使用权终止，若争议无法解决，可能影响商标权的正常流转和使用。

（6）许可人转让商标后未履行告知义务。许可人将商标转让给他人后，未及时告知被许可人，导致被许可人继续使用商标，可能引发新的权属争议。若新的商标权人要求被许可人停止使用，而被许可人认为自己有合法的许可使用权，双方产生纠纷，若最终被许可人无法继续使用商标，其基于许可合同的商标使用权终止，可能影响商标权的稳定。

◎ **案例9：郑州双连壶品牌管理有限公司（原郑州亚丁文化传播有限公司，以下简称双连壶公司）、杭州号外网络科技有限公司（以下简称号外公司）与郑州安必信知识产权代理有限公司（以下简称安必信公司）商标权权属纠纷、商标权转让合同纠纷案[（2020）最高法民再163号]**

双连壶公司（原亚丁公司）是第11262099号"号外"注册商标（核定使用第9类，专用权期限自2013年12月21日至2023年12月20日）的所有权人。2015年11月9日，号外公司与双连壶公司签订注册商标转让协议，约定以2万元价格转让涉案商标，号外公司当日支付转让款。2015年12月10日，安必信公司与双连壶公司签订注册商标转让合同，约定双连壶公司将涉案商标有偿转让给安必信指定的受让方（北京新娱信息技术有限公司），安必信公司依约支付了3.8万元商标转让款。号外公司方面，双连壶公司未履行与号外公司的合同，号外公司起诉，2017年3月7日双方经北京市石景山区人民法院调解达成和解，双连壶公司需按要求办理商标转让公证声明书。安必信公司方面，双连壶公司在申请商标转让过程中明确表示不愿转让，将3.8万元转让费退还安必信公司，2016年8月3日商标局作出涉案商标不予核准通知书，安必信公司指定受让方申请行政复议被维持原决定。安必信公司起诉双连壶公司继续履行合同，双连壶公司反诉请求解除合同。

一审法院认为双连壶公司与号外公司、安必信公司签订的合同均有效，但双连壶公司一物二卖构成违约，因已依据调解书将商标转让给号外公司，无法履行与安必信公司的合同，故驳回安必信公司要求办理商标转让手续的诉求，同时因不具备解除合同条件，驳回双连壶公司反诉请求。

二审法院除确认一审事实外，补充了双连壶公司与两公司合同的收款及履行情况。二审法院认为双连壶公司（违约方）无权解除与安必信公司合同；从合同签订和履行情况看，安必信公司虽合同成立晚但支付了转让费用且双连壶公司对其合同履行早于号外公司，参照相关司法解释，安必信公司应优先取得商标权，故撤销一审判决第一项，改判双连壶公司继续履行与安必信公司的合同并办理商标转让手续。

最高人民法院提审本案，补充查明涉案商标仍在双连壶公司名下，安必信公司与号外公司已分别向国家知识产权局申请核准转让且该局中止审查等待裁决，双连壶公司于2020年6月28日更名。再审认为双连壶公司主张安必信公司欺诈无证据且非合同解除法定理由，合同应遵守；综合考虑产权变动进程、合同订立及履行情况、商标使用实际等因素，号外公司已履行支付对价义务，且涉案商标与号外公司商号一致、号外公司已在多类别注册该商标，而安必信公司未证明实际经营需求，故一审判决双连壶公司向号外公司履行转让义务并无不当，二审判决缺乏依据应纠正，最终撤销二审判决，维持一审判决。

商标权属争议并非简单的"谁拥有商标"的问题，其深层次影响商标权的稳定性，甚至直接导致商标权被宣告无效或撤销，从而彻底终止。

第五章　商标权的利用

本章导读： 在市场经济环境下，商标不仅是商品或服务的标识，更是企业重要的无形资产，其利用方式多样且影响深远。本章聚焦于商标权的利用，全面探讨了商标利用的多种形式及相关要点；介绍了商标利用的基本概念、法律与经济意义，深入分析了商标直接利用和间接利用的内涵、表现形式，以及商标许可使用、转让、质押与融资等具体利用方式的法律程序、核心条款和实务要点。最后还探讨了商标商业化利用中的各种情形，以及商标利用过程中的风险与合规管理，助力读者系统了解商标权的实践应用。

第一节　商标利用概述

一、商标利用的基本概念

商标利用是商标专用权的核心体现。商标利用是指商标权人依法对其注册商标进行实际使用、管理及商业化运作的行为，具体包括许可、转让、质押、融资等方式，旨在实现商标的识别来源、品质保障、商誉积累及市场价值提升等功能。

商标的资产化功能突破了传统"识别来源"的单一维度，体现了知识产权从"保护对象"向"经营对象"的转变。商标的核心功能在于识别商品或服务的来源，即通过独特的标识（文字、图形、符号等）区分不同经营者的商品或服务，帮助消费者在市场中作出选择。传统理论中，商标的"识别来源"功能被视为其法律保护的基础，强调商标与商品或服务来源的唯一对应关系，以避免市场混淆。但随着市场经济发展和知识产权价值凸显，商标的功能已从单纯的"识别工具"扩展为可独立运营的无形资产，成为企业战略资源与市场竞争力的核心载体。商标成为企业商誉、市场地位和消费者忠诚度的集中体现，如"可口可乐""华为"等商标的估值远超其有形资产。商标可脱离具体商品单独转让、许可或质押，如"王老吉"商标授权纠纷案中，商标使用权成为商业谈判的核心标的。通过商标证券化［如知识产权、资产支持证券（ABS）］、融资担保等形式，将商标权转化为流动性资产，助力企业融资。

◎ 案例1：广药集团诉加多宝商标侵权及许可合同纠纷案

案情简介：广药集团自1995年起将"王老吉"商标授权给鸿道集团（加多宝母公司），约定许可期限至2010年5月2日。2001—2003年，鸿道集团董事长陈鸿道通过行贿广药集团高管李益民，以每年约500万元的极低费用续签补充协议至2020年。2010年，广药集团认定补充协议无效，启动商标收回程序，并于2012年5月通过仲裁确认协议无效，要求加多宝停止使用"王老吉"商标。加多宝在仲裁后继续使用"王老吉"商标至2012年5月，并推出"加多宝"

凉茶，使用"全国销量领先的红罐凉茶改名加多宝"等广告语，引发广药集团提起商标侵权诉讼，索赔金额从10亿元逐步调整至29.3亿元。

诉讼历程：

仲裁与一审判决［（2012）中国贸仲京裁字第0240号（中国国际经济贸易仲裁委员会）、（2014）粤高法民三初字第1号（广东省高级人民法院）］：2012年仲裁裁决认定补充协议无效，加多宝停止使用商标，2018年广东省高院一审判决加多宝赔偿14.41亿元，

再审判决［（2017）最高法民再151号（最高人民法院）］：最高人民法院2019年以"证据存在重大缺陷"为由发回重审

重审判决［（2020）粤民初4号（广东省高级人民法院重审）］：2023年广东省高院重审判决加多宝赔偿3.17亿元，认定其在商标许可合同无效后继续使用构成侵权，但赔偿金额因证据瑕疵大幅调减。

加多宝与广药集团之间的"王老吉"商标之争实质上是商标资产的竞争，体现了商标资产对于企业发展的重要性。优质的商标资产是固定资产无法取代的。纠纷发生之后，加多宝改名，从产品、价格、推广、渠道等方面强化自身品牌，扩大商标的影响力。可见，商标资产的建设与管理是一项系统工程，是与企业发展战略相匹配的商标战略部署，做商标资产的管理与建设的根本目的是使企业更有益地成长，为企业创造更有益的长久发展空间。14.41亿至3.17亿元的赔偿调整，反映出司法对商标侵权收益的量化评估逻辑，体现了商标作为无形资产的估值复杂性。

二、商标利用的法律与经济意义

我国《商标法》第四十八条规定："商标的使用，是指将商标用于商品、商品包装或者容器以及商品交易文书上，或者将商标用于广告宣传、展览以及其他商业活动中，用于识别商品来源的行为。"商标作为无形资产的财产属性，是指商标权人通过法律赋予的专用权，使商标具备可评估、可交易、可收益的经济价值，成为独立于有形财产的重要商业资产。其核心在于商标能够通过市场运营积累商誉，并转化为可量化的经济利益。根据世界知识产权组织（WIPO）的定义，商标的财产属性体现为"通过市场独占性使用和商业化运作，实现品牌价值的持续增值"。在我国法律体系中，商标的财产属性以《民法典》第一百二十三条为根基，明确将商标权纳入"知识产权"范畴，规定其为"权利人依法享有专有的使用权和处分权"。同时，《商标法》第三条进一步规定商标注册人享有专用权，《企业会计准则第6号——无形资产》则将商标权列为可确认、可计量的无形资产，要求企业进行价值评估与财务披露。商标可脱离具体商品或服务独立转让、许可或质押，如上述的"王老吉"商标授权纠纷案中的争议标的就为商标使用权。

洛克认为，商标权人通过投入劳动（如品牌建设、市场推广）使商标具备财产价值，应享有排他性权利。法律赋予商标财产属性旨在激励创新与市场竞争，通过保护商誉促进社会经济效益最大化。有学者指出，过度强调商标的财产属性可能导致"符号垄断"（如防御性商标囤积），需通过《商标法》第四条"不以使用为目的的恶意商标注册申请，应当予以驳回"加以限制。商标价值受市场波动、消费者认知等多因素影响，缺乏统一评估标准。目前评估方法主要分为三类：市场法，参考同类商标交易价格或市场溢价，如"可口可乐"商标

估值基于品牌市场地位；收益法，预测商标未来收益现值，适用于投资或转让场景，如商标质押融资需评估未来现金流；成本法，计算商标创建或重置成本，适用于自创商标的价值核定。我国司法实践中对商标价值的认定遵循法定原则与综合评估方法，主要依据《商标法》《民法典》及相关司法解释。《商标法》第六十三条明确了商标侵权赔偿的计算方式，包括权利人实际损失、侵权人获利、许可使用费倍数及法定赔偿四种路径，并强调赔偿数额应包括合理维权开支。对于恶意侵权，可适用1~5倍的惩罚性赔偿。《最高人民法院关于审理商标民事纠纷案件适用法律若干问题的解释》提出，认定商标价值需考虑显著性、知名度、市场份额及消费者认知等因素。权利人一般需要提供销售记录、广告宣传、市场份额等数据证明商标的实际使用效果。

商标利用是企业将注册商标转化为战略资源的核心路径，其价值不仅体现在法律层面的专有权保护，更在于通过品牌运营、市场拓展及资本化运作实现商业目标。商标作为企业无形资产的核心载体，能够通过以下方式赋能企业战略。

第一，助力企业品牌扩张。商标是消费者识别商品或服务来源的核心标识，通过持续使用和推广，可积累商誉，形成品牌溢价。

◎ 案例2：小米商标助力品牌扩张

小米商标"MI"有着深刻寓意，代表"Mobile Internet"，体现其移动互联网领域的定位。倒过来看则像少一点的"心"字，传达让用户放心、省心的理念。2021年启用的新LOGO，采用"超椭圆"轮廓设计，设定黑色和银色作为辅助色，设计理念为"Alive"，传递出年轻、充满生机以及科技与人和谐共生的形象。除主品牌"小米"外，小米还注册了"米家""红米"等商标。"米家"专注于智能硬件生态链产品，"红米"主打高性价比手机，精准定位不同市场和用户群体。此外，小米还注册大量与"米"相关商标，如"紫米""橙米""大米""少米"等，涉及多个国际分类，形成庞大商标体系，为品牌扩张筑牢法律保护壁垒。

早期，小米凭借手机产品积累品牌知名度和用户基础，商标"小米"成为高性价比、高性能手机的代表。随后，小米借助商标影响力，将业务拓展到智能家居、智能穿戴、智能出行等领域。消费者因认可"小米"商标，对其新产品也更具信任感，愿意尝试购买，使小米快速在不同产品领域打开市场。同时，小米积极申请国际商标注册，在全球100多个国家和地区进行布局，为产品全球化推广奠定基础，推动品牌在国际市场扩张。小米通过产品包装、广告宣传、线下门店等多种渠道，广泛展示商标，使"小米"商标具有极高的辨识度和影响力。此外，小米还通过注册一些搞笑商标回应网友玩梗，进一步增加品牌热度，增强品牌的话题性和传播力，提升品牌知名度和美誉度，吸引更多消费者关注和认可，为品牌扩张创造有利条件。

第二，助力企业形成市场竞争壁垒，巩固市场地位。商标通过独特的视觉符号或名称，帮助企业在同质化市场中建立差异化形象。例如，耐克的钩形标志传递运动与突破的价值观，使其在体育用品市场中独树一帜。同时，注册商标可形成法律护城河，防止竞争对手模仿来攀附商誉，巩固自身市场地位。如上述"王老吉"商标纠纷案中，法院通过禁止权保护了广药集团的核心利益。

第三，商标是资产化运营的工具，也是一项重要的融资渠道，商标可通过转让、许可、质押等方式实现资本化运作。

◎ 案例3：皖北首笔地理标志品牌融资

"砀山酥梨"是砀山县支柱产业，为推动该品牌运用，助力乡村振兴，砀山县市场监管局积极联系金融等服务机构，探索地理标志质押融资工作。砀山酥梨营销管理协会拥有"砀山酥梨"地理标志证明商标，安徽砀山农村商业银行为授信方，安徽东鹏知识产权运营有限公司提供免费评估、代办服务。砀山农商银行根据"砀山酥梨"的知名度、影响力及市场前景，经内部审核评估，确定以"砀山酥梨"地理标志证明商标专用权质押，给予砀山酥梨营销管理协会6000万元贷款授信。安徽东鹏知识产权运营有限公司协助快速办理质押登记，仅用3天就在国家知识产权局商标局安徽代办处完成。2022年11月10日，"砀山酥梨"地理标志证明商标专用权质押登记成功办理，标志着皖北首笔地理标志品牌融资工作圆满完成。砀山酥梨营销管理协会的商标权许可使用人获得集体授信，有效拓宽了融资渠道，解决了协会及相关果农的融资难题，为砀山县酥梨产业发展注入强大动力。

安徽"砀山酥梨"地理标志证明商标专用权质押登记成功办理后，砀山酥梨营销管理协会将该商标专用权质押给安徽砀山农村商业银行，获得银行6000万元的集体授信。砀山县市场监管局积极联系金融等服务机构，共同探索地理标志质押融资工作，由安徽东鹏知识产权运营有限公司提供免费评估、代办服务，推动了皖北首笔地理标志品牌融资的成功，助力乡村振兴。

三、商标利用形式分类
（一）商标直接利用

商标直接利用是商标权人基于对注册商标的专有支配权，通过法定方式实现商标财产价值的行为。直接利用均以商标专用权的财产属性为基础。根据我国商标法律制度及实务规范，商标直接利用的核心表现形式包括许可使用、转让及质押融资三种类型。

（1）商标许可使用。商标许可使用是指商标权人通过签订许可合同，授权他人在约定的商品或服务上使用其注册商标的行为。《商标法》第四十三条规定，商标注册人可以通过签订商标使用许可合同，许可他人使用其注册商标。许可使用分为独占许可、排他许可和普通许可三种类型，不同许可方式下被许可人的权利范围及对抗效力存在差异。实务中，商标许可需向商标局备案，未经备案不得对抗善意第三人，且许可人负有监督被许可人使用其商标的商品质量的法定义务。

（2）商标转让。商标转让是商标权人依法将其注册商标专用权全部或部分转移给他人的法律行为。依据《商标法》第四十二条，转让注册商标应签订转让协议，并共同向商标局提出申请。转让需经商标局核准公告后方发生法律效力，且受让人应当保证使用该注册商标的商品质量。值得注意的是，商标转让可能涉及一并转让的要求，即同一商标在相同或类似商品上的近似商标需一并转让，以避免市场混淆。实务中，商标转让需重点审查商标权属清晰性、是否存在权利瑕疵及转让对价的合理性。

（3）商标质押融资。商标质押融资是商标权人以其注册商标专用权作为质押标的，向金融机构申请贷款的融资方式。根据《民法典》第四百四十条，注册商标专用权可作为权利质押标的。质押需签订书面合同，并向商标局办理质押登记，质权自登记时设立。实务中，商标质押融资的核心在于商标价值评估，需由专业评估机构对商标的市场影响力、使用状况及预期收益进行量化分析，同时金融机构需关注商标权的稳定性、质押期间的维护义务及质权实现的可行性。

（二）商标间接利用

商标间接利用是指商标权人通过非直接使用商标标识于核定商品或服务的方式，实现商标商业价值的行为。相较于商标专用权中对商标标识的直接使用，间接利用更侧重于通过商标的市场影响力、识别功能及商业信誉等衍生价值，拓展商标的经济效能。商标的间接利用通过品牌联名、特许经营、商标证券化等方式，突破了商标使用的传统边界，体现了商标作为无形资产的多元化开发路径。

品牌联名是商标间接利用的典型形式，指两个或多个不同主体的商标通过合作的形式，共同应用于特定商品或服务。例如，某运动品牌与时尚设计师品牌联合推出限量款产品，双方商标均在产品上显著标注，借助各自的品牌影响力提升产品市场吸引力。从实务角度看，品牌联名本质上是商标权人通过许可他人使用其商标，或与其他商标权人达成商标共益使用协议，实现商标价值的协同放大。

特许经营是商标间接利用的重要模式，指商标权人（特许人）以合同形式授权被特许人在特定地域范围内使用其商标、经营模式等经营资源，被特许人支付特许经营费用的商业活动。在特许经营中，商标权人并未直接使用商标开展经营，而是通过许可他人使用商标，将商标的识别功能与被特许人的经营活动相结合，实现商标价值的间接转化。根据《商业特许经营管理条例》，特许人需拥有成熟的经营模式，并履行信息披露义务，以确保商标使用的规范性和对商业信誉的维护。

商标证券化是商标间接利用的创新形式，指将商标的预期收益或价值转化为证券化产品，通过金融市场实现融资或投资。例如，商标权人可将商标未来的许可使用费收益作为基础资产，发行ABS。这种利用方式使商标从传统的商业标识转化为可交易的金融资产，极大拓展了商标的经济效能。实务中，商标证券化需解决商标价值评估、风险隔离及投资者权益保护等关键问题，通常需借助专业机构的评估与法律架构的设计，以确保交易的合法性和稳定性。

第二节　商标许可使用

一、商标许可备案制度

（一）商标许可备案制度的法律定位

商标许可备案制度是《商标法》第四十三条确立的商标使用许可管理机制，指商标注册人（许可人）通过签订商标使用许可合同授权他人（被许可人）使用其注册商标后，将许可事项向商标局报备并由其公告的法定程序。该制度旨在通过行政备案公示商标许可关系，平衡商标权人、被许可人与社会公众的利益，既保障商标使用的合法性，又维护市场交易的稳定性。

（二）商标许可备案制度的实务要点

根据《商标法》第四十三条，许可人负有向商标局办理备案的法定义务。实务中，许可人需提交商标使用许可合同、双方主体资格证明等材料，商标局对备案材料进行形式审查后予以公告。值得注意的是，备案并非商标使用许可合同的生效要件，合同自双方合意成立时生效，但未经备案的许可不得对抗善意第三人，这意味着备案与否直接影响许可效力的对外对抗性。

对于内部来说，商标使用许可合同的效力独立于备案程序——只要合同符合《民法典》规定的生效要件，即对许可人和被许可人产生法律约束力。许可人需监督被许可人使用商标的商品质量，被许可人需保证商品质量，这是《商标法》第四十三条第1款对双方的法定义务要求。对于外部来说，备案的核心价值在于赋予商标许可对抗善意第三人的效力。若商标许可未备案，当善意第三人基于信赖与许可人就同一商标建立新的法律关系（如再许可、质押等）时，未备案的被许可人不得主张其许可权利优先于该第三人。这一规则体现了商标权作为绝对权的公示公信原则，通过备案公示许可事实降低交易风险。

商标局通过备案制度实现对商标使用的动态监管。备案信息可通过商标公告等渠道公开，便于公众查询，从而减少商标使用中的权利冲突。同时，备案记录也是商标权人行使权利的重要证据，在商标侵权纠纷中，已备案的许可合同可增强被许可人主张权利的证明力。

（三）商标许可备案需注意的法律问题

一是未备案许可的风险防范。尽管未备案不影响许可合同的内部效力，但可能导致被许可人在以下情形中处于不利地位：①当商标权人将商标再次许可给善意第三人时，未备案的被许可人无法对抗该第三人的使用权。②在商标权质押或转让过程中，未备案的许可可能被认定为不具有对抗效力，影响被许可人的权益。因此，许可人应当及时办理备案，以充分保障被许可人的合法权益。

二是许可人应当备案内容的准确性与完整性。许可人在办理备案时，需确保商标使用许可合同中关于许可期限、使用商品或服务范围、许可类型（独占许可、排他许可、普通许可）等关键条款的清晰表述。备案内容不准确可能引发后续纠纷，如许可范围超出备案登记的，可能影响被许可人主张权利的边界。

三是备案后的变更与续展。若商标使用许可合同的内容发生变更（如延长许可期限、扩大使用范围等），或许可期限届满后需续展，许可人应及时办理备案变更或续展手续。未履行相关手续的，变更后的内容或续展的许可可能无法获得对抗善意第三人的效力。

◎ **案例1：汇丰银行、汇丰中国银行诉陕西汇丰公司商标侵权及反不正当竞争纠纷案**
[（2016）陕民终字第129号]

2007年10月28日汇丰银行经商标局核准，获得第4175645号"汇丰"注册商标专用权，核定服务项目为"类似商品和服务区分表"第36类的"通过电脑系统提供金融信息、以电脑系统为手段和方法的金融服务、金融交易服务、金融管理咨询、金融投资评估等"，注册有效期限自2007年10月28日至2017年10月27日止。2015年8月28日汇丰银行与汇丰中国银行签订的"关于全球范围内所有以汇丰银行作为注册商标专用权人的注册商标（HBAP）"许可协议载明：鉴于汇丰中国银行是汇丰集团成员，汇丰银行同意授予汇丰中国银行非排他性授权：以经营为目的使用HBAP商标和基于本协议的条款授予许可第三方使用HBAP商标，汇丰中国银行有权以自己的名义、针对任何个人或实体实施的商标侵权、不正当竞争和/或其他损害汇丰银行和/或汇丰中国银行权利和权益的行为采取包括行政程序和民事诉讼程序在内的法律行动。上述授权，尤其是对于主张损害赔偿金的授权，具有追溯到汇丰中国银行首次使用的效力。上述商标许可协议为商标普通许可使用协议。

2004年9月13日陕西汇丰公司经陕西省工商行政管理局注册成立，经营范围是企业改制策划、资产管理（金融性资产管理除外）等。2015年2月10日汇丰银行申请北京市方圆公证处进行证据保全，对网址为http://www.tfx888.com/的网站及其网页上"关于我们""汇丰业务介绍""业务合作""公司团队""联系我们"等专题页面进行拷贝并实时打印。汇丰银行、汇丰中国银行认为陕西汇丰公司使用"汇丰"商标及将"汇丰"作为公司字号，侵犯其商标权并构成不正当竞争，诉至法院，请求判令陕西汇丰公司：停止侵权行为；停止使用"汇丰"字号并变更其企业名称，变更后的企业名称不得包含"汇丰"字样；赔偿损失50万元。陕西汇丰公司则认为，汇丰银行、汇丰中国银行之间的许可协议未在商标局备案、公告，仅对其双方之间有效，不能对抗第三人。

法院认为，汇丰中国银行作为汇丰银行的关联公司及商标普通许可使用合同的被许可人，与本案有直接的利害关系；汇丰银行、汇丰中国银行认为陕西汇丰公司使用其注册商标及企业字号，并以此法律事实产生的侵害商标权及不正当竞争民事法律关系为由，将陕西汇丰公司作为本案被告提起民事诉讼，符合《最高人民法院关于审理商标民事纠纷案件适用法律若干问题的解释》第四条"在发生注册商标专用权被侵害时，独占使用许可合同的被许可人可以向人民法院提起诉讼；排他使用许可合同的被许可人可以和商标注册人共同起诉，也可以在商标注册人不起诉的情况下，自行提起诉讼；普通使用许可合同的被许可人经商标注册人明确授权，可以提起诉讼"及《反不正当竞争法》第二十条第二款"被侵害的经营者的合法权益受到不正当竞争行为损害的，可以向人民法院提起诉讼"的规定。

至于汇丰银行、汇丰中国银行之间的许可协议效力问题，《最高人民法院关于审理商标民事纠纷案件适用法律若干问题的解释》第十九条规定：商标使用许可合同未经备案的，不影响该许可合同的效力，但当事人另有约定的除外。《商标法》第四十三条规定，许可他人使用其注册商标的，许可人应当将其商标使用许可报商标局备案，由商标局公告。商标使用许可未经备案不得对抗善意第三人。该规定中的善意第三人是指该商标许可合同当事人以外的与商标专用权人就该商标进行交易的没有过错的当事人。此处该规定特指商标许可使用意义上的"对抗"而非商标侵权意义上的"对抗"，未经备案并不影响签约双方进行商标维权的权利。

二、商标许可的三种类型

商标许可包括独占许可、排他许可和普通许可。三类许可的核心区分维度包括使用权的独占程度、商标权人自身的权利限制、被许可人享有的排他范围以及许可费用的高低。独占许可适用于被许可人需要绝对控制市场、避免竞争的情形，如高端品牌的区域独家授权；排他许可适用于商标权人与被许可人需共同维护市场但限制第三方介入的场景，如战略合作伙伴的联合推广；普通许可则适用于商标权人追求许可收益最大化、被许可人接受共享使用权的商业合作，如商品分销网络的快速拓展。

（一）独占许可

《最高人民法院关于审理商标民事纠纷案件适用法律若干问题的解释》第三条规定，独占许可指商标注册人在约定期间、地域和以约定的方式，将该注册商标仅许可一个被许可人使用，商标注册人依约定不得使用该注册商标。独占许可的核心特征在于唯一性，即被许可人对商标享有排他性的独占使用权。根据《商标法》第四十三条，商标许可需签订书面合同，但独占许可的特殊性在于其对商标权人权利的限制更为严格，本质上是商标使用权在特定时空范围内的彻底让渡。此许可类型赋予被许可人近似于商标权人的地位，使其能够完全控制商标在指定领域的商业利用。

◎ **案例2：福建某新材料科技股份有限公司诉陈某及彭州某新材料科技有限公司商标合同纠纷案**

福建某新材料科技股份有限公司拥有"亚通"商标，核定用于非金属排水管等商品。2016年9月19日，其与陈某签订《商标许可使用合同》。合同约定许可陈某在四川省生产的塑料管材管件及产品包装上使用该商标，期限自2016年10月10日至2021年10月10日，商标许可使用费为30万元/年，支付方式为上一季度末最后一天支付下一季度费用。同时明确陈某不得将商标再许可给第三方使用，也不能用于与第三方成立新法人机构开展生产、销售等盈利活动。2016年9月22日，陈某与蒋某成立彭州某新材料科技有限公司，经营范围包括塑料、橡胶制品相关业务。陈某未经福建某新材料科技股份有限公司同意，将"亚通"商标交给该公司使用。2017年12月11日，彭州某新材料科技有限公司变更为陈某独资的一人有限责任公司。在此期间，彭州某新材料科技有限公司向福建某新材料科技股份有限公司共支付商标许可使用费375000元。另外，2016年9月19日，陈某与案外人四川亚通公司签订租赁及补充协议，彭州某新材料科技有限公司在2016年9月30日至2017年9月30日向四川亚通公司交纳租赁费、品牌费。2019年4月10日，福建某新材料科技股份有限公司认为陈某违反合同约定，向陈某邮寄解除商标使用合同函，要求其停止商标使用、支付使用费及停止违约再许可行为等。随后，该公司向法院起诉，请求确认合同于2018年10月9日解除；陈某和彭州某新材料科技有限公司停止使用"亚通"商标、停止侵权并赔礼道歉；陈某偿付拖欠的商标许可使用费525000元及按季度标准支付实际占用期间费用；陈某赔偿经济损失200万元、因制止侵权产生的合理开支20万元；彭州某新材料科技有限公司对部分诉讼请求承担连带清偿责任；陈某和彭州某新材料科技有限公司承担本案诉讼费等相关费用。福州市中级人民法院、福建省高级人民法院先后作出判决，对合同解除、停止侵权、商标使用费支付、经济损失赔偿等事项进行判定。陈某不服，向最高人民法院申请再审，最高人民法院于2021年9月25日裁定驳回其再审申请。

（二）排他许可

《最高人民法院关于审理商标民事纠纷案件适用法律若干问题的解释》第三条规定，排他使用许可指商标注册人在约定期间、地域和以约定的方式，将该注册商标仅许可一个被许可人使用，商标注册人依约定可以使用该注册商标，但不得另行许可他人使用该注册商标。其区别于，独占许可的关键在于商标权人自身仍享有使用权，形成"商标权人+被许可人"的二元使用结构；排他许可平衡了商标权人的利益保留与被许可人的市场独占需求，既避免了商标权人完全丧失使用权的风险，又为被许可人提供了相较于普通许可更强的市场保护。

◎ **案例3：杭州莫丽斯科技有限公司、奥普家居股份有限公司与浙江风尚建材股份有限公司、浙江现代新能源有限公司、云南晋美环保科技有限公司、盛林君侵害商标权及不正当竞争纠纷案〔本案为2019年中国法院10大知识产权案件（八），案号：（2019）浙民终22号〕**

杭州莫丽斯科技有限公司（以下简称莫丽斯公司）是核定使用在排风一体机等商品上的

"奥普"商标的权利人。经授权,奥普家居股份有限公司(以下简称奥普家居公司)可排他性使用上述商标。被诉侵权行为发生前,莫丽斯公司的"奥普"商标已有作为驰名商标被保护的记录。浙江现代新能源有限公司(以下简称现代公司)于2006年受让取得使用在金属建筑材料商品上的"AOPU奥普"商标后,通过许可浙江风尚建材股份有限公司(以下简称风尚公司)等在扣板商品及包装、经销店门头、厂房、杂志广告、网站上大量使用"AOPU奥普"等标志,且辅以"正宗大品牌""高端吊顶专家与领导者"等文字进行宣传并实现迅速扩张,在此期间,对莫丽斯公司进行了多次侵权诉讼和行政投诉。后莫丽斯公司或其关联企业对现代公司享有的"AOPU奥普"商标提出无效宣告请求,人民法院于司法审查过程中撤销了商标行政机关维持该商标权有效的决定。莫丽斯公司、奥普家居公司以风尚公司、现代公司等上述行为侵害其商标权并构成不正当竞争行为为由,提起诉讼。浙江省杭州市中级人民法院一审认为,涉案商标构成驰名商标,风尚公司等在金属吊顶商品上使用"AOPU奥普"等标志的行为构成对涉案商标的复制、模仿,不正当利用了"AOPU奥普"商标的市场声誉,损害了驰名商标权利人的利益。且现有证据可证明,风尚公司等在本案中的侵权获利已远超法定赔偿上限。一审法院遂判令风尚公司等停止侵权并赔偿经济损失及合理费用共计800万元。浙江省高级人民法院二审维持一审判决。

本案是加大对知名品牌保护力度、遏制恶意注册行为的典型案例。二审裁判以鼓励诚实竞争、遏制仿冒搭车为导向,根据商标的知名度与显著性,充分利用现有法律手段,强化知名品牌保护,严厉打击不诚信的商标攀附、仿冒搭车行为,并对双方长达十余年的使用争议作出了明确的市场划分,净化了市场竞争环境,有力规范了商标使用行为。

(三)普通许可

《最高人民法院关于审理商标民事纠纷案件适用法律若干问题的解释》第三条规定,普通许可指商标注册人在约定期间、地域和以约定的方式,许可他人使用其注册商标,并可自行使用该注册商标和许可他人使用其注册商标。普通许可是商标权人最常用的许可方式,其核心特征是"非独占性"和"开放性",商标权人对商标的使用和许可保留充分的控制权。普通许可的灵活性使其适用于多种商业场景,例如,商标权人希望快速提高品牌影响力、获取多元化许可收益,或被许可人仅需短期、局部使用商标的情形。从法律风险角度,普通许可对被许可人的保护力度最弱,因其无法排除商标权人或其他被许可人的竞争,但相应地,许可费用通常较低,交易成本更为可控。

三、商标许可合同的核心条款

(一)商标基本信息条款

商标许可合同需明确标注许可商标的完整标识、注册证号、核定使用的商品或服务类别,以及商标的有效期限。根据《商标法》第四十三条,商标许可合同应基于注册商标的专用权范围,因此商标的基本信息须与商标局登记内容完全一致。若涉及多个商标,需逐一列明,避免因标识不清导致权利范围争议。

(二)许可类型与权利范围条款

合同需明确约定许可类型是独占许可、排他许可,还是普通许可,并界定被许可人的权利边界。例如,独占许可应注明商标权人不得在许可地域内使用或再许可他人使用;排他许可需限定商标权人自身可使用但不得许可其他人使用；普通许可则需说明商标权人保留许可第三方的权利。此条款直接影响双方的市场竞争地位，需结合商业需求精准设定。

（三）许可地域与期限条款

许可地域应具体到国家、地区，甚至特定的销售渠道，期限需明确起止日期。许可期限不得超过商标有效期，且续展需另行约定。实务中，地域限制可防止市场冲突，期限设置则便于双方规划商业合作周期，避免无限期许可带来的不确定性。

（四）许可费用与支付方式条款

需约定许可费用的金额、支付时间、支付方式及逾期违约责任。费用结构可采用固定金额模式、销售额提成模式或混合模式，需明确计算基数和比例。例如，销售额提成模式需约定销售数据的核实方式，以确保费用计算透明。此条款是合同的经济核心，需详细约定，以防范财务纠纷。

（五）双方权利义务条款

商标权人需承诺商标的合法性，如无权利瑕疵、未被撤销或无效，并承担商标续展义务；被许可人需保证仅在授权范围内使用商标，不得擅自修改或超出核定商品/服务使用。此外，商标权人可能要求被许可人配合应对侵权行为，被许可人则可能要求商标权人提供使用指导或品牌支持。

（六）质量控制条款

为维护商标信誉，合同可约定被许可人需保证商品或服务质量符合商标权人要求，商标权人有权监督检查。例如，要求被许可人遵守特定生产标准，或在包装上标注质量承诺。此条款是《商标法》第四十三条规定的延伸，旨在防止商标使用不当，损害品牌价值。

（七）违约责任条款

需明确违约情形（如未支付费用、超范围使用商标）及后果，包括违约金数额、损失赔偿计算方式或合同解除条件。例如，若被许可人擅自转让商标使用权，商标权人可要求其支付违约金并终止合同。违约责任的设定需合理，避免显失公平或无法执行。

（八）争议解决条款

应约定争议解决方式，如协商、仲裁或诉讼，并明确管辖机构。例如，选择仲裁需指定仲裁机构和规则，诉讼则需约定管辖地法院。此条款旨在降低争议解决成本，确保纠纷高效处理。

（九）合同变更与解除条款

需规定合同变更需经双方书面同意，以及解除合同的条件（如一方破产、严重违约）。例如，若商标权人丧失商标专用权，被许可人则有权解除合同。合同解除后，被许可人需停止使用商标并归还相关材料，以避免商标混淆。

第三节 商标转让

一、商标转让的法律程序

根据《商标法》第三条，商标专用权赋予注册人排他性使用和处分商标的权利，其转让行为需遵循本法第四十二条关于"签订协议、共同申请、一并转让近似商标"的规定。商标转让需遵循法定流程，具体包括以下步骤。

（1）准备阶段。转让人和受让人需签订商标转让合同，明确双方的权利和义务，包括转让价格、付款方式、商标交付时间等内容。其中应当着重对商标权属进行核查，确认商标注册证、权属状态及是否存在质押、许可等权利负担。如果有需要，也可以对商标转让合同进行公证，增强合同的法律效力。

◎ 案例1：昆山艾迪达斯电气科技有限公司（以下简称艾迪达斯公司）与上海艾地艾电器有限公司（以下简称艾地艾公司）、高志坚商标权转让合同纠纷案 [（2014）普民三（知）初字第264号、（2015）沪知民终字第731号]

艾迪达斯公司成立于1996年7月，公司股东为陈克忠（法定代表人）、高志坚（监事）。艾地艾公司成立于2004年，股东为高志坚（法定代表人）、陈克忠（监事）。两人在两个公司的股权均为50%。2012年12月30日，艾迪达斯公司和艾地艾公司签订商标转让合同，约定艾迪达斯公司将其所有的"ADA"和"艾达"两个注册商标转让给艾地艾公司，每个商标转让费为30万元，在国家工商行政管理总局商标局核准同意变更后给付。该商标转让合同盖有两公司公章，其中艾迪达斯公司公章是作为监事的高志坚利用其掌控的公司公章私自加盖的，该公司法定代表人陈克忠对于商标转让合同的事实并不知情。高志坚和陈克忠在经营中存在矛盾，并引发多起诉讼。2015年11月，相关法院终审判决高志坚将艾迪达斯公司公章返还陈克忠。2013年10月，陈克忠在得知两商标处于转让状态后，对国家工商行政管理总局商标局提出了转让异议，并以艾迪达斯公司的名义提起了该案诉讼，认为高志坚、艾地艾公司违反法律规定的诚实信用原则，私自加盖艾迪达斯公司公章，严重损害艾迪达斯公司的合法权益，请求法院判令：涉案商标转让合同无效；涉案的两个商标仍归艾迪达斯公司所有。高志坚和艾地艾公司认为，艾迪达斯公司一直由高志坚实际经营，高志坚在涉案合同上加盖艾迪达斯公司公章不存在恶意。而艾地艾公司的股东之一也是陈克忠，所以涉案合同没有损害艾迪达斯公司利益。

一审法院认为：恶意串通的合同应当具有当事人双方出于故意以及为牟取非法利益的特征。从涉案的商标转让合同形式来看，签约双方均加盖公司印章，符合商事交易习惯，且艾迪达斯公司未能举出充分的证据证明高志坚擅自加盖公章。从合同内容来看，商标转让人为艾地艾公司，该公司的股东为高志坚、陈克忠，股份均为50%；商标系有权转让，艾迪达斯公司可获得对价60万元。因此，涉案合同并未损害艾迪达斯公司和陈克忠利益。因此，艾迪达斯公司主张高志坚与艾地艾公司恶意串通签订商标转让合同缺乏事实法律依据，据此驳回诉讼请求。二审法院认为，涉案合同转让的是艾迪达斯公司的注册商标，承载着公司的商誉，是公司较重要的无形资产。在处分该无形资产时，应当取得法定代表人同意，形成股东会决议，但艾迪达斯公司监事高志坚违反对公司应负的忠实勤勉义务，利用其掌控的公司公章以该公司名义与其担任法定代表人的艾地艾公司签订商标转让合同，高志坚和艾地艾公司对上述情况均是明知的。因此，涉案合同是高志坚与艾地艾公司恶意串通所签订的，并非艾迪达斯公司的真实意思表示，并将导致艾迪达斯公司丧失无形资产，损害了艾迪达斯公司的合法权益。据此，二审法院撤销了一审判决，改判支持艾迪达斯公司主张涉案合同无效的上诉请求。

本案的教学意义在于，签订商标转让合同时，需核查"商标注册证""商标转让核准证明"等文件，确保转让人系商标登记簿记载的权利人。若商标存在质押、查封，转让将会受限。若商标为共有状态，需全体共有人一致同意转让。若转让方与受让方存在关联关系，需重点核查交易对价的合理性及内部决策程序的合规性。

（2）申请阶段。转让人和受让人要共同向商标局提出转让申请，提交"转让/移转申请/注册商标申请书"、经双方盖章或者签字确认的身份证明文件复印件等材料。如果委托商标代理机构办理，还需提交双方出具的代理委托书。申请移转的，若商标注册人已经终止，需依法提交有关证明文件或者法律文书。申请文件为外文的，应提供中文译本。

此外还有一些特殊情形。公司将商标转让给个人时，个人原则上需提交个体工商户营业执照，以证明其从事生产经营活动的合法性。根据国家知识产权局的官方指引，当个人作为商标受让人时，必须提交个体工商户营业执照或其他合法经营证明文件，具体包括：①个体工商户：需提供营业执照副本复印件及经营者身份证。②农村承包经营户：需提供承包合同及签约人身份证。③其他自然人：需提供行政主管机关颁发的登记文件（如"临时经营许可证"）及身份证明。

例如，广东省市场监督管理局明确指出，个人受让商标时需提交营业执照或相关登记文件，否则商标局将不予核准。国家知识产权局的官方回复也强调，受让人为自然人的，应当提交个体工商户营业执照复印件。若商标转让并非基于商业交易（如继承、赠予等），则个人受让人无须提交个体工商户营业执照，但需提供其他证明文件：①继承转让：需提交原商标权利人的死亡证明、继承公证文件及继承人身份证明。②法院判决移转：需提交生效法律文书（如判决书、调解书）。③企业合并/兼并：需提交合并协议、登记机关出具的证明文件。

根据《企业国有资产交易监督管理办法》第七条规定，国资监管机构负责审核国家出资企业的产权转让事项。其中，因产权转让致使国家不再拥有所出资企业控股权的，须由国资监管机构报本级人民政府批准。因此，商标转让涉及国有资产的，需经国资监管部门审批。

◎ 案例2：四川省巴中市"巴食巴适"商标违规转让案

2013年，四川省巴中市人民政府打造了区域公用品牌"巴食巴适"，用于推广当地特色农产品（如通江银耳、平昌青花椒等），商标由巴中市特色农产品产销协会持有。2014年，巴中市供销社成立四川巴食巴适产业开发公司（以下简称四川巴食公司），负责品牌运营，并由市供销社原党委书记、主任王明友主导管理。2015年，王明友与好友何某合谋成立巴中市巴食巴适农业开发有限公司（以下简称巴中巴食公司），并通过多次股东会议将四川巴食公司的资金和股权转移至巴中巴食公司，逐步将其变为私人控制的公司。2015年12月，王明友获知"巴食巴适"品牌第35类商标（线上营销权）未被产销协会注册，遂指使何某以巴中巴食公司名义抢注该商标。2017年，商户发现"巴食巴适"第35类商标被巴中巴食公司注册，若需使用该商标进行网络销售，需向其支付授权费，否则构成侵权。2023年，巴中市纪委监委介入调查，发现王明友通过虚增费用、转移资产等方式套取国有资金14万余元，并滥用职权将"巴食巴适"商标抢注至私人公司。经审查，王明友的行为违反《企业国有资产法》第五十三条（国有资产转让需经审批）及《商标法》第三十二条（禁止恶意抢注他人在先使用商标）。2023年11月，王明友因犯贪污罪、受贿罪被判处有期徒刑五年六个月，并处罚金40万元。巴中市国资委责令撤销巴中巴食公司对"巴食巴适"第35类商标的注册，并将商标权恢复至产销协会名下。

（3）审查阶段。商标局在1~2个月内受理申请，并对申请材料进行形式审查和实质审查。形式审查主要检查申请文件是否齐全、填写是否规范等；实质审查则会关注商标转让是否符合法律规定，如是否存在可能产生误认、混淆或者其他不良影响等情况。如果转让申请需要补正，商标局会发出补正通知，要求申请人限期补正。

（4）核准与公告阶段。根据《商标法》第四十二条、第四十三条及《商标法实施条例》第三十一条，经审查符合规定的，商标局会核准转让申请，将按照申请书上填写的地址，以邮寄的方式发给受让人转让证明，并将转让事宜刊登公告，受让人自公告之日起享有商标专用权。这一规则确立了商标权变动的登记生效主义，即未经登记的转让行为不产生物权效力，商标局的登记具有公示公信力，在后受让人基于对登记的信赖完成交易，其权利优先于未登记的在先受让人。即使转让合同有效，未登记的受让人也无法对抗已登记的善意第三人。若后受让人明知商标已转让仍恶意登记，可能构成《民法典》第一百五十四条的"恶意串通"，转让行为无效。公告期内（通常为3个月）第三方可提出异议，异议成立则驳回转让。若转让申请被视为放弃或不予核准，商标局会发出相应的通知书。

◎ 案例3：重庆家富健康产业有限公司（以下简称重庆家富产业公司）与西藏富桥商贸有限公司（以下简称西藏富桥公司）侵害商标权纠纷案［2020年中国法院50件典型知识产权案例：知识产权民事案件之（二）侵害商标权纠纷案件。案号：（2020）藏知民终1号］

一审法院认定事实：（2012）渝五中法民初字第00089号民事调解书虽载明重庆家富健康产业有限公司（以下简称重庆家富产业公司）在本调解书生效后将"家富富侨"［商标注册号：4239656（43类）］、"家富富侨"［商标注册号：4239657（44类）］、"荣华富贵"［商标注册号：6065990（44类）］共三个注册商标的专用权过户至重庆富侨股份公司名下的合同义务。但重庆家富产业公司未将涉案"家富富侨"第4239657号图文商标过户至重庆富侨股份公司名下，现国家知识产权局商标局登记的商标权人仍为重庆家富产业公司。重庆富侨股份公司不能举证证明其为涉案"家富富侨"［商标注册号：4239657（44类）］商标的专用权人及不能举出否定西藏富桥公司取得使用商标授权的合法性。重庆富侨股份公司主张西藏富桥公司未经授权擅自使用"家富富侨"图文商标构成侵权，缺乏事实和法律依据，一审法院未予支持。

西藏自治区高级人民法院认为，根据《商标法》第四十二条"转让注册商标的，转让人和受让人应当签订转让协议，并共同向商标局提出申请。受让人应当保证使用该注册商标的商品质量……转让注册商标经核准后，予以公告。受让人自公告之日起享有商标专用权"的规定，商标转让经核准并公告之后，受让人已经成为注册商标专用权人，其有权作为原告提起诉讼。本案中重庆富侨股份公司称其经重庆家富产业公司转让获得了案涉商标专用权，但经审查，重庆富侨股份公司和重庆家富产业公司在签订转让案涉商标专用权协议后，并没有按照《商标法》第四十二条第四款的规定进行公告。且本案中上诉人主张的商标专用权系转让获得非商标使用许可，《商标法》第四十二条和第四十三条对两者作出了不同规定，即转让注册商标的，受让人自公告之日起享有商标专用权，商标使用许可未经备案公告不得对抗善意第三人，而本案不适用商标使用许可的相关规定。因此，上诉人有关知识产权转让自协议签订产生权属变更，与公告与否无关的上诉理由，因与现行法律规定不符，不能成立。虽重庆市五中院（2012）渝五中法民初字第00089号民事调解书亦明确：重庆家富产业公司在调解书生效后履行将"家富富侨"等共三个注册商标的专用权过户至重庆富侨股份公司名下的合同义务。但该调解书是一份具有履行义务的调解协议，即重庆家富产业公司在调解生效后需将案涉商标过户至重庆富侨股份公司名下，并没有确认重庆富侨股份公司享有案涉商标专用权。且重庆家富产业公司至今未履行案涉商标专用权过户至重庆富侨股份公司名下的义务，案涉商标专用权仍登记在重庆家富产业公司名下，而案涉商标被查封无法过户和转让的事由，并不能成为认定重庆富侨股份公司享有案涉商标专用权的依据。因此，重庆富侨股份公司既未能依据《商标法》第四十二条规定的转让公告方式获得商标专用权，亦未能以重庆家富产业公司过户方式取得案涉商标专用权。故上诉人有关其享有案涉商标实体权利的上诉理由，不能成立。

◎ 案例4：唐祖军与李建林商标权转让合同纠纷案［（2010）永中法民三初字第22号一审民事判决书］

原告唐祖军于2009年9月23日与被告李建林签订了一份商标转让协议书，双方约定李建林将在中国注册的第4040070号"菲纯"商标转让给原告唐祖军，商标转让费3万元，本协议签订之日起已由唐祖军一次性付给被告李建林。双方签订转让协议后，进行商标权转让事宜，由于被告身份证缺失，公证机关无法对商标转让申请书进行公证，原告无法向商标总局申请进行商标转让。后被告李建林又将该商标转让给广东佛山市顺德区圣保莱服装公司，并于2010年9月6日完成转让手续。2010年10月18日补发商标注册证，现该商标合法持有人为广东佛山市顺德区圣保莱服装公司。原告请求被告按合同赔偿违约金15万元整并将商标权依合同协助原告将商标转让至原告名下。法院判决被告李建林退还原告唐祖军商标转让费人民币3万元，同时赔偿原告唐祖军损失人民币2万元。

法院认为：被告李建林将所持有的"菲纯"商标一标二卖，违背了基本的诚实信用原则，给原告造成了一定的经济损失，应当承担相应的违约责任。被告李建林在与原告唐祖军签订商标转让协议后又将该商标另卖给广东佛山市顺德区圣保莱服装公司，并办理了商标权转让手续，现为该商标的合法持有人。原告要求被告按合同赔偿违约金15万元，双方在商标转让协议中虽然约定了若李建林将"菲纯"商标转让给其他单位或个人，即赔偿唐祖军转让费5倍违约金，但该违约责任的约定，过分高于造成的损失，予以适当减少，考虑到李建林系恶意违约，本院认为由李建林退还唐祖军3万元商标转让金，并赔偿唐祖军损失人民币2万元为宜。原告提出将该商标依合同约定转让至原告名下，该商标现已由广东佛山市顺德区圣保莱服装公司善意受让取得，并领取了商标注册权证，原告此要求在客观上已无法履行，酌情由被告赔偿原告损失为宜。

（5）发证与记录更新。商标转让后，商标局会依法核发"核准转让注册商标证明"并更新商标权属登记，将受让人的名称、地址及其他相关信息记载于"商标注册簿"，并通过"商标公告"公示。"核准转让注册商标证明"与原"商标注册证"共同使用，作为商标权属变更的法定凭证。《商标法实施条例》第九十五条规定："商标注册证"及相关证明是权利人享有注册商标专用权的凭证。"商标注册证"记载的注册事项，应当与"商标注册簿"

一致；记载不一致的，除有证据证明"商标注册簿"确有错误外，以"商标注册簿"为准。

二、商标一并转让原则

我国《商标法》第四十二条第二款及《商标法实施条例》第三十一条确立了商标转让的"一并转让原则"，要求商标注册人在转让注册商标时，必须将其在相同或类似商品（服务）上注册的相同或近似商标同步转让，以防止市场混淆并维护商标识别功能的完整性。该原则通过规范商标权整体性流转，既遏制商标囤积行为，又降低受让人法律风险。实务中商标局对未一并转让的申请将要求补正，逾期未补正则视为放弃申请。

近似商标一并转让主要是出于防止市场混淆的考量，但是在理论中对近似商标是否应该一并转让有着不同的意见。近似商标转让存在着自由转让与一并转让两种模式。持一并转让观点的学者认为，近似商标一并转让从立法目的上看，规范的是市场秩序，避免转让人和受让人在相同或类似商品（服务）上使用相同或近似商标而导致的市场混淆，从而损害社会公共利益。而持反对观点的学者指出，虽然近似商标一并转让在实践效果上一定程度地防止了市场混淆，但在法律适用上存在着极大的混乱。这些外观相同或近似的商标均是作为独立的商标注册登记的，因此不应该在转让时将其强制捆绑。而且，该制度完全不考虑双方当事人的意思表示，违反了当事人意思自治原则。

我国《民法典》第一百五十三条规定了"违反法律、行政法规的强制性规定的民事法律行为无效"这一情形，但是违反管理性规范和效力性规范的后果并不相同。一般来说，违反前者通常不影响行为的效力；违反后者则是绝对无效。因此，"近似商标一并转让"这一规定的性质决定了合同的效力。目前大部分观点认为该规定为效力性规定，认为《商标法实施条例》第二十五条第二款规定，针对的是商标转让行为，虽未直接对转让合同的效力作出规定，但"未一并转让的，由商标局通知其限期改正；期满不改正的，视为放弃转让该注册商标的申请，商标局应当书面通知申请人"实际隐含了对合同效力的否定性评价。因此，该条款属于效力性强制性规定。违反该规定分割转让近似商标的行为，应当属于我国《民法典》第一百五十三条规定的"违反法律、行政法规的强制性规定"的情形，应为无效。因此受让方应在交易前完成商标检索，确保标的商标不存在未一并转让的关联商标。

当然，一并转让也存在例外情形。比如商标已失效，若同一注册人名下的近似商标因未续展、被撤销等原因失效，则无须一并转让。或者受让人同意分割转让。经双方协商一致，且经商标局审查认为不损害公众利益的情况下，可允许分割转让。但实践中此类情形极少，需严格审查。

◎ 案例5：北京中农优嘉生物科技有限公司与北京博农利生物科技有限公司商标权转让合同纠纷案［2018年海淀区法院发布知识产权合同十大典型案例，一审案号：（2018）京0108民初33866号，二审案号：（2020）京73民终462号］

2017年1月3日，博农利公司全体股东签署《北京博农利生物科技有限公司股东会决议》（以下简称《股东决议》），约定：第一条第二项，根据2016年8月31日董事会决议，经友好协商决定由部分股东从博农利公司撤资成立新公司（包括但不限于中农优嘉公司）或退股。第二条第二项，股权转让的计价基础考虑2016年9月25日账面净资产、固定资产、无形资产增加及特殊扣除（增加）事项三个部分，其中无形资产增加及特殊扣除（增加）事项包括：全体股东确认博农利公司原有的全部无形资产作价人民币叁佰万元整。其中"雏康""蛋多乐""优嘉""嘉肥宝""嘉畜宝""嘉禽宝"商标（以下简称"涉案六个商标"）一起作价人民币玖拾壹万伍仟元。第三条第三项，博农利公司与中农优嘉公司签署涉案六个商标的转让协议，确认转让价格为915000元。价款已从部分股东的股权转让款中扣除，有关转让款视同中农优嘉公司已经支付完毕。决议落款处有全体出资股东的签名。2017年5月19日，博农利公司向商标局申请注册"嘉博种宝""嘉博禽宝""嘉博肥宝""嘉博畜宝"商标（以下简称涉案"嘉博"类商标）。2017年7月25日，商标局受理涉案"嘉博"类商标申请。2017年12月1日，博农利公司（甲方）与中农优嘉公司（乙方）签订《转让协议》，约定：①2017年12月1日起甲方持有的涉案六个商标转让给乙方。②以上商标期满后，如再续展等后期费用全部由乙方承担。③在商标转让期间甲方不得许可第三人使用商标。④从转让完成之日起，此商标发生经济纠纷全部由乙方负责，甲方不负任何责任。博农利公司与中农优嘉公司认可《转让协议》合法有效，并认可在《股东决议》作出时，双方已经就涉案六个商标达成转让合意。2018年1月23日，中农优嘉公司与博农利公司共同向商标局提交了涉案六个商标的转让申请，后"雏康""蛋多乐""优嘉"商标已成功转让。2018年4月24日，商标局向博农利公司发送了涉案"嘉"类商标的"商标转让申请补正通知书"（以下简称"补正通知书"），载明：转让人博农利公司在"动物饲料"等商品上注册的涉案"嘉博"类商标与申请转让的涉案"嘉"类商标近似，且核定使用的商品类似。根据《商标法》第四十二条第二款、《商标法实施条例》第三十一条第二款的规定，应一并办理转让。"补正通知书"要求博农利公司在收到本通知书之日起三十天内补正并将本通知原件交回商标局，未在规定期限内补正的，商标局将对上述转让申请不予核准或视为放弃。后博农利公司未进行补正，涉案"嘉"类商标未转让成功。2018年5月14日，"嘉博种宝"商标核准注册。2018年5月21日，其余涉案"嘉博"类商标核准注册。

　　一审法院认为，《转让协议》系博农利公司与中农优嘉公司依法签订，体现了双方真实的意思表示，约定内容未违反我国相关法律、法规的禁止性规定，合法有效，双方应如约履行自己的合同义务。本案中，中农优嘉公司与博农利公司均确认在《股东决议》作出时，双方已经就包括涉案"嘉"类商标在内的六个商标达成了转让合意，而博农利公司在2017年1月3日《股东决议》作出后，于2017年5月19日即向商标局申请注册与涉案"嘉"类商标构成近似的涉案"嘉博"类商标，在2017年12月1日《转让协议》签订时亦未向中农优嘉公司披露其申请注册涉案"嘉博"类商标事宜，进而导致后续涉案"嘉"类商标的转让受阻，致使《转让协议》的合同目的不能实现，亦是涉案"嘉"类商标无法转让的根源所在。博农利公司未履行《转让协议》约定的转让义务，已经构成了违约。二审法院认为，《转让协议》系双方当事人依法签订，体现了双方真实意思表示，约定内容未违反我国相关法律法规的禁止性规定，合法有效，双方均应依约履行。博农利公司与中农优嘉公司关于转让涉案六个商标的约定，先后以书面形式体现于《股东协议》与《转让协议》中，而博农利公司在有约定的情况下未依约履行，反而申请与涉案六个商标相似的商标，直接导致相关约定无法履行，应承担违约责任。

三、商标转让时的价值评估与定价

　　商标的价值评估对注册商标在某一个特定时间的使用价值和经济价值进行测算，遵循客观、公正、公开、公平的原则，运用科学的方法，按照法定的程序，以注册商标价值形成理论为基础，考虑影响商标价值变动的各种因素，对注册商标价值量化的过程，其本质是对商标专用权财产属性的量化分析。部分学者认为商标价值"由市场协商或诉讼赔偿决定"，评估仅具参考意义；但主流观点强调评估为交易、融资、诉讼提供了基准。商标作为无形资产，其价值源于法律保护下的市场独占性、商誉积累及未来收益潜力，兼具"识别来源"的功能属性与"资产化经营"的财产属性。

（一）价值评估方法

对商标权的评估方法目前也有很多，最传统的方法是基于会计基础的无形资产评估方法。分别有市场比较法、收益现值法和重置成本法。

（1）市场比较法。市场比较法是指利用市场上同样或类似资产的近期交易价格，经过直接比较或类比分析以评估知识产权价值的评估方法。用市场比较法评估商标权价值：假定 P 表示被评估商标权价值；W 表示市场上相似商标权成交价；R 表示同类商品相同或近似价格的商标驰名度倍比评分系数；K 表示差异调整系数，则有评估值 $P=WRK$。但是因商标交易隐私性强，可比案例稀缺，因此该方法实际操作困难。

（2）收益现值法。收益现值法是指通过被评估商标权未来预期收益的现值来判断其价值的评估方法，一般采用资本化和折现来估算资产价值。采用收益现值法时，要注意合理确定商标权的超额获利能力和预期收益，分析与之有关的预期变动，受益期限，与收益有关的资金规模、配套资产，现金流量、风险因素及货币时间价值、收益期限等。收益期限的确定是商标权评估时十分重要的问题。确定商标权未来获利期限的依据是其获得超额收益的时间，注册年限仅供分析参考，不应作为直接依据。此外，根据我国《商标法》的规定，注册商标的有效期为10年，期满可以续展，续展没有次数限制。即商标权人只要遵守法律规定，可以永远拥有商标权。收益现值法的评估，只在注册商标的有效期内进行评定，有一定局限性。没有反映出该商标连续使用、注册的实际情况。

（3）重置成本法。重置成本法是指首先估测被评估商标权的重置成本，然后估测被评估商标权已存在的各种贬损因素，并将其从重置成本中予以扣除，得到被评估对象价值的评估方法。它需要把商标权主体的有关广告宣传、售前售后服务附加值、有关的公益救济性捐赠等累加起来作为商标权的评估值。这样的成本计算有利于给被评估商标提供最基础的商标估值，但该方法难以反映商标实际市场价值，如"芈月"商标因影视热播意外增值，远超注册成本。

以上三个方法相互影响，可以同时使用，通过这三个方法基本上可以对商标转让的价值做出较好的评估。

（二）商标转让价值评估的核心标准

（1）商标自身属性。知名度与显著性：高知名度商标（如"可口可乐"）因市场认可度高，可节省受让方推广成本，价值显著提升。类别与适用范围：热门类别（如25类服装、35类广告销售）因市场需求大而溢价，例如25类商标转让价格普遍高于冷门类别。注册年限与稳定性：注册时间长的商标通常积累更多商誉，且法律状态稳定（无异议、撤销风险）更受青睐。

（2）市场与使用情况。实际使用证据：商标的历史销售记录、广告投入、市场份额等数据直接影响其收益能力评估。例如"王老吉"商标因年销售额达160亿元，估值超千亿。市场竞争状况：同类商标的稀缺性决定议价空间，如"三只松鼠"因独特性强而价值更高。

（3）法律状态与合规性。商标需处于有效注册状态，无质押、冻结等权利负担；若涉及多类别或近似商标，需一并转让以避免法律纠纷。

四、跨境转让的特殊性

（一）基础概念

马德里体系下的国际转让，是指商标国际注册所有人将其在马德里联盟成员国范围内享有的商标专用权整体或部分让与他人的法律行为。从法律效力看，国际转让的商标专用权在各指定国的保护效力与直接在该国注册的商标等同，但需遵守各国国内法对转让的实体要求（如不得损害在先权利、需履行公告程序等）。

该转让程序依托世界知识产权组织（WIPO）的集中化管理机制，允许商标持有人在多个成员国范围内一次性完成权利转移，无须向各国商标主管机关逐一提交申请，并且允许通过"后期指定"新增成员国，转让后仍可扩展保护范围，具有一定灵活性。此种转让程序显著简化跨国商标转让的行政流程。但也存在一些弊端。国际商标转让的核心在于"基础注册"的依附性。根据《议定书》第六条规定，国际注册的商标在最初5年内需依附于原属国的"基础商标"（即在本国已注册或申请中的商标）。若基础商标失效，国际注册可能被注销，这一原则被称为"中心打击原则"，直接影响转让的稳定性。并且各个成员国的审查也存在差异，部分国家可能要求额外文件或驳回转让，需委托当地代理人应对异议。并且无统一注册证书，多数成员国不再单独签发转让证明，仅依赖国际局的登记公告，增加权利确认难度。

◎ 案例6：怀特麦凯有限公司与国家知识产权局行政纠纷案［（2018）京73行初10201号］

原告：怀特麦凯有限公司，住所地大不列颠及北爱尔兰联合王国格拉斯哥圣文森特街319号圣文森特广场层。

被告：中华人民共和国国家知识产权局，住所地中华人民共和国北京市海淀区蓟门桥西土城路6号。

本文涉及的马德里体系相关内容及案情经过总结如下。

马德里体系相关概念：马德里体系是用于商标国际注册的体系，本案涉及马德里注册的"中心打击原则"，即若在商标原属国（本案中引证商标所属地为英国）的基础申请出现问题，如不被核准注册等情况，该商标在其他被指定缔约方的保护也可能不再具有效力。

商标申请：原告怀特麦凯有限公司于2016年7月25日申请第20749409号"SHACKLETON"商标（诉争商标），指定使用商品为酒精饮料（啤酒除外）、烈酒、威士忌、利口酒。被告中华人民共和国国家知识产权局以该商标构成《中华人民共和国商标法》第三十条所指情形为由，作出商评字〔2018〕第0000059229号关于该商标驳回复审决定，驳回其在复审商品上的注册申请。

引证商标情况：引证商标为国际注册第1307793号"SHACKLETON"商标，注册人为

The Shackleton Design and Manufacturing Company Ltd，申请日期为2016年9月8日，专用权期限至2025年8月7日，指定使用商品为含酒精饮料（啤酒除外）。

原告主张：原告称已在英国对本案引证商标的基础申请提出异议，经英国商标主管机关审理，引证商标的基础申请在第33类商品上已被不予核准注册，且英国主管机关已将该决定通知WIPO。根据马德里注册的"中心打击原则"，引证商标第33类商品在其他被指定缔约方的保护也不再具有效力，且原告查询国际局网站发现，引证商标基础申请案已无效，第33类商品已被删除，故引证商标不再成为诉争商标在第33类指定商品上获得保护的障碍，请求撤销被诉决定并责令被告重新作出决定。

被告抗辩：被告辩称被诉决定认定事实清楚，适用法律正确，作出程序合法，请求驳回原告诉讼请求。

法院审理：原告在庭审中明确对诉争商标与引证商标构成近似商标，以及诉争商标指定使用的复审商品与引证商标核定使用的商品构成类似商品无异议，法院经审查予以确认。因原告未能提交经公证认证的引证商标已被注销的相关证据，法院对其关于引证商标已被撤销的主张不予采信。最终法院认为被告认定诉争商标申请注册违反《商标法》第三十条并无不当，判决驳回原告的诉讼请求。

转让申请人必须是以国家知识产权局为原属局的马德里国际注册商标注册人。马德里商标的受让人必须满足相应的资格要求，即受让人应当是《商标国际注册马德里协定》或《商标国际注册马德里协定有关议定书》缔约方国民，或在缔约方境内设有真实有效的工商营业场所，或在缔约方境内有住所。需要注意的是，如果受让人不止一个，则所有受让人均需要满足上述要求。若转让涉及纯协定缔约方（如阿尔及利亚、哈萨克斯坦等），则申请必须通过原属国商标局转递国际局；若仅涉及议定书缔约方，可直接向国际局提交或通过原属局转递。

（二）转让程序

（1）签订转让协议。双方需就转让范围、权利义务等达成书面协议，明确转让的国际注册号及指定国家。中国企业在转让马德里国际商标时，需确保国内基础商标的转让已获得国家知识产权局核准。若国内转让程序未完成，需向国际局提交正在转让的证明文（如商标局受理通知书），否则国际转让可能被暂缓处理。当同一商标在多个国家存在国内注册与国际注册重叠时，国际转让需优先处理国内注册的转让，否则可能导致权利冲突。若转让方在转让前已将商标许可给第三方，则需取得被许可人同意或在转让协议中明确许可权的处理方式。

（2）提交国际申请。通过原属国商标局向WIPO国际局提交转让申请材料，并支付规费。申请材料一般如下：①填写并加盖转让人、受让人公章的马德里商标国际注册转让申请书；②外文申请书（MM5）；③转让人、受让人资格证明文件，如营业执照复印件，居住证明复印件，身份证件复印件等；④委托代理人的，应附代理委托书。基于现实需求，我国开展了简化转让材料的改革。2018年2月7日，商标局发布了《关于简化申请材料、优化工作流程和缩短审查周期的公告》，其中第三点涉及马德里国际注册业务："申请人在办理名下多件马德里国际注册商标的注册人名称、地址变更业务时，可通过一份变更申请来办理，申请人在办理名下多件马德里国际注册商标转让业务时，如转让给同一受让人，可通过提交一份转让申请来办理。"

（3）国际局审查与登记。国际局进行形式审查（如文件完整性、费用缴纳），通过后在国际注册簿登记转让信息，并通知各指定成员国。

（4）成员国生效。各成员国根据国内法对转让进行实质审查（如无特殊异议，通常自动生效）。

第四节　商标质押与融资

一、商标质押的法律依据

商标质押属于权利质押范畴，即以商标专用权作为标的物设立的担保物权。根据《民法典》第四百四十条，商标专用权属于可质押的财产权利，质权自办理出质登记时设立。商标质押融资是企业将注册商标专用权作为质押物为其融资借贷提供担保的行为。首先，商标质押融资的客体是注册商标专用权。也就是说，必须是经注册的商标才可以被质押。从法律维度来看，经核准注册的商标为注册商标，商标注册人享有商标专用权，受法律保护。其次，所质押的对象是商标专用权，而不是其他权利类型。一般认为，商标权的取得方式包括通过使用取得商标权和通过注册取得商标权两种方式。通过注册取得商标权又称为注册商标专用权。在我国，商标注册是取得商标的基本途径。最后，虽然债务人所质押的对象是商标专用权，但债权人所拥有的权利却是商标质押权。只有当债务人无法清偿债务时，债权人才可处置商标专用权。商标质押权是可以依法转让的注册商标专用权上设立的一种担保物权，不是商标专用权。❶质押期间，出质人仍可正常使用商标，但不得擅自转让或许可他人使用，除非征得质权人同意。

◎ 案例1：四川省古蔺郎酒厂有限公司、四川东方红郎酒业股份有限公司、成都市人人乐商业有限公司侵害商标纠纷案［（2018）川民终1131号］

一审原告：四川省古蔺郎酒厂有限公司（简称"郎酒公司"）

上诉人（一审被告）：四川东方红郎酒业股份有限公司（以下简称东方红郎酒业公司），住所地四川省泸县福集镇玉蟾大道西段501号8幢。

上诉人（一审被告）：成都市人人乐商业有限公司，住所地四川省成都市青羊区草市街2号。

东方红郎酒业公司上诉认为郎酒公司（一审原告）被许可的涉案商标已被质押，根据《中华人民共和国物权法》的相关规定，该许可无效，郎酒公司不具有提起本案诉讼的主体资格。其提交了《商标使用许可合同》、第230457号商标流程页面截图以及第9713869号商标流程页面截图等证据，拟证明《商标使用许可合同》签订时，第230457号商标已被质押，许可合同无效，郎酒公司无诉讼资格，且在本案起诉前，第9713869号商标也已被质押，郎酒公司同样不具有诉讼资格。郎酒公司对东方红郎酒业公司提交的涉及商标质押相关证据的真实性认可，但认为无关联性。郎酒公司指出根据其提交的证据，质押时间在许可合同之后，质押无法对抗在先的许可。合同无效有严格要求，不能仅因商标质押就否认许可合同的效力，

---

❶　王逸玮：《商标质押融资实务中与商标价值相关的操作及关注点》，《中华商标》2024年第7期。

且商标局网站信息具有滞后性。

法院查明事实：涉案第230457号商标许可给郎酒公司使用的许可期限自2011年3月1日起至2025年7月28日止，第9713869号商标许可给郎酒公司使用的许可期限自2012年10月1日起至2022年9月6日止，而上述两个商标质押的日期为2014年，即许可行为在商标质押之前。

法院认为，《中华人民共和国物权法》第二百二十七条规定，知识产权中的财产权出质后，出质人不得转让或者许可他人使用，但经出质人与质权人协商同意的除外。本案的许可行为发生在商标质押之前，并不符合《中华人民共和国物权法》第二百二十七条规定的情形，案涉许可有效，郎酒公司有权提起本案诉讼，东方红郎酒业公司的上诉理由不能成立。

二、商标质押融资流程

2019年，国家知识产权局会同相关部门印发《关于进一步加强知识产权质押融资工作的通知》，国家知识产权局于2020年发布《注册商标专用权质押登记程序规定》，详细规范了质押登记的申请材料、审查标准及流程。此外，国家知识产权局2023年发布的《商标专用权质权登记十六问》进一步明确商标质押程序的细节问题。从目前主要银行的操作来看，商标质押融资主要以组合抵质押为主，具体流程如下。

第一，借款人应持"商标注册证"和银行所需的其他相关材料向银行提出贷款申请。

第二，当银行收到借款人的借款申请后，应对借款人的借款用途、资信状况、偿还能力资料的真实性，以及质押商标的基本情况进行调查核实，确保商标未被撤销、注销或到期未续展，出质人名称需与商标局档案一致，否则需提供更名证明，确保近似商标一同出质，否则可能影响处置时的转让效力。

第三，借款人与银行达成初步贷款意向的，由借款人或银行委托银行认可的商标评估机构出具商标价值评估报告。《关于进一步加强知识产权质押融资工作的通知》指出，商业银行进行知识产权质押融资的过程中，"可以委托专业评估机构对出质知识产权进行评估，也可以自行评估"。也就是说，质押融资资产评估并不是法定业务，而是银行的自主选择。但也明确要求，"委托外部机构评估的，要建立评估价值复核认定机制"。当委托外部评估机构时，中介机构要具有政府相关部门颁发的从业资格，拥有从事知识产权专业工作的丰富经验和一定数量的合格专业人员，并且与委托事项不存在利益冲突，具有良好的诚信和守法记录，主要负责人或合伙人执业声誉良好。

第四，借款人与银行签订借款合同。

第五，银行与商标注册人签订质押合同。根据《商标法实施条例》第七十条："以注册商标专用权出质的，出质人与质权人应当签订书面质权合同，并共同向商标局提出质权登记申请，由商标局公告。"注册商标专用权质权合同一般包括：①出质人、质权人的姓名（名称）及住址；②被担保的债权种类、数额；③债务人履行债务的期限；④出质注册商标的清单（列明注册商标的注册号、类别及专用期）；⑤担保的范围；⑥当事人约定的其他事项。此外还有一些特殊事项，若商标已许可他人使用，需取得被许可人同意；若存在在先质押，需明确质权顺位。

第六，双方应在订立书面质押合同之日起一定期限内，向国家知识产权局申请办理商标专用权质押登记手续。双方可以直接向国家知识产权局申请，也可以委托商标代理机构办理。在中国没有经常居所或者营业所的外国人或外国企业应当委托代理机构办理。目前，商标专用权质权登记办理方式有以下两种。一种是申请人自行办理。有三个办理地点可供选择，分别是到开展相关受理业务的商标业务受理窗口办理，到国家知识产权局在京外设立的商标审查协作中心办理，到国家知识产权局商标注册大厅办理。另一种是委托在国家知识产权局备案的商标代理机构办理。申请注册商标专用权质权登记的，应提交下列文件：①申请人签字或者盖章的《商标专用权质权登记申请书》；②主合同和注册商标专用权质权合同；③申请人签署的承诺书；④委托商标代理机构办理的，还应当提交商标代理委托书。上述文件为外文的，应当同时提交其中文译本。中文译本应当由翻译单位和翻译人员签字盖章确认。目前，商标专有权质权登记只有线下办理方式，提交的文件都必须是纸质文件。各项业务的申请书、承诺书须在中国商标网官方网站"商标申请书式"—"商标后续业务书式"中下载打印。具体合同等文件没有固定格式，由申请方自行拟定，应体现的基本内容可参考中国商标网官网"商标申请指南"中所述质权登记相关手续要求。申请书、承诺书等官方文件需提供原件。合同等文件可提交原件，也可提交经双方签字盖章确认的复印件（需加盖鲜章），与原件具有同等效力。

　　申请登记书件齐备、符合规定的，国家知识产权局予以受理。受理日期即为登记日期。国家知识产权局自登记之日起2个工作日内向申请人发放"商标专用权质权登记证"。商标专用权质权登记证书均为纸质版本，出质双方各一份。对抗第三人：质权自登记之日起设立，未经登记不得对抗善意第三人；优先受偿：债务人不履行债务时，质权人可通过折价、拍卖或变卖商标专用权优先受偿。

　　第七，银行向借款人发放贷款。

三、商标质押融资的后续事项

（一）质押解除与注销。

（1）自动失效。主债务履行完毕或质押期限届满后，质权自动失效，无须办理注销登记。

（2）主动注销。若需提前解除质押，双方应提交《商标专用权质权登记注销申请书》及解除协议，国家知识产权局于2个工作日内办结。

◎ 案例2：哈尔滨市企业信用融资担保服务中心与哈尔滨惠佳贝食品有限公司等追偿纠纷案（哈民四商初字第9号）

原告：哈尔滨市企业信用融资担保服务中心

被告：哈尔滨惠佳贝食品有限公司（以下简称惠佳贝食品公司）

被告：赵英泽，哈尔滨惠佳贝食品有限公司经理

被告：哈尔滨惠天力食品有限公司

2012年12月13日，惠佳贝食品公司与哈尔滨银行科技支行签订了三份借款合同，借款金额分别为200万元、260万元及800万元，合计1260万元。借款期限为2012年12月13日至2013年11月12日，利率为年息6.0%。上述借款合同签订前，2012年11月7日，惠佳贝食品公司与企信担保中心签订担保服务合同，约定：企信担保中心为惠佳贝食品公司上述借款提供担保服务；如惠佳贝食品公司未按主合同约定偿还债务，累及企信担保中心承担担保责任和其他民事责任，惠佳贝食品公司应向企信担保中心承担的清偿责任包括但不限于本金、利息、复

利、罚息、违约金、赔偿金及企信担保中心为实现追偿权而支付的全部费用。2012年12月13日，借款合同签订当日，针对上述三笔借款，企信担保中心与哈尔滨银行科技支行、惠佳贝食品公司签订保证合同，约定企信担保中心对惠佳贝食品公司上述1260万元借款在其保证担保范围内承担连带清偿责任；担保范围包括但不限于本金、利息、违约金和实现债权等费用。同时，赵英泽以其所有的商标注册号为3271044、3271045、3271046、3898563、5216060、5216061、5216062、5216063、5216064、5216065的惠天力商标专用权为上述1260万元借款向企信担保中心提供质押反担保，并办理了质押登记，质权登记期限为2012年12月26日至2013年11月12日。惠佳贝食品公司未能按期还款，企信担保中心代偿本息后，起诉要求惠佳贝食品公司偿还代偿款，并主张对质押商标享有优先受偿权。赵英泽辩称，质押登记期限已届满，质权消灭。

争议焦点：

1.商标质押登记期限届满后，质权是否自动消灭？

2.质权人是否有权对已登记的商标主张优先受偿？

法院裁判：

法院认为，根据《注册商标专用权质权登记程序规定》第十三条第二款，质权登记期限届满后，质权登记自动失效。本案中，赵英泽提供的商标质押登记期限已届满，且未办理延期手续，故质权消灭。企信担保中心要求对质押商标行使优先受偿权的诉讼请求被驳回。

该案明确了商标质押登记的时效性要求，质权人需在登记期限内主张权利，否则可能因期限届满丧失优先受偿权。同时，法院强调了质押登记的程序合规性对质权效力的影响。

（二）质押期间的管理

（1）商标维护。出质人需保持商标的有效性（如按时续展），质权人可监督商标使用情况以防范价值贬损。

（2）权利限制。未经质权人同意，出质人不得转让或许可他人使用商标；质权人同意的，需将所得价款提前清偿债务或提存。

四、商标质押融资的实务操作

质押合同可以是单独的合同，也可以是主合同中的质押条款。主合同一般是借款合同、担保合同、授信合同或其他能够证明和此次质权登记有关的合同依据。以下是商标质押合同审查时的要点。

（1）合同签署时间。因商标专用权质权合同为从合同，应在主合同签署后签订，故申请书及质权合同中所写质权登记期限开始日不能早于主合同签署日，质权登记期限开始日以实际录入当天为准。为保证出质双方利益，申请书及质权合同中所写质权登记期限截止日应晚于主合同截止日或与主合同截止日保持一致。若在质权登记到期前，产生不能偿还债务的风险，可办理质权登记延期申请。

（2）质押合同不得约定在债务履行期限届满而质权人未受清偿时，出质的注册商标专用权归质权人所有。

（3）相同或类似商品/服务上的相同或者近似商标应当一并办理质权登记。

（4）出质的注册商标为多件时，质权登记期限不宜超过提交质权登记申请时专用权最先到期的商标的专用权期限；若质权人同意质权登记期限长于部分注册商标的专用期限，需要提交其书面同意文件。

（5）共有注册商标，出质须获得全体共有人同意。

（6）出质的注册商标处于有效期，进入续展期的，应及时办理续展。

（7）出质的注册商标权利状态稳定，不存在被申请无效宣告、撤销、注销、转让等情形；若已许可他人使用应当如实向质权人披露。

（8）债务人履行债务的期限是否小于或等于出质的注册商标专用权期限。

（9）出质的注册商标是否已经被申请质押登记且处于质押期间。

（10）出质的注册商标是否已经被查封、冻结等。

（11）在注册商标质权登记有效期内，出质人再次提交的商标注册申请存在与已出质商标相同或者近似情形的，及时通知质权人等。

商标质押时银行与企业的风险控制。银行面临的主要风险：

（1）权利稳定性风险：商标可能因侵权、撤销或续展失败等丧失效力，导致质押物价值归零。

（2）估值与贬值风险：商标价值受市场认可度、企业经营状况等因素影响，缺乏统一评估标准。例如，交通银行对商标质押率上限为评估值的50%，但实际操作中可能因评估方法差异导致评估值偏差。

（3）处置变现风险：我国无形资产交易市场不成熟，商标质押违约后难以快速变现，银行需承担流动性损失。商标处置依赖专业交易平台，且需一并转让相同/近似商标，增加处置难度。

银行可以采取以下风险控制措施：

（1）要求企业提供商标权属无争议的证明，并监控质押期间的权利状态（如续展、侵权诉讼等）。

（2）业务模式创新。组合质押，将商标权与企业家信用、有形资产（如房产）捆绑，分散风险。引入第三方评估机构或者探索创新评估方法，定期重估商标价值，设置质押率上限（通常不超过70%）。

（3）企业信用与经营能力评估，财务指标分析，重点关注企业现金流、资产负债率等，确保还款能力。财务指标监控：设定现金流、利润率等预警阈值，触发时启动风险处置程序。例如，要求企业提供近三年的审计报告和纳税证明。行业风险评估：对高风险行业（如餐饮、零售）提高风控标准。

（4）风险分担机制与政府、保险公司合作建立风险补偿基金。探索知识产权证券化，通过二级市场增强流动性。

◎ 案例3：建设银行首创内部评估方法，破解知识产权质押融资中的评估难题

建设银行创新知识产权质押融资内部评估方法（以下简称内评法），向国家金融监督管理总局和国家知识产权局申报获批后，选取北京、上海、安徽、陕西、深圳、苏州等16个区域开展试点，运用内评法确定押品价值，可不再依赖第三方机构出具评估报告，进一步提高了知识产权质押融资效率，为企业节约评估费用。同时，建设银行探索"科创雷达"平台，实现对科技创新金融数据的整合和统一管理，运用深度学习和自然语言处理等技术，持续迭代

智能化评估工具。在试点工作牵引下，2023年，建设银行知识产权质押融资登记金额1132亿元，惠及企业近2000家，在同业排名前列。❶

◎ **案例4：湖南省探索建立市场化的知识产权质押融资风险补偿机制**

为解决轻资产科技型中小企业融资难、融资贵的问题，湖南省、长沙市和湖南自贸区岳阳片区知识产权部门推动设立总规模为6500万元的知识产权质押融资风险补偿金（以下简称"风险补偿金"），委托湖南省知识产权交易中心进行市场化运营，建立起"谁参与、谁受益、谁担责"的风险分担机制。截至2022年底，累计纳入"风险补偿金"补偿范围的专利商标质押登记223笔，质押金额达28.8亿元，惠及200余户科技型中小微企业。

1. 建立市场化运营和风险分担机制

"风险补偿金"按照"政府引导、风险共担、市场化运作"的原则，委托湖南省知识产权交易中心有限公司进行市场化运营，按照"风险补偿金45%、合作银行及指定合作的担保或保险机构45%、评估处置机构10%"的风险分担比例，建立市场化运营和风险分担模式，充分激发运营方的积极性和资金使用效率。

2. 加强运行过程风险控制

"风险补偿金"按照合作银行承诺的授信额度比例分别存入各合作银行，作为银行开展知识产权质押贷款的风险担保金。同时，将纳入风险补偿范围的企业单户贷款额度上限控制在500万元以内，并相应配套追偿和质押物处置程序，有效防范了代偿风险。

3. 探索开展知识产权价值和风险评估

在"风险补偿金"制度设计中，要求知识产权质押融资活动完全基于知识产权的价值展开，不与任何固定资产等质押物捆绑，促使资金运营方和合作银行在知识产权价值和风险评估方面进行积极探索。另外，湖南省知识产权局会同湖南自贸区、长沙市知识产权局开展知识产权价值评估及质物处置机制研究，探索建立知识产权价值评估体系，为知识产权科学评估提供借鉴和参考，破解质押融资评估难关。

知识产权质押融资风险补偿机制的建立和完善，有效带动湖南知识产权金融服务能力和水平提升。近年来，湖南省知识产权局会同相关部门联合推进知识产权质押融资"入园惠企"行动，持续优化知识产权金融服务，不断加强政策集成，省本级及全省14个市州、28个县市区、9家园区共建立风险补偿、贷款贴息、评估及担保费补贴等59项奖补政策，全省年度知识产权质押融资额超过60亿元。湖南知识产权金融服务模式被国家发展和改革委员会作为服务实体经济发展的典型经验推介，市场化的知识产权质押融资风险补偿机制纳入国家知识产权局、中国银保监会、国家发展和改革委员会发布的首批知识产权质押融资及保险典型案例。

企业面临的风险：①经营风险：若企业因市场波动或管理不善导致偿债能力下降，可能丧失商标权。②法律合规风险：商标权存在瑕疵（如侵权、未续展）可能导致质押无效。③信用风险：过度依赖商标质押可能损害企业其他融资渠道的信用评级。④融资成本风险。高利率与附加条件：银行可能要求企业提供额外担保或股权质押，以增加融资成本。

企业可采取以下风险应对策略：①强化商标管理：定期维护商标，建立商标续展台账，

❶ 出自国家知识产权局办公室、国家金融监督管理总局办公厅、国家发展和改革委员会办公厅关于发布第二批知识产权质押融资典型案例的通知［国知办发运字〔2025〕2号〕。

提前12个月启动续展程序。定期监测市场，及时维权，确保权利的稳定性。②多元化担保组合：结合有形资产融资，避免单一依赖商标质押。通过担保公司增信，降低银行风险要求。③融资成本控制。提升经营透明度，通过规范财务披露增强银行信心，降低质押成本。申请地方政府风险补偿、贷款贴息等政策支持。根据资金用途选择贷款期限，避免短贷长用。④经营风险对冲。进行现金流管理。预留6个月以上的还款准备金，来应对突发风险。推动收入多元化，拓展业务渠道，降低对单一产品/市场的依赖。购买商标侵权责任险、质押融资保证保险，转移风险。

第五节　商标的商业化利用

一、品牌联名与跨界合作

商标品牌联名（brand co-branding）指两个或多个独立商标权利人通过协议约定，在特定商品或服务上共同使用各自商标，形成联名标识或联名产品的商业合作模式。品牌联名本质上是知识产权许可的法律关系，即一方将自己拥有的知识产权许可给另一方，或双方互相许可对方使用自己的知识产权进行创作、制作及销售的行为，其核心是知识产权的授权。跨界合作（cross-industry collaboration）则是指不同行业领域的商标权利人基于品牌互补性，将商标延伸至非传统商品或服务类别进行合作的行为。品牌联名的特点是"跨界"，通过不同行业的品牌碰撞吸引流量和热度。

（一）联名合作中的商标使用与法律风险

商标跨界联名本质是知识产权的交叉许可，需严格遵循商标法规定，否则可能引发以下风险：

（1）商标侵权风险。超出授权范围：若一方未获得商标使用许可，或使用超出核定商品类别，可能构成侵权。商标混淆风险：联名商标若与他人在先商标近似，易引发消费者混淆，违反《商标法》第五十七条。

（2）行业合规风险。食品、化妆品、烟酒等特殊行业需取得生产或销售许可（如"食品经营许可证""化妆品生产许可证"）。未经相应许可擅自生产销售，将面临违法风险。

◎　案例1：梁溪区某咖啡馆无证经营食品案❶

2022年3月，梁溪区市场监管局在对辖区内某临街店铺进行检查时，发现当事人在从事咖啡制售等食品经营活动，其主打产品为一款添加有茅台酒的"茅台"咖啡，但无法提供食品经营许可证及中国贵州茅台酒厂（集团）有限公司授权使用"茅台"商标的材料。经查，涉事店铺位于多所中小学校园周边，原注册有某化妆品经营部，当事人为吸引学生及家长消费群体的关注，在未申领食品经营许可证，且未取得"茅台"商标授权使用的情况下，自制"茅台"咖啡对外销售，并通过"抖音""小红书"等网络媒体对其自制的"茅台"咖啡等网红食品进行广告宣传。

当事人未领取食品经营许可证、未经商标权利人许可从事"茅台"咖啡制售等食品经营

---

❶ https://mp.weixin.qq.com/s/4FHIPnU7XqXMPGmgQIQBKg.

活动的行为，违反了《中华人民共和国食品安全法》第三十五条第一款"国家对食品生产经营实行许可制度。从事食品生产、食品销售、餐饮服务，应当依法取得许可"的规定，构成了《商标法》第五十七条第一项所指的商标侵权行为。2022年4月，梁溪区市场监管局依据《中华人民共和国食品安全法》《商标法》的相关规定，依法对当事人的上述违法行为进行了行政处罚。

（3）商誉损害风险。合作方若出现负面事件（如产品质量问题、商业丑闻），可能连带损害联名品牌声誉。过度联名可能导致品牌显著性弱化，如频繁跨界稀释核心商标的识别度。

（4）公序良俗风险。联名活动若诱导非理性消费（如盲盒营销导致食品浪费），可能违反《民法典》绿色原则及公序良俗条款。例如，肯德基与泡泡玛特联名盲盒因浪费问题被中国消费者协会点名。

◎ 案例2：联名盲盒"引火上身"？肯德基遭中消协点名[1]

2022年1月12日早间，中国消费者协会（以下简称中消协）官网刊文称，近日，肯德基与盲盒销售商泡泡玛特联合推出的"DIMOO联名款盲盒套餐"，引发消费者抢购及社会广泛关注。根据这款盲盒套餐的销售规则，要想集齐整套玩偶，至少需要购买6份套餐，而其中稀有隐藏款出现概率是1∶72。为此，有消费者不惜一次性斥资10494元购买106份套餐；还有消费者为"求娃"而购买"代吃"服务，雇人代买代吃套餐而获得盲盒，甚至不排除将吃不完的食物直接丢弃。在该文中，中消协直指，肯德基以限量款盲盒销售是以"饥饿营销"手段刺激消费，容易导致消费者为了获得限量款盲盒而冲动消费，并因超量购买造成无谓的食品浪费，"肯德基作为食品经营者，利用限量款盲盒销售手段，诱导并纵容消费者不理性超量购买食品套餐，有悖公序良俗和法律精神。"

（二）联名合作的合规建议

（1）明确授权范围。签订书面协议，详细约定商标使用方式、期限、商品类别及地域，确保不超出"商标注册证"核定范围。参考条款：约定"联名商标仅限于合作方共同开发的系列产品，不得单独用于其他商品"。

（2）尽职调查。核查合作方商标权属链条，确认不存在权属争议或第三方在先权利。

（3）行业资质审查。针对食品、化妆品等特殊行业，需提前取得生产许可或备案。根据我国《食品安全法》第三十五条规定，国家对食品生产经营实行许可制度。从事食品生产、食品销售、餐饮服务，应当依法取得许可；《化妆品监督管理条例》第十七条规定，特殊化妆品经国务院药品监督管理部门注册后方可生产、进口。国产普通化妆品应当在上市销售前向备案人所在地省、自治区、直辖市人民政府药品监督管理部门备案。进口普通化妆品应当在进口前向国务院药品监督管理部门备案。《保健食品管理办法》第五条规定，凡声称具有保健功能的食品必须经卫生部（现国家卫生健康委员会）审查确认。研制者应向所在地的省级卫生行政部门提出申请。经初审同意后，报卫生部审批。卫生部对审查合格的保健食品发给"保健食品批准证书"。获得"保健食品批准证书"的食品准许使用卫生部规定的保健食品标志。

（4）风险防控机制。根据《商标法》第四十三条，许可人应当监督被许可人使用其注

---

[1] http://t.lojqka.com.cn/pid_198200056.shtml.

册商标的商品质量。联名合作中，双方需建立联合品控机制，防止因一方产品质量问题损害另一方商誉。引入第三方专业机构进行合规审查，定期监控商标使用情况，及时纠正违规行为。联名双方也可在协议中约定违约赔偿条款，并设置"品牌保护期"（如合作终止后3年内不得从事损害对方商誉的行为）。

◎ 案例3：Supreme×Louis Vuitton（2017年）联名合作

一、合作背景

1. 品牌定位与合作动因

Supreme（街头潮牌）与路易威登（Louis Vuitton，奢侈品牌）的跨界联名打破了传统消费圈层，其核心逻辑在于商标价值的互补性。

Supreme通过联名提升品牌溢价能力，将街头文化符号植入奢侈品市场；

Louis Vuitton借助Supreme的年轻化基因，吸引Z世代消费者，实现品牌形象革新。

2. 商标使用形式

联名系列产品（如行李箱、服装）采用组合商标形式：

主体标识为"Supreme"手写体与LV Monogram图案的叠加；

辅助标识包括双方独立商标（如LV的"LOUIS VUITTON"字母组合）。

此类设计需符合《商标法》第八条关于商标显著性的要求，即组合标识需具有区别于单一商标的独特性。

二、商标权的法律风险与应对

1. 商标侵权风险

历史争议：2000年Supreme未经授权推出印有LV Monogram的滑板，因侵犯商标权被强制召回。2017年双方合作，通过交叉许可协议规避风险，明确约定商标使用范围（如仅限联名产品）和地域限制（如欧美市场为主）。

第三方侵权：联名系列推出后，市场出现大量仿制品，双方通过海关备案（如LV的T2022-124863号备案）和行政投诉打击侵权。

2. 商标淡化风险

奢侈品牌与街头品牌联名可能导致商标显著性弱化。LV通过以下措施控制风险。限定产品品类：联名系列集中于高端箱包、限量服饰，避免冲击主线产品定位；质量管控：协议约定产品材质（如LV专利皮革）和工艺标准，确保联名商品与LV品牌调性一致。

Supreme×Louis Vuitton联名合作的本质是商标权的跨界延伸，其成功依赖于法律框架内的风险管控与商业利益平衡。该案例为行业提供了以下启示：①商标许可需明确边界，避免因授权模糊导致品牌价值稀释；②质量控制是联名生命线，任何一方产品质量问题均可能引发连锁品牌危机；③全球商标布局先行，特别是在中国等新兴市场，需提前完成防御性注册；④争议解决机制前置，通过仲裁条款、赔偿限额等设计降低法律风险。

二、特许经营中的商标利用

（一）特许经营中的商标利用概念

特许经营中的商标利用是指商标权利人（特许人）通过签订特许经营合同，授权被特许人在特定地域、期限内使用其注册商标及相关商业标识，以实现品牌扩张与市场覆盖的商业行为。根据我国《商业特许经营管理条例》第3条，特许经营的核心要素包括商标、经营模式等经营资源的许可使用。商标在此过程中兼具识别商品来源与承载品牌商誉的双重功能，是特许经营体系的核心纽带。

（二）商标使用规范的核心条款及法律分析

在特许经营合同中，商标使用规范是保障品牌统一性与法律合规的核心条款。根据《商业特许经营管理条例》第3条，特许人需拥有注册商标等经营资源，并以合同形式授权被特许人使用，商标使用许可合同需向商标局备案，否则不得对抗善意第三人，以下是具体条款要点及法律依据。

1. 商标授权范围

核定使用范围：特许人应明确商标的使用范围仅限于核准注册的商品或服务类别及合同约定的地域，超出范围可能构成侵权。例如，某餐饮品牌授权加盟商使用其商标时，需明确约定仅限第43类餐饮服务，若擅自扩展至第30类预包装食品，则构成跨类侵权。

使用方式限制：被特许人不得擅自改变商标标识或拆分使用，例如，不得将图形商标与文字商标分离使用，以防止破坏商标显著性。

2. 商标质量监督

质量控制义务：特许人需通过合同约定产品质量标准，并定期检查被特许人的商品或服务，避免因质量问题损害商标声誉。

连带责任风险：若被特许人提供的产品或服务不达标，特许人可能承担连带责任。

◎ 案例4：卡地亚国际有限公司（以下简称卡地亚公司）与梦金园黄金珠宝集团股份有限公司（以下简称梦金园公司）、山东梦金园珠宝首饰有限公司（以下简称山东梦金园公司）等侵害商标权及不正当竞争纠纷案❶

卡地亚公司享有涉案商标专用权，其"LOVE"系列产品设计有一定影响。尚丰珠宝行、大福珠宝公司等经营的涉案店铺未经卡地亚公司许可，销售了被诉侵权产品。经查，涉案店铺为梦金园公司、山东梦金园公司特许加盟店，被诉侵权产品标注有其他案外制造商信息非梦金园公司提供，但涉案店铺在店招、经营场所装潢装饰等显著位置均使用了"梦金园"标识，部分被诉侵权产品的外包装、质保单等销售单据上标注了"梦金园"字样。涉案特许经营合同明确约定了梦金园公司作为特许人对其加盟商的经营活动负有相应的监督管理职责。卡地亚公司曾两次向梦金园公司发送函件，告知"梦金园"特许加盟店因侵权被行政处罚，要求其采取措施加强监管。卡地亚公司诉至法院，主张梦金园公司作为涉案店铺的特许人，应就被诉侵权行为承担连带侵权责任。

法院生效裁判认为，判断特许人是否承担责任，应综合考量商业特许经营模式的基本特征、涉案特许经营合同的内容及实际履行情况、被许可人所实施侵权行为的方式及相关公众的认知等因素。涉案特许经营合同约定有梦金园公司作为特许人对其被特许人的经营活动负有相应的监督管理职责，被特许人使用"梦金园"商标、商号从事特许经营活动，装修设计标准统一，侵权产品销售区域与梦金园产品出现在同一展示柜中，社会公众从其经营外观容

---

❶ 出自2022年中国法院50件典型知识产权案例：知识产权民事案件之（二）侵害商标权、商标合同纠纷案件。案号：（2021）津民终63号。来源：天津市高级人民法院官网：https://tjfy.tjcourt.gov.cn/article/detail/2023/04/id/7259849.shtml.

易产生两者为同一经营主体提供产品和服务的认识。特别是在梦金园公司对被特许人具有较强控制力的情况下，明知被特许人存在侵权行为仍怠于履行监督管理的义务，可以认定存在过错构成帮助侵权，依法改判认定梦金园公司对上述被诉侵权行为承担连带责任。

本案系特许经营模式下，特许人就被许可人对外知识产权侵权行为承担责任的典型案例。本案判决结合商业特许经营模式的基本特征、涉案特许经营合同的内容及实际履行情况、被许可人所实施侵权行为的方式及相关公众的认知等因素综合认定特许人责任，有效平衡了各方的权利与义务，对规范特许经营关系、保护消费者权益提供了有益探索，对营造市场化、法治化、国际化营商环境起到了积极的示范作用。

3. 商标使用期限与终止

合同终止后义务：合同终止后，被特许人需立即停止使用商标并销毁相关物料，否则将构成侵权。

（三）加盟商管理的核心条款及合规要求

根据《商业特许经营管理条例》，特许经营合同需严格规范加盟商的经营行为，确保品牌的统一性与合规性。核心条款包括。

1. 加盟商资质与合同备案

（1）特许人资质。根据《商业特许经营管理条例》第七条、第二十四条的规定，特许人从事特许经营活动应当拥有成熟的经营模式，并具备为被特许人持续提供经营指导、技术支持和业务培训等服务的能力。特许人须具备至少2个直营店及1年以上经营经验。特许人不具备上述第二款规定的条件，从事特许经营活动的，由商务主管部门责令改正，没收违法所得，处10万元以上50万元以下的罚款，并予以公告。企业以外的其他单位和个人作为特许人从事特许经营活动的，由商务主管部门责令停止非法经营活动，没收违法所得，并处10万元以上50万元以下的罚款。

◎ 案例5："COCOCD"商标行政处罚案（京市监处罚〔2023〕61号[1]）

当事人从事"COCOCD"品牌经营活动是以注册商标"COCOCD"作为经营资源，商标注册证编号第43422810号，核定使用商品/服务项目：第43类，注册人是北京好铺餐饮集团有限公司，注册日期2020年9月7日，有效期至2030年9月6日。北京好铺餐饮集团有限公司于2020年11月24日将名称变更为北京都可餐饮集团有限公司。2020年10月28日，当事人（北京都可餐饮集团有限公司）与禹建喆、张沫签订加盟合同，将"COCOCD"商标授权给禹建喆、张沫使用，并收取了商标使用费三万元整。2021年3月10日，当事人与张子龙签订加盟合同，将"COCOCD"商标授权给张子龙使用，并实际收取了商标使用费一万元整。当事人将其拥有的经营资源以书面合同的形式授权其他经营者使用，同时要求其按照统一的经营模式开展"COCOCD"品牌经营活动，并要求支付相应费用的行为，符合《商业特许经营管理条例》第三条第一款"本条例所称商业特许经营（以下简称特许经营），是指拥有注册商标、企业标志、专利、专有技术等经营资源的企业（以下称特许人），以合同形式将其拥有的经营资源许可其他经营者（以下称被特许人）使用，被特许人按照合同约定在统一的

---

[1] https://scjgj.beijing.gov.cn/zwxx/xzxkxzcfsgs/xzcf/202111/t20211102_2526977.html?name=nbaseinfo&id=9f9b899733f105d85d7a81348fdba570.

经营模式下开展经营,并向特许人支付特许经营费用的经营活动"的规定,其行为已构成从事商业特许经营活动。北京都可餐饮集团有限公司称2020年10月28日签订首份合同时有一家直营店名称为北京好铺商贸集团有限公司,经核查,该店实际经营"COCOCD"商标相关业务时间是2021年3月22日。2021年3月22日前当事人没有开过别的直营店。北京都可餐饮集团有限公司于2020年10月28日与禹建喆、张沫签订加盟合同,将"COCOCD"商标授权给禹建喆、张沫使用,并收取了商标使用费三万元整,该合同是当事人订立的首份特许经营合同。2021年3月10日,北京都可餐饮集团有限公司与张子龙签订加盟合同,将"COCOCD"商标授权给张子龙使用,并实际收取了商标使用费一万元整,共收取商标使用费用四万元整。当事人上述签订的加盟合同属于特许经营合同,当事人订立的两份特许经营合同日期均早于其直营店实际经营"COCOCD"商标相关业务时间,故认定该当事人签订上述合同时没有经营"COCOCD"商标的直营店。上述当事人收取的费用无合理性成本支出,应全部列入违法所得。

(2)合同备案。根据《商业特许经营管理条例》第八条、第二十五条的规定特许人应当自首次订立特许经营合同之日起15日内,依照规定向商务主管部门备案。在省、自治区、直辖市范围内从事特许经营活动的,应当向所在地省、自治区、直辖市人民政府商务主管部门备案;跨省、自治区、直辖市范围从事特许经营活动的,应当向国务院商务主管部门备案。

(3)特许人向商务主管部门备案,应当提交下列文件、资料:①营业执照复印件或者企业登记(注册)证书复印件;②特许经营合同样本;③特许经营操作手册;④市场计划书;⑤表明其符合《商业特许经营管理条例》第七条规定的书面承诺及相关证明材料;⑥国务院商务主管部门规定的其他文件、资料。特许经营的产品或者服务,依法应当经批准方可经营的,特许人还应当提交有关批准文件。特许人未依照上述规定向商务主管部门备案的,由商务主管部门责令限期备案,处1万元以上5万元以下的罚款;逾期仍不备案的,处5万元以上10万元以下的罚款,并予以公告。

◎ 案例6:"奶哈NaiHa"商标行政处罚案(湖市监处罚〔2022〕2001号)

当事人主要经营管理"奶哈NaiHa"品牌奶茶连锁店,注册有"奶哈NaiHa"商标,截至2022年01月17日,当事人共有2家直营店和8家加盟店。当事人通过和加盟商签订《奶哈加盟合作协议》的方式,将"奶哈NaiHa"品牌以及相关经营管理必要技术(奶茶原材料、门头店招、店内装修、包装的杯体、封口膜、提袋)等经营资源许可给加盟商使用,加盟商向当事人支付加盟费。

当事人第一家加盟店是位于浙江省湖州市安吉县天子湖镇高禹村东阳路325号的安吉天子湖山莹奶茶店,双方签订有经营期限为2020年6月20日至2023年6月20日的《奶哈项目合作协议》。

当事人作为特许经营活动的特许人从事特许经营活动应于2020年7月5日前向商务主管部门备案,并提交相关文件、资料。湖州市商务局于2021年12月27日对湖州斑斓餐饮管理有限公司发放告知书,要求当事人应在达到特许经营条件后,再开展商业特许经营活动,并按照规定向商务主管部门办理备案。处罚结果:责令备案,罚款1.2万元。

2. 加盟商运营规范

统一经营模式:加盟商需执行总部的操作手册、服务标准及定价策略(《商业特许经营管理条例》第十四条)。

信息披露义务:根据《商业特许经营管理条例》第二十一条、第二十二条、第二十三条、第二十八条及《商业特许经营信息披露管理办法》第七条、第八条的规定，特许人应当在订立特许经营合同之日前至少30日，以书面形式向被特许人提供以下信息：①特许人的名称、住所、法定代表人、注册资本额、经营范围以及从事特许经营活动的基本情况；②特许人的注册商标、企业标志、专利、专有技术和经营模式的基本情况；③特许经营费用的种类、金额和支付方式（包括是否收取保证金以及保证金的返还条件和返还方式）；④向被特许人提供产品、服务、设备的价格和条件；⑤为被特许人持续提供经营指导、技术支持、业务培训等服务的具体内容、提供方式和实施计划；⑥对被特许人的经营活动进行指导、监督的具体办法；⑦特许经营网点投资预算；⑧在中国境内现有的被特许人的数量、分布地域以及经营状况评估；⑨最近2年的经会计师事务所审计的财务会计报告摘要和审计报告摘要；⑩最近5年内与特许经营相关的诉讼和仲裁情况；⑪特许人及其法定代表人是否有重大违法经营记录；⑫国务院商务主管部门规定的其他信息。特许人向被特许人披露信息前，有权要求被特许人签署保密协议。特许人在向被特许人进行信息披露后，被特许人应当就所获悉的信息内容向特许人出具回执说明（一式两份），由被特许人签字，一份由被特许人留存，另一份由特许人留存。特许人向被特许人提供的信息应当真实、准确、完整，不得隐瞒有关信息，或者提供虚假信息。特许人向被特许人提供的信息发生重大变更的，应当及时通知被特许人。特许人隐瞒有关信息或者提供虚假信息的，被特许人可以解除特许经营合同。特许人违反上述规定，被特许人向商务主管部门举报并经查实的，由商务主管部门责令改正，处1万元以上5万元以下的罚款；情节严重的，处5万元以上10万元以下的罚款，并予以公告。

3. **费用支付与财务管理**

费用透明化：根据《商业特许经营管理条例》第十六条、第十七条、第二十六条、第二十七条的规定，合同中需明确加盟费、管理费、广告费等金额及支付方式，禁止隐瞒或捆绑收费。特许人向被特许人收取的推广、宣传费用，应当按照合同约定的用途使用。推广、宣传费用的使用情况应当及时向被特许人披露。特许人在推广、宣传活动中，不得有欺骗、误导的行为，其发布的广告中不得含有宣传被特许人从事特许经营活动收益的内容。特许人违反上述规定的，由工商行政管理部门责令改正，处3万元以上10万元以下的罚款；情节严重的，处10万元以上30万元以下的罚款，并予以公告；构成犯罪的，依法追究刑事责任。特许人利用广告实施欺骗、误导行为的，依照广告法的有关规定予以处罚。

4. **违约与退出机制**

单方解除权：根据《商业特许经营管理条例》第十二条的规定，被特许人在特许经营合同订立后一定期限内，可以单方解除合同。

违约责任：根据《商业特许经营管理条例》第十八条的规定，未经特许人同意，被特许人不得向他人转让特许经营权。被特许人不得向他人泄露或者允许他人使用其所掌握的特许人的商业秘密。若加盟商泄露商业秘密或擅自转让经营权，需支付违约金并赔偿损失。

三、数字时代的商标利用

（一）虚拟商品与NFT商标授权

1. **虚拟商品的商标法属性**

根据2023年第12版尼斯分类，虚拟商品被明确纳入第9类（如"经NFT认证的可下载的数字文件"）、第35类（虚拟商品零售服务）和第41类（娱乐服务）。但我国的国家知识产权局并未对虚拟世界中的商事活动进行专门分类。

2. NFT的法律双重属性

非同质化代币（Non-Fungible Token，NFT），是依托区块链形成的数字商品或虚拟财产的产权凭证。一方面，其具有数字资产属性，一切可数字化的内容皆可以上链并发行NFT，如音乐、图片、文字、视频、游戏道具等，不可篡改、可溯源和具有唯一性。例如，王老吉就曾在淘宝上公开拍卖了数字艺术作品"百家合"。另一方面，其也具有商标载体属性。NFT的名称、标识或交易场景可能构成商标使用。

3. 虚拟商品与NFT商标授权的主要法律争议

（1）商标分类的模糊性注册类别缺失。传统"类似商品和服务区分表"未明确NFT及虚拟商品的类别归属，导致商标布局困难。例如，NFT若未说明具体认证内容（如"由NFT认证的艺术品"），可能因表述模糊被驳回申请。并且虚拟商品可能同时涉及多类商标，如第9类［可下载的计算机应用软件，计算机软件（已录制），可下载的影像文件等］；第41类（提供不可下载的在线电子出版物，娱乐服务，在计算机网络上提供在线游戏等）；第42类（计算机软件开发，计算机编程等）。高度关联类别，如第35类（计算机网络和网站的在线推广，通过计算机通信网络进行的在线广告等）；第38类（计算机终端通信，提供全球计算机网络用户接入服务，提供互联网聊天室，视频点播传输等）。因现有种类无法确定，因此实践中需结合具体用途细化分类，申请者可提前做好商标布局，巧用《类似商品和服务区分表》以外的国家知识产权局可接受项目申请，以尽可能涵盖元宇宙相关的商品及服务。同时，除在先申请注册商标外，可充分利用《商标法》第三十二条规定的"申请商标注册不得损害他人现有的在先权利"，基于标识中包含的图片、形象等可版权化作品以及虚拟人物形象、角色名称等商品化权利主张《著作权法》《商标法》《反不正当竞争法》的保护。❶

（2）商标性使用的认定。元宇宙技术架构所创设的用户自主空间及其与现实商业生态的交互机制，客观上为市场主体创设了品牌培育的新型场域。元宇宙经济生态的持续繁荣将催生出全新的商业形态与产业模式，虚拟空间中的商标使用需求必然与日俱增。值得注意的是，若机械套用传统商标法关于现实世界商标权的保护规则，对虚拟空间中的商标性使用施加过度限制（例如，扩大非驰名商标的保护范围），将可能违背《商标法》第一条所确立的"促进社会主义市场经济的发展"的立法宗旨，进而对虚拟经济创新产生抑制效应。

基于《商标法》的基本原理，虚拟商标的法律保护应当遵循以下原则：首先，应坚持商标权的地域性原则，在现行法律框架下合理界定虚拟空间商标使用的法律属性；其次，应严格适用混淆可能性标准，根据《商标法》第五十七条的规定，结合元宇宙场景的特殊性判断商标侵权；最后，需构建现实商业利益与虚拟经济发展之间的平衡机制，确保《商标法》的核心功能—防止市场混淆—在数字空间得到有效实现。换言之，虚拟商标的法律保护应当与现实商标保持体系一致性，既不能因技术创新而突破现有法律框架，亦不应以传统思维禁锢新兴产业发展。

---

❶ https://mp.weixin.qq.com/s/EKHy2dlImFt-AVFH0Nw_Zg.

◎ 案例7：申请人蚂蚁科技集团股份有限公司、蚂蚁区块链科技（上海）有限公司与被申请人蚂蚁链（海南）科技有限公司申请诉前行为保全案［海南自由贸易港知识产权法院（2023）琼73行保1号］

申请人蚂蚁科技集团股份有限公司（以下简称蚂蚁集团）、蚂蚁区块链科技（上海）有限公司（以下简称蚂蚁上海公司）对"蚂蚁链""蚂蚁"注册商标、企业字号"蚂蚁"享有合法权利。蚂蚁集团旗下的"鲸探"平台提供数字藏品服务。蚂蚁链（海南）科技有限公司（以下简称蚂蚁链公司）未经许可，注册使用"蚂蚁链"作为其企业字号，并且通过"蚂蚁数藏"平台（包括mayi.art网站、"蚂蚁数藏"手机版应用端等）提供数字藏品服务，发行名为"蚂蚁数藏纪念章"的数字藏品，并在智探App、元数网、DoDo社区的注册账号中使用带有"蚂蚁"字样的标识。蚂蚁集团、蚂蚁上海公司以蚂蚁链公司侵犯其商标权并构成不正当竞争为由，提起诉前行为保全申请，请求裁定蚂蚁链公司立即停止使用并变更其企业名称、立即停止在一切数字藏品的运营及宣传中使用与"蚂蚁链""蚂蚁"注册商标或企业字号相同或近似的字样或标识。

海南自由贸易港知识产权法院经审查认为，蚂蚁链公司与蚂蚁集团、蚂蚁上海公司均为数字藏品提供者，具有竞争关系。蚂蚁集团、蚂蚁上海公司包含"蚂蚁"字号的企业名称注册及使用时间早，经过长期使用和宣传推广，"蚂蚁"标识已经与蚂蚁集团、蚂蚁上海公司建立了稳定的关系，成为有一定影响力的企业字号，为数字经济、智能科技领域的相关公众知悉。蚂蚁链公司实施的上述行为容易误导公众是由蚂蚁集团、蚂蚁上海公司提供，或误认为蚂蚁链公司与蚂蚁集团、蚂蚁上海公司存在特定联系，从而增加蚂蚁链公司的交易机会，并有可能导致蚂蚁集团、蚂蚁上海公司商业利益的减少。根据智探App、元数网、新浪微博及黑猫投诉平台等第三方平台的用户评论，已有用户对"蚂蚁数藏"平台的服务来源产生了混淆，并产生了负面的评价。同时，根据"蚂蚁数藏"平台发布寄售公告和运营公告的内容，"蚂蚁数藏"平台存在将数字藏品在二级市场进行交易的极大可能，如不对蚂蚁链公司的上述行为加以制止，不仅会导致后续行为难以控制，造成相关公众进一步混淆，而且可能对蚂蚁集团、蚂蚁区块链公司的商誉造成难以挽回的损害。如采取行为保全措施，蚂蚁链公司仅需停止使用被诉侵权标识的行为，并不会实质性地影响其正当的经营或推广活动，也不会对其产生过高的成本，更不会损害蚂蚁链公司的其他合法权利。因此，责令蚂蚁链公司立即停止上述行为具有紧迫性和必要性。故裁定蚂蚁链公司立即停止使用带有"蚂蚁"字样的企业名称，立即停止在数字藏品的运营、宣传中使用带有"蚂蚁"字样的标识。

（3）平台责任与侵权风险。平台审查义务：NFT交易平台需对上传作品的权属进行审查。例如，中国"胖虎打疫苗案"中，法院认定平台未审核用户上传侵权作品，未尽合理注意义务，需承担连带责任。资质与合规风险：部分数藏平台因缺乏经营资质或未履行备案义务，面临行政处罚或合同无效风险。

◎ 案例8：《胖虎打疫苗》NFT数字作品侵害信息网络传播权纠纷案

一审案号：（2022）浙0192民初1008号

二审案号：（2022）浙01民终5272号

原告诉称，漫画家马千里创造的"我不是胖虎"（以下简称胖虎）动漫形象近年来成为广受用户欢迎的爆款IP。某知名平台也曾发布《我不是胖虎》系列NFT，每个时段中《猛虎上山》和《猛虎下山》各限量8000份，引起巨大关注。原告经授权，享有"我不是胖虎"系列作品在全球范围内独占的著作权财产性权利及维权权利。原告发现，被告经营的"元宇宙"平台上，有用户铸造并发布"胖虎打疫苗"NFT，售价899元。该NFT数字作品与马千里在微博发布的插图作品完全一致，甚至在右下角依然带有作者微博水印。NFT数字作品一旦被铸造上链，便难以像传统互联网信息一样易于处理。被告作为专业NFT平台，理应尽到更高的知识产权保护义务，对于在其平台发布的NFT数字作品权属情况应进行初步审核。被告不但未履行审核义务，还收取一定比例的交易费用。原告认为，被告行为构成信息网络传播权帮助侵权，故诉至本院，要求被告停止侵权并赔偿损失10万元（图1）。

图1 涉案作品"胖虎打疫苗"

被告辩称：①其系第三方平台，涉案作品系平台用户自行上传，无须承担责任；②其只有事后审查义务，已经将涉案作品打入地址黑洞，尽到通知—删除义务，所以也没有停止侵权的必要性；③其并没有披露涉案作品对应NFT所在的具体区块链及节点位置以及涉案作品NFT所适用的智能合约内容的义务，法律对此没有明文规定。

法院经审理认为，被告某科技公司经营的"元宇宙"平台作为NFT数字作品交易服务平台，未尽到审查注意义务，存在主观过错，其行为已构成帮助侵权，遂作出上述判决。

1. 明确NFT数字作品交易行为受信息网络传播权所控制

NFT数字作品交易涉及铸造、出售等环节。首先，从NFT数字作品的铸造流程来看，存在对作品的上传行为，该行为使得铸造者终端设备中存储的数字作品被复制到网络服务器；其次，从NFT数字作品的销售过程来看，系指在交易平台上以出售为目的呈现该NFT数字作品，在作品被呈现的情况下，该展示行为使公众可以在选定的时间和地点获得作品。当NFT交易平台注册用户通过数字钱包支付对价和服务费后，即刻成为平台上公开显示的该NFT数字作品的所有者。因此，NFT数字作品铸造、交易包含对该数字作品的复制、出售和信息网络传播三方面行为。

NFT交易模式本质上属于以数字化内容为交易内容的买卖关系，购买者所获得的是一项财产权益，并非对一项数字财产的使用许可，亦非对一项知识产权的转让或许可授权，NFT数字作品交易对象是作为数字商品的数字作品本身，交易产生的法律效果亦表现为财产权的转移。但因发行权的核心特征在于作品原件或复制件的所有权转让，故未经权利人许可将NFT数字作品在第三方交易平台的出售行为尚无法落入发行权所控制范畴；NFT数字作品是通过铸造被提供在公开的互联网环境中，交易对象为不特定公众，每一次交易通过智能合约自动执行，使公众可以在选定的时间和地点获得NFT数字作品，故NFT数字作品交易符合信息网络传播行为的特征。虽然涉案NFT数字作品铸造过程中，存在对作品的上传行为，该行为使得铸造者终端设备中存储的数字作品被同步复制到网络服务器中，但该数字化涉案作品的目的在于以互联网方式向社会公众提供作品，故该复制行为已经被信息网络传播行为所吸收。

2. 明确NFT数字作品交易平台应承担更高的审查注意义务

从涉案平台提供的交易模式和服务内容来看，其系专门提供NFT数字作品交易服务平台，交易的NFT数字作品由平台注册用户提供，且不存在与他人以分工合作等方式参与NFT数字作品交易，故此平台属于网络服务而非内容提供平台。NFT数字作品交易系伴随着互联网技术发展并结合区块链、智能合约技术衍生而出的网络空间数字商品交易模式创新，属于新型商业模式。对于像涉案平台这种提供NFT数字作品交易服务的网络平台的性质，应结合NFT数字作品的特殊性及NFT数字作品交易模式、技术特点、平台控制能力、营利模式等方面综合评判平台责任边界。

其一，从NFT数字作品交易模式来看，NFT交易模式下产生的法律效果是财产权的转移。因此，NFT数字作品的铸造者（出售者）应当是作品原件或复制件的所有者；同时，根据著作权法的相关规定，作品原件或复制件作为物被转让时，所有权发生转移，但作品著作权并未发生改变。而NFT交易模式下，NFT数字作品交易涉及对作品的复制和信息网络传播，因此，NFT数字作品的铸造者（出售者）不仅应当是作品复制件的所有者，而且应当系该数字作品的著作权人或授权人，否则将侵害他人著作权。对此，涉案平台作为专门为NFT数字作品交易提供服务的平台也应当知道，且理应采取合理措施防止侵权发生，审查NFT数字作品来源的合法性和真实性，以及确认NFT铸造者拥有适当权利或许可来从事这一行为。

其二，从采用的技术来看，整个交易模式采用的是区块链和智能合约技术。NFT作为区块链技术下的一个新兴应用场景不仅解决了数字作品作为商品时的可流通性和稀缺性（非同质化），而且能够解决交易主体之间的信任缺乏和安全顾虑，构建一种全新的网络交易诚信体系，如果NFT数字作品存在权利瑕疵，不仅将破坏交易主体以及涉案平台已经建立的信任机制，而且严重损害交易秩序确定性以及交易相对人的合法权益；导致交易双方纠纷频发，动摇了NFT商业模式下的信任生态。

其三，从平台控制能力来看，涉案平台对其平台上交易的NFT数字作品具有较强的控制能力，也具备相应的审核能力和条件，亦并没有额外增加其控制成本。

其四，从平台的营利模式来看，其不同于电子商务平台和提供存储、链接服务等平台，系直接从NFT数字作品获得利益。从本案查明的事实来看，涉案平台不但在铸造时收取作品Gas费，而且在每次作品交易成功后收取一定比例的佣金及Gas费。因涉案平台在NFT数字作品中直接获得经济利益，故其自然应对此负有较高的注意义务。

因此，涉案平台不仅需要履行一般网络服务提供者的责任，还应当建立一套知识产权审查机制，对平台上交易的NFT作品的著作权方面做初步审查，否则应承担相应的法律责任。

当然，这种审查应当是基于网络服务提供者具有的善良管理者义务角度进行评价，并且应赋予网络服务提供者一定的自主决策权和审查空间，从判断标准来看，应当采用"一般可能性"标准。

3. 明确NFT数字作品交易不适用"权利用尽"原则

其一，著作权领域的"权利用尽"原则的适用基础是作品与其有形载体的不可分性，通过对作品有形载体的使用权利作出规制，具有物理空间和现实操作的可控性。但网络改变了作品的传播方式，公众无须通过转移有形载体就可以获得作品的复制件。

其二，NFT数字作品具有稀缺性及交易安全性，如果NFT数字作品可以无成本、无数量限制复制，即便是合法取得NFT数字作品复制件的主体，其潜在的可供后续传播的文件数量也是难以控制的。

其三，信息网络途径传播作品属于信息流动，并不导致作品有形载体所有权或占有权的转移，自然不受发行权的控制，亦就缺乏了适用"权利用尽"的前提和基础。

4. 明确NFT数字作品停止侵权的创新承担形式

因NFT数字作品交易结合区块链、智能合约技术的特点，NFT数字作品一旦完成交易转移，便无法在所有的区块链上予以删除，故可采取经该侵权NFT数字作品在区块链上予以断开并打入地址黑洞以达到停止侵权的效果。

（二）互联网竞价排名行为的商标权边界

1. 互联网竞价排名行为的性质与特点

竞价排名是由推销产品或服务的商家通过购买搜索引擎的推广服务，自主选取一定数量的关键词在搜索引擎后台进行设置，用以推广自身网站的一种商业行为。在竞价排名商业模式下，多个主体购买同一关键词的，通常出价高者在搜索结果中的排序靠前；而当商家选取的关键词在消费者心目中的知名度越高，其与消费者搜索词的匹配度就相应越高，商家的推广链接就越能够从海量的互联网信息中脱颖而出，从而获得宣传、推广的广告效应。可见，关键词的设置以及关键词与搜索词的匹配均发生在搜索引擎后台，具有一定的隐蔽性；而后台关键词的设置与前端向消费者展示的搜索结果，则存在不一致的可能性。

◎ **案例9：海亮教育管理集团有限公司、海亮集团有限公司等与浙江荣怀教育集团有限公司、诸暨荣怀学校侵害商标权及不正当竞争纠纷案❶**

原告：海亮教育管理集团有限公司、海亮集团有限公司、海亮小学、海亮初级中学、海亮高级中学、海亮实验中学、海亮外国语学校、海亮艺术中学、诸暨市海亮外语中学有限公司（以下统称海亮方）。

被告：浙江荣怀教育集团有限公司、诸暨荣怀学校（以下统称荣怀方）。

海亮方九家当事人系于1996年至2018年8月成立的教育机构，主要业务范围为小学、初中、高中等学历教育，其主张权利的"海亮"商标及企业名称、字号在教育、培训行业具有较高的知名度。荣怀方两家当事人系于2001年至2002年12月成立的教育培训机构，主要经

---

❶ 2022年中国法院50件典型知识产权案例：知识产权民事案件之（二）侵害商标权、商标合同纠纷案件。案号：（2022）最高法民再131号。来源：《竞价排名行为的司法认定》，载于《人民司法》第11期。https://mp.weixin.qq.com/s/QyC2A-hKBVEnBukRQow-oA.

营范围亦为小学、初中、普通高中学段学历教育，与海亮方属同一地域的同业竞争者。荣怀方通过有偿购买方式，在360搜索引擎后台的推广账户中设置了43个含有"海亮"字样的关键词，进行竞价排名。公证书记载，在"360安全浏览器""www.so.com"网站搜索栏输入"诸暨海亮学校统一招生热线"等关键词，在搜索结果的词条中显示包含有"海亮"的描述语，但点击该链接最终显示为荣怀方的推广网站；在"www.360.cn"网站搜索栏输入"海亮"等搜索词，搜索结果较为靠前位置的词条显示了荣怀方的推广链接，词条中未出现"海亮"字样，但点击该链接后最终进入的仍是荣怀方的网站，网站内容为荣怀方的招生信息和广告内容。海亮方以荣怀方将其商标及企业名称、字号作为关键词进行竞价排名的行为构成商标侵权及不正当竞争为由，诉请判令荣怀方承担停止侵权、消除影响、赔偿损失等侵权责任。

一审法院认为，荣怀方的被诉侵权行为既侵害了海亮方的"海亮"注册商标专用权，又侵害了海亮方的企业名称权，同时构成商标侵权和不正当竞争，应承担相应侵权责任。遂判令荣怀方立即停止侵权、消除影响，并赔偿海亮方经济损失300万元。荣怀方不服一审判决，提起上诉。

二审法院认为，一审法院认定荣怀方对涉案关键词显性使用的行为（搜索结果中显示"海亮"字样的关键词使用行为）构成商标侵权及不正当竞争，并无不当；但搜索结果词条中未直接体现"海亮"文字的情形，在案证据不足以证明前端的展示结果系由后台关键词设置所导致，故不能认定荣怀方实施了对涉案关键词的隐性使用行为；退一步讲，即使荣怀方对涉案关键词进行了隐性使用，因为从搜索结果看并未妨碍海亮方的网站在公众面前展示，考虑到消费者的认知情况，不会导致混淆、误认的损害后果。故荣怀方对"海亮"关键词的隐性使用行为既不构成商标侵权，也不构成不正当竞争。据此，二审法院对一审判决的赔偿数额进行改判，判由荣怀方赔偿海亮方经济损失50万元。双方当事人均不服二审判决，对二审判决的事实认定及法律适用均提出异议，向最高人民法院申请再审。

最高人民法院经再次审查后，提审本案。再审判决补充查明了涉案关键词隐性使用的相关事实，在此基础上认为，一、二审判决关于关键词显性使用行为对海亮方构成商标侵权及不正当竞争的认定，并无不当；但对于关键词隐性使用行为不构成不正当竞争的事实认定及法律适用均有不妥，应予纠正。根据在案证据，不能排除后台关键词设置行为与前端展示结果之间存在因果关系，结合荣怀方设置了多个包含"海亮"的关键词，以及通过搜索"海亮"能够得到荣怀方推广链接的事实，该搜索结果系由后台关键词的设置所触发的可能性极高，二者之间具有相当因果关系，其行为属于对涉案关键词的隐性使用。荣怀方的上述行为方式和手段不正当地利用了海亮方"海亮"商标和企业名称在消费者心目中的知名度和市场影响力，不仅损害了海亮方的商业权益，也妨碍了搜索引擎基本功能的正常发挥，以及网络用户对搜索引擎的正常使用，扰乱了正常的互联网竞争秩序，违反了诚实信用原则和商业道德准则，构成不正当竞争。最终，最高法院依据2019年修正的《商标法》及《反不正当竞争法》相关规定，判令荣怀方立即停止其在360搜索引擎中设置带有"海亮""海亮教育"字样关键词的行为，以及在360搜索结果页面的相关网站推广内容中使用含"海亮"字样的行为；责令荣怀方在其官方网站、微信公众号上刊登声明，消除本案影响；并改判由荣怀方赔偿海亮方经济损失及合理费用260万元。

2. 竞价排名中关键词的使用形式

司法实践中，通常根据被诉侵权人对关键词的具体使用方式不同，将被诉侵权行为区分为显性使用行为和隐性使用行为。

商家在竞价排名过程中，如果搜索结果的被推广链接标题或网页文本中出现了该关键词，则属于对关键词的显性使用。以本节案例9为例，在"360安全浏览器""www.so.com"网站搜索栏输入"诸暨海亮学校统一招生热线"等词汇，在搜索结果推广链接的标题或网页文本中，包含有"海亮"文字，但点击链接后最终显示的是荣怀方的推广网站，该使用方式即属于对含"海亮"关键词的显性使用。

而隐性使用是指关键词并不体现在搜索结果推广链接的标题或者网页文本中，即该关键词并未在前端向网络用户展示。本案中，在"www.360.cn"网站搜索栏输入"海亮"等搜索词，搜索结果较为靠前位置的词条显示了荣怀方的推广链接，但词条中未出现"海亮"字样，点击该链接后最终进入的仍是荣怀学校的网站，网站内容为荣怀方的招生信息和广告内容。该使用方式即是对含"海亮"关键词的隐性使用。

3. 关键词显性使用行为的责任认定与承担

（1）责任认定。将他人商标标识设置为关键词进行显性使用时，由于该关键词直接体现在搜索结果的标题或描述语中，即在前端向网络用户进行了展示，故对相关公众而言，该关键词客观上起到了识别商品或服务来源的作用。根据《商标法》第四十八条的规定，此种显性使用行为属于商标性使用。如果在相同商品（服务）上，将他人注册商标直接作为关键词显性使用，即符合《商标法》第五十七条第（一）项使用相同商标的情形，构成商标侵权；如果在相同或类似商品（服务）上，将包含他人商标标识的内容作为关键词显性使用，易导致消费者混淆的，则符合《商标法》第五十七条第（二）项关于使用近似商标的情形，亦构成商标侵权。而如果将他人企业名称或字号设置为关键词进行显性使用，引人误认为是他人商品（服务）或者与他人存在特定联系易导致消费者的混淆、误认的，则属于《反不正当竞争法》第六条第（二）项规定的情形，构成不正当竞争。

目前，司法实践对上述关键词显性使用行为认定构成商标侵权或不正当竞争，基本已达成共识。本节案例9一、二审及再审判决对涉案关键词显性使用行为亦作出了类似认定。

（2）责任承担。显性使用行为如果构成商标侵权或不正当竞争，侵权主体自然应当依照《商标法》或《反不正当竞争法》的规定承担相应的侵权责任；如果被诉侵权行为既构成商标侵权又构成不正当竞争，则两种责任均应当承担。本节案例9即属于后者所述情形。但在本案中，被诉侵权人荣怀方对此提出了异议，称二审判决对同一被诉侵权行为同时认定构成商标侵权和不正当竞争，存在重合保护，适用法律错误。对此，再审判决认为，"海亮"既是海亮方的注册商标或其注册商标的组成部分，同时也是其字号，海亮方对其注册商标和字号依法分别享有注册商标专用权和企业名称权。在上述权益受到侵害的情况下，海亮方有权分别主张该两项权利。由于荣怀方对"海亮"关键词的显性使用行为，在侵害涉案商标权的同时，也侵害了海亮方的企业名称权益和字号，海亮方亦分别依据《商标法》及《反不正当竞争法》的有关规定提出了诉讼请求，故二审法院据此认定荣怀方既构成商标侵权又构成不正当竞争，应承担相应的侵权责任，具有事实及法律依据，并无不当。

4. 关键词隐性使用行为的责任认定与承担

（1）责任认定。对于关键词的隐性使用行为，由于关键词并未在搜索结果中向网络用户展示，因此，该关键词未发挥识别商品或服务来源的功能和作用，也不易导致混淆、误认的后果，司法实践中一般认定该行为不构成商标侵权。但对于关键词隐性使用的行为是否构成不正当竞争的问题，司法实践中存在不同看法。

第一种观点认为，该行为不构成不正当竞争。主要理由：隐性使用行为未妨碍相关权利人信息的展示，也未导致相关公众混淆、误认等后果，且从互联网经济的角度来看，商业行为应遵从效率优先原则，即使权利人受到一定程度的利益损失，亦属于竞争中应当承受的正常竞争风险；再者，《反不正当竞争法》所列举的不正当竞争行为，并未包含此种侵权形式。

第二种观点认为，该行为构成不正当竞争。主要理由：行为人将他人尤其是竞争对手的企业名称或字号设置为关键词，不仅缺乏正当理由，而且具有利用他人商誉、不正当获取竞争利益的主观故意；隐性使用行为使侵权主体的推广链接出现在搜索结果的较前位置，极有可能诱导相关公众去点击该网站，从而使相关权利人失去潜在的商业交易机会，利益受到了损害，故应当认定构成不正当竞争。

本节案例9再审判决即采第二种观点。再审判决认为，互联网领域的竞争行为是否构成不正当竞争，应综合考虑该行为对其他市场主体的权益、消费者权益、市场竞争秩序、社会公共利益造成的影响，并结合互联网具体商业模式的特点，以是否违反了诚实信用原则和商业道德准则为标准，依法作出判定。

首先，根据《反不正当竞争法》第一条的规定，《反不正当竞争法》的立法目的主要为制止不正当竞争行为，维护和保障市场公平竞争，稳定社会经济秩序。而随着互联网行业的快速发展，互联网领域的不正当竞争行为层出不穷，《反不正当竞争法》第六至第十二条所列举的具体不正当竞争行为方式已难以涵盖现实中存在的所有不正当竞争行为。根据最高人民法院发布的《最高人民法院关于适用〈中华人民共和国反不正当竞争法〉若干问题的解释》第一条的规定，只要符合不正当竞争行为认定条件的行为，即便具体表现形式不在该法第六条至第十二条规定的范围，亦可依照该法第二条予以认定。

其次，关于隐性使用行为未造成混淆、误认，还能否认定构成不正当竞争的问题，从现有法律规定来看，《反不正当竞争法》所规制的不正当竞争行为并不易导致混淆、误认为构成要件，对于扰乱市场秩序，有悖诚实信用原则、商业道德准则的行为，即使未导致消费者混淆、误认，同样也构成不正当竞争。

再次，从被诉侵权行为的主客观表现来看，隐性使用行为已经符合须承担侵权责任的相应构成要件。侵权责任的构成通常须满足四个要件：具体侵权行为、损害后果、行为人的过错、行为与后果之间存在因果关系。以本案为例，荣怀方未经许可擅自使用同业竞争者海亮方的企业名称作为关键词，不具有任何正当理由，在明知海亮方的"海亮"商标及字号在教育培训行业具有较高知名度的情况下，在竞价排名过程中，不但没有避让，反而还将其设置为关键词进行竞价排名，主观上具有攀附他人商誉的故意。虽然被推广链接的标题及该链接目标网站所展示的内容均不含有与关键词相关的标识或宣传内容，似不易导致消费者的混淆、误认，但由于在搜索引擎设置了多个包含有海亮方企业名称、字号的关键词，当网络用户搜索相应搜索词时，就会触发荣怀方的推广链接，使得该推广链接出现在搜索结果较为靠前的位置，将原属于海亮方的流量引至荣怀方的网站，致使海亮方丧失了潜在商机等损害后果。上述情形表明设置关键词的行为对海亮方造成了损害，且该损害与荣怀方设置关键词的行为存在相当因果关系。

最后，从被诉侵权行为造成的损害后果来看，认定是否构成不正当竞争，应当在充分考虑互联网特点的前提下进行综合判断。结合本案实际情况，应考虑以下几个方面。

第一，互联网是由数字技术搭建的虚拟平台。在互联网商业模式下，消费者的注意力和流量与商业利益密切相关，并已成为互联网领域商业竞争的目标与核心资源，抢夺他人流量势必会损害他人的商业利益。行为人将他人商业标识作为关键词获取的推广效果，是通过利用他人商业标识的知名度，将原属于他人品牌的流量引至自身网站而获得的，该行为损害了他人的竞争利益。

第二，市场竞争的本质即交易机会或者竞争优势的争夺，在竞争中必然会造成一方利益的损害。因此，竞争行为即使造成了竞争性损害，也并不意味着该行为就当然具有不正当性。竞争行为正当与否，还需要从该行为对市场竞争秩序、消费者利益及其他市场主体利益的影响等方面进行考量并作出综合评价。《反不正当竞争法》鼓励竞争自由和创新自由，但竞争自由和创新自由不得侵犯他人的合法权益，亦不得损害社会公共利益。竞价排名商业模式是以搜索引擎为依托的商业推广服务。而搜索引擎承载着向网络用户提供与其查询内容具有最大程度关联性搜索结果的基本功能。网络用户使用搜索引擎检索信息通常带有明确的目标和需求，而降低检索信息成本、提升信息检索效率则是搜索引擎服务的目的。将他人商标或企业名称设置为关键词隐性使用的行为，对网络用户造成了信息干扰，增加了搜索成本，同时妨碍了搜索引擎基本功能的正常发挥。

第三，营造公平竞争的市场环境，是促进社会主义市场经济健康发展的内在要求。只有规范市场秩序，鼓励和保护诚实守信的市场行为，才能够为公平竞争创造良好的环境和条件，从而激发市场主体的创新活力和动力。对于并非通过诚信经营而是采取将他人商标或企业名称设置为关键词隐性使用以获取竞争优势的方式和手段不应予以鼓励和提倡。如果不对这种行为加以规制，不仅使得经营者长期积累的市场成果无法获得保护，也必然会挫伤市场主体诚信经营的积极性，从而抑制了市场活力。本书案例9二审判决认定涉案关键词显性使用的行为构成侵权，而涉案关键词隐性使用的行为不构成侵权的结论，势必对市场主体在竞价排名过程中应采取何种竞争方式和手段产生不良的导向，不利于营造公平竞争的市场环境。

第四，消费者获取信息的权益仅是消费者权益的一个方面。满足消费者便捷、高效获取丰富而广泛信息的需求，有赖于搜索引擎通过不断优化算法、改进匹配模式等技术手段来达成，而不应以损害市场主体的合法权益以及破坏公平竞争秩序为代价。否则，将会对消费者权益造成更大的损害。

综上，对于本节案例9，最高法院再审认为，竞价排名的本质是一种商业行为，商家购买关键词进行竞价排名，不得采用违背诚实信用原则和商业道德准则的方式和手段攫取他人的交易机会，谋取不正当利益。荣怀方将他人商业标识设置为关键词隐性使用的竞价排名行为，违反了诚实信用原则和商业道德准则，不仅侵害了海亮方的合法权益，亦扰乱了正常的互联网竞争秩序，对消费者权益及社会公共利益均造成了损害，应当依照反不正当竞争法第2条的规定予以规制。

（2）责任承担。鉴于涉案关键词的隐性使用行为符合《反不正当竞争法》第二条规定的情形，侵权行为人应当依照该法第十七条规定承担相应侵权责任。本书案例9中，最高法院在查明荣怀方对涉案关键词隐性使用相关事实的基础上，认定荣怀方在"360搜索引擎"后台设置包含"海亮"字样的关键词数量为43个，对一、二审判决该节事实的认定予以纠正；同时，由于一、二审判决适用2013年修正的商标法及反不正当竞争法处理本案不当，再审判决一并予以纠正。综合考虑涉案商标及字号的知名度、侵权行为的情节及后果、海亮方的维权支出，以及一、二审法院对本案相关事实认定存在错误等情况，最高法院最终判决由荣怀方承担停止侵权、消除影响及赔偿海亮方经济损失及合理支出共260万元的侵权责任。

5. 搜索引擎服务商的责任边界

通常，原告对经营者使用关键词推广的侵权行为进行起诉外，还会将提供竞价排名的搜索引擎服务商列入共同被告一起起诉，主张互联网平台承担连带责任。搜索引擎服务商是否构成共同侵权，取决于其注意义务的履行程度。若服务商仅提供技术平台，并在接到侵权通知后及时移除内容，通常可免责。例如，百度在"捷顺"案二审中，因及时删除关键词而未被追责。目前，关于注意义务的履行程度缺少统一观点。有学者认为，服务商需对高知名度商标尽到中等或较高审查义务；但实践中多数法院倾向于较低标准，仅需避免明知或应知侵权。

◎ **案例10：上海烛龙信息科技有限公司与成都玖壹玩网络科技有限公司等侵害商标权纠纷案**

京0105民初67679号（一审），（2021）京73民终4736号（二审，维持原判）

原告：上海烛龙信息科技有限公司

被告：成都玖壹玩网络科技有限公司

被告：北京奇虎科技有限公司

原告上海烛龙信息科技有限公司（以下简称烛龙公司）为国内知名游戏公司，"古剑奇谭"系列游戏为其核心产品，在第9类"计算机游戏软件"等商品和第41类"在计算机网络上提供在线游戏"等服务上注册有"古剑OL""古剑"等多枚商标且享有较高知名度。被告成都玖壹玩网络科技有限公司（以下简称玖壹玩公司）未经许可在被告北京奇虎科技有限公司（以下简称奇虎公司）经营的"360搜索"网站上将"古剑OL""古剑ONLINE"设置为搜索关键词推广其经营的网站（被诉侵权网站），并将推广链接标题设置为"2019古剑OL最新人气手游排行""2019古剑最新人气手游排行"，被诉侵权网站提供各类手游的下载。奇虎公司通过"360搜索"网站及其相关后台管理系统为广告主提供关键词竞价排名服务。

2019年8月15日，烛龙公司对玖壹玩公司在"360搜索"网站上的相关侵权行为进行公证取证。2021年7月26日，烛龙公司就侵害商标权纠纷一案向北京市朝阳区人民法院起诉玖壹玩公司和奇虎公司，要求两被告共同赔偿经济损失140000元及维权合理开支10000元。庭审中，玖壹玩公司和奇虎公司分别进行辩诉，否认侵权并对烛龙公司主张的赔偿等提出异议。当事人围绕诉讼请求依法提交了证据，法院组织进行了证据交换和质证。法院经审理查明了涉案商标注册情况及其知名度、被诉侵权行为、奇虎公司是否尽到合理注意义务等相关事实。被诉侵权行为已于2020年2月11日停止。

关于玖壹玩公司是否侵权：玖壹玩公司将"古剑OL""古剑"设置为搜索关键词的行为不属于商标性使用，但将推广链接标题设置为包含"古剑OL""古剑"的行为属于商标性使用。"古剑""古剑OL"商标经烛龙公司使用和宣传具有一定知名度，玖壹玩公司在类似服务上使用与烛龙公司相同或近似的商标，容易导致公众混淆误认，侵害了烛龙公司的商标专用权，且其使用行为不属于正当使用。关于玖壹玩公司的法律责任：玖壹玩公司应承担赔偿经济损失和合理费用的责任。因烛龙公司的实际损失、玖壹玩公司的侵权获利、注册商标许可使用费均难以确定，法院综合考虑涉案商标知名度、侵权行为持续时间、被诉侵权网站访问量、玖壹玩公司主观意图等因素，酌情确定赔偿经济损失80000元。对于烛龙公司主张的合理开支10000元（律师费9000元、公证费1000元），虽未提交相关证据，但考虑到其委托律师出庭和公证证据保全的事实，予以全额支持。关于奇虎公司的法律责任："古剑OL""古剑"由玖壹玩公司自行设置，奇虎公司未直接实施侵权行为。奇虎公司事前公示了侵权投诉渠道和联系方式，收到起诉状后及时检索确保侵权链接下线，并将相关词汇设置为限制对象。之前网元圣唐公司对奇虎公司的诉讼并非基于关键词竞价排名，不能证明奇虎公司在本案中有主观过错，故奇虎公司已尽到合理注意义务，不应承担法律责任。

判决结果：被告玖壹玩公司于本判决生效之日起十日内赔偿原告烛龙公司经济损失80000元。被告玖壹玩公司于本判决生效之日起十日内赔偿原告烛龙公司合理费用10000元。驳回原告烛龙公司的其他诉讼请求。案件受理费3300元，由原告烛龙公司负担1300元，由被告玖壹玩公司负担2000元。

第六节　商标利用的风险与合规

一、商标利用的法律风险

（一）侵权风险

1. 未经许可使用他人注册商标或使用近似标识导致混淆的风险

《商标法》第五十七条明确规定，未经商标注册人的许可，在同一种商品上使用与其注册商标相同的商标，或在同一种商品上使用与其注册商标近似的商标、在类似商品上使用与其注册商标相同或近似的商标且容易导致混淆的，均属侵犯注册商标专用权的行为。同时，《商标法实施条例》第七十六条指出，在同一种商品或者类似商品上将与他人注册商标相同或者近似的标志作为商品名称或者商品装潢使用，误导公众的，也属于《商标法》第五十七条第（二）项规定的侵犯注册商标专用权的行为。在司法实践中，判定商标是否近似，需遵循一定原则。依据《最高人民法院关于审理商标民事纠纷案件适用法律若干问题的解释》，要以相关公众的一般注意力为标准，既要进行对商标的整体比对，又要进行对商标主要部分的比对，且比对应当在比对对象隔离的状态下分别进行，还应当考虑请求保护注册商标的显著性和知名度。

◎ 案例1：广州阿婆餐饮管理有限公司与藁城区安东街阿婆家常菜馆侵害商标权纠纷案[1]

广州阿婆餐饮管理有限公司（以下简称广州阿婆公司）注册成立日期为2018年7月3日，注册资本50万元，企业类型为有限责任公司（自然人投资或控股）。第30082904号"阿婆"商

---

[1] 2022年中国法院50件典型知识产权案例：知识产权民事案件之（二）侵害商标权、商标合同纠纷案件。案号：（2022）冀知民终528号。来源：河北省高级人民法院（2022）冀知民终528号民事判决书。

标，注册人系广州阿婆公司，申请注册日期为2018年4月8日，核准注册日期为2020年9月14日，核定使用服务类别为第43类：咖啡馆、餐馆、餐厅、酒吧服务、快餐馆、流动饮食供应等，注册有效期至2030年9月13日。第3843071号阿婆变形图形商标，注册人系广州盛纵广告有限公司，申请注册日期为2003年12月15日，核准注册日期为2009年4月7日，核定使用商品服务为第43类：备办宴席、自助餐厅、餐厅、供膳寄宿处、饭店、餐馆、自助餐馆、快餐馆、鸡尾酒会服务、茶馆，于2020年10月13日经国家知识产权局核准转让给广州阿婆公司，注册有效期至2029年4月6日。藁城区安东街阿婆家常菜馆（以下简称藁城阿婆菜馆），注册日期为2015年7月21日，经营者系许青青，经营范围：正餐服务；预装食品零售。

藁城阿婆菜馆招牌为"阿婆家常菜"，店内装潢及菜单均有"阿婆家常菜"字样，广州阿婆公司向河北省石家庄市中级人民法院提起诉讼，要求藁城阿婆菜馆立即停止侵权，赔偿广州阿婆公司经济损失及合理支出共5万元人民币。

一审法院认为，本案中第3843071号阿婆变形图形商标，"阿婆"二字采用艺术字体，文字上附加云彩图案，整体构图具有比较显著的特征，而藁城阿婆菜馆所使用的仅为"阿婆"汉字。再结合广州阿婆公司在藁城阿婆菜馆经营区域内的影响力，相关公众不会据此误认藁城阿婆菜馆餐饮店铺与广州阿婆公司经营餐饮具有特定的联系。广州阿婆公司关于藁城阿婆菜馆侵犯其第3843071号商标专用权的主张，本院不予支持。《商标法》第五十九条第三款规定："商标注册人申请商标注册前，他人已经在同一种商品或者类似商品上先于商标注册人使用与注册商标相同或者近似并有一定影响的商标的，注册商标专用权人无权禁止该使用人在原使用范围内继续使用该商标，但可以要求其附加适当区别标识。"被控侵权第30082904号"阿婆"商标申请注册日期为2018年4月8日，藁城阿婆菜馆实际经营餐馆时间为2015年7月21日。在涉案第30082904号"阿婆"商标申请注册之前，藁城阿婆菜馆已实际使用被控侵权"阿婆"字样，具有在先使用行为。藁城阿婆菜馆在经营地经营餐馆已近7年，可以认定藁城阿婆菜馆持续经营餐饮行为具有一定影响。再考虑到广州阿婆公司所提交的证据仅能证明其在牛杂饮食领域"阿婆"的早期及广泛使用。依据上述法律规定，广州阿婆公司无权禁止该使用人在原使用范围内继续使用该商标，但藁城阿婆菜馆应注意附加适当区别标识，且不得标注注册商标专用标志。由此，对藁城阿婆菜馆关于不承担涉案商标专用权的侵权责任的主张，一审法院予以支持。

二审法院认为，关于是否构成侵害注册商标专用权的问题，根据我国商标法及司法解释的规定，首先要判断被控侵权人的使用方式是否属于在相同或者类似的商品或服务上使用了相同或者类似的标识，对于类似标识或者类似商品或服务类别的判断还要增加是否容易导致相关消费者混淆的判断。法院应当依据前述判断标准，对被诉侵权标识是否侵害权利人的注册商标专用权作出评判。本案中，根据前述审理原则，对藁城阿婆菜馆是否侵害第3843071号图形加文字商标进行判断，两者标识显然不相似。因此，一审法院结合广州阿婆公司在藁城阿婆菜馆经营区域内的影响力不足以造成双方混淆的基础上，认定藁城阿婆菜馆未侵犯该商标专用权，该认定符合法律规定，并无不当。关于是否侵害第30082904商标的问题，从双方认可的事实看，该商标申请日为2018年4月8日，藁城阿婆菜馆注册日期为2015年7月21日，性质为个体工商户。鉴于餐馆、餐厅的行业特点，在门头标注企业字号的行为也是一种商标性使用方式。因此，是否构成对此商标侵权，需要对藁城阿婆菜馆是否构成我国《商标法》第五十九条第三款所规定的在先使用进行评判。设置此条法律规定的立法意义在于给在先善意且积累了一定商誉的商标提供一种保护。本案中，首先，"阿婆"一词并非臆造词，通义为对老年妇女的尊称。因此，涉案商标本身显著性较弱。其次，从涉案"阿婆"商标的知名度看，广州阿婆公司在一审时陈述涉案商标历史渊源来自"阿婆牛杂"这种广州经典小吃，提交的证据也证明了对于"阿婆"品牌的宣传与推广，商标所获得的知名度与"牛杂"这种特定区域的特色小吃相关联。但鉴于"阿婆"商标本身显著性弱和与特定小吃"牛杂"相关联的较高知名度，其商誉并不必然延伸至整个餐饮餐馆行业的其他食品或食物种类。从广州阿婆公司自行提交的在石家庄地区的加盟店的招牌可以看出，作为"阿婆"系列商标的被许可人，其对外商业标识亦明确标明"阿婆"系列商标的被许可人，其对外商业标识亦明确标明"阿婆牛杂"文字，而并非仅标注"阿婆"字样，也可以佐证前述观点。再次，从藁城阿婆菜馆的使用方式看，其先于涉案商标将"阿婆"作为餐馆字号进行登记并且在其门店使用至今，且门头明确标注"阿婆家常菜"及主营"私房菜大包子粥"，该行为在主观上属善意，并无攀附涉案商标已取得的商誉的意图。客观上藁城阿婆菜馆标注方式也不会造成相关消费者对藁城阿婆菜馆提供的餐饮服务与广州阿婆公司提供的服务混淆或误认二者有关联。鉴于餐馆行业的特殊性，藁城阿婆菜馆在当地持续经营多年且未更改名称，能够认定在相关消费者中具有一定的影响力。因此，一审法院认定藁城阿婆菜馆在原有范围内继续使用"阿婆"标识，该认定并无不当。但本着诚实信用原则，藁城阿婆菜馆在原有范围继续使用"阿婆"字样应当包含原有地域以及经营范围，经营范围应当谨慎避让广州阿婆公司涉案商标已经取得一定知名度的相关食品，以防止造成攀附广州阿婆公司涉案商标已经取得的商誉和相关消费者对两个主体的混淆与误认。综上，广州阿婆公司关于藁城阿婆菜馆侵害其注册商标专用权的诉讼主张不能成立，本院不予支持。鉴于藁城阿婆菜馆在本案中不构成侵害广州阿婆公司注册商标专用权，因此，无须承担民事责任。

综上所述，二审判决驳回上诉，维持原判。

2. 商标专用权滥用风险

《商标法》第四条、第七条要求申请注册需遵循诚实信用原则和实际使用需求，国家知识产权局2021年《打击商标恶意抢注行为专项行动方案》明确打击恶意囤积行为。商标专用权滥用指商标权人超出法律授权范围行使禁止权，或以损害他人合法权益、破坏市场竞争秩序为目的行使权利的行为。我国《商标法》虽未直接定义"滥用"，但通过《民法典》第一百三十二条（禁止权利滥用原则）及《反不正当竞争法》第二条（诚实信用原则）对其进行规制。实务中，滥用行为常表现为恶意抢注、囤积商标、攀附他人商誉等。

◎ 案例2：拜某股份有限公司与拜某（天津）石油化工股份有限公司侵害商标权及不正当竞争纠纷案❶

原告拜某股份有限公司系成立于1882年的德国企业，其是涉案"拜尔斯道夫""Beiersdorf"系列商标的权利人，涉案商标使用在NIVEA/妮维雅、优色林品牌产品上。被告拜某（天津）石油化工股份有限公司成立于2013年，其经营范围包括润滑油、润滑脂、润滑剂等，其同

---

❶ 2023年中国法院50件典型知识产权案例：知识产权民事案件之（二）侵害商标权纠纷案件。案号：（2023）津民终314号。来源：天津市高级人民法院 https://tjfy.tjcourt.gov.cn/article/detail/2024/04/id/7916723.shtml.

时经营"beiersdorfchina.com"网站。被告及其关联公司自2018年起申请注册包含"拜尔斯道夫""Beiersdorf"标识的32个商标，均被宣告无效或未注册成功。

生效判决认为，对于长期批量在多个商品或服务类别申请注册与涉案商标相关商标，试图通过将恶意申请注册的商标正当化、合理化的行为，可以结合其对他人全方位模仿等情节，以及抄袭、模仿他人商标，攀附他人商誉的主观恶意，对其商标注册行为认定为恶意抢注，适用反不正当竞争法予以规制。本案中，拜某（天津）石油化工股份有限公司的商标恶意注册行为有违诚实信用原则，扰乱了正常的商标注册管理秩序，破坏了公平竞争的市场秩序，损害了拜某股份有限公司的合法权益，构成不正当竞争。二审法院维持了一审关于拜某（天津）石油化工股份有限公司仿冒企业名称、域名构成不正当竞争的认定，改判认定拜某（天津）石油化工股份有限公司商标恶意抢注行为构成不正当竞争，并综合在案证据全额支持赔偿拜某股份有限公司经济损失及合理开支50万元。

本案系通过反不正当竞争法规制商标恶意抢注行为的典型案件。生效判决对于侵权者恶意囤积商标、扰乱正常的商标注册管理秩序，导致权利人为维护自身合法权益付出大量时间人力物力成本，甚至干扰权利人正常生产经营活动的商标抢注行为，提供了有效的司法救济途径，同时全额支持了权利人赔偿损失的诉讼请求，有力维护了市场公平竞争秩序，平等保护了中外权利人合法权益，彰显了人民法院加强知识产权保护、营造良好营商环境的决心。

3. 商标权利冲突风险

《商标法》第三十二条申请商标注册不得损害他人现有的在先权利，商标权与其他知识产权（如著作权、企业名称权）或公共资源可能产生冲突。例如商标和企业名称都具有指示商品来源的作用，市场主体就可能利用两个权利来源分属不同行政管理体系的空隙，将有一定知名度的字号注册为商标，或将在先注册商标、未注册的驰名商标申请为企业字号，从而产生两个权利的竞合。商标权和著作权可以并行不悖，一件带有图形元素或是进行设计化处理的文字元素的商标也可以被认为是作品而予以保护。然而，著作权和商标权也有直接冲突的情况。

◎ **案例3：广州市红日燃具有限公司与广东智美电器股份有限公司等侵害商标权纠纷[（2019）粤民终477号]**

广州市红日燃具有限公司（以下简称广州红日公司）认为其"红日"字号具有一定知名度，睿尚公司等在被诉产品上使用近似商标，侵害其字号权益，构成不正当竞争；睿尚公司是第5920931号"红日e家及图"商标注册人，主张依法行使注册商标专用权，未侵害广州红日公司字号权益。广州红日公司自1993年启用红日字号，1997年取得"红日RedSun及图"注册商标，在2007年前有一定宣传报道，承担科技项目，产品获奖且建立了总经销渠道；之后屡获荣誉，广告投入加大，知名度进一步提升。睿尚公司股东石祥文曾是广州红日公司市场部员工，睿尚公司成立后使用"红日e家"商标，通过广州红日公司定牌加工厂和前省级经销商（江西红日公司、河北广诺公司、陕西爱博公司、郑州凯圣瑞公司）生产销售被诉产品，并统一指导终端门店实施混淆行为。

裁判理由如下：

保护在先权利原则：保护在先权利是民法公平原则的要求，字号权益与注册商标专用权同属标识类知识产权，地位平等。判断谁是在先权利关键在于看谁先取得受保护的权利，广州红日公司应证明在睿尚公司"红日e家及图"商标申请日前（2007年2月16日前）已取得受反不正当竞争法保护的字号权益。广州红日公司自1993年启用红日字号至2007年已有14年，取得注册商标后也使用了10年，在2007年前有宣传报道、承担科技项目、产品获奖、建立经销渠道等，且企业美誉度的积累是长期过程，2007年后的成绩和荣誉也对2007年前的知名度有证明作用，足以认定其在2007年起至今享有反不正当竞争法上的字号权益。睿尚公司等认为存在大量以红日为字号的企业和商标，红日与广州红日公司没有对应关系，以及认为广州红日公司技术研发成绩与字号知名度无关、商标知名度与字号知名度无关的观点，均不成立。

诚实信用原则：违反诚实信用原则，恶意取得或滥用权利的，主张不应得到支持，且违反诚信原则是不正当竞争行为的构成要件。睿尚公司明知广州红日公司字号知名度，明知"红日e家及图"商标注册后"沉睡"近10年未在争议产品上使用（其所举证据中"红日e家+屋顶图"商标与"红日e家及图"注册商标有显著差异，且仅使用在橱柜和风扇等产品上），仍在争议商品上使用与广州红日公司字号近似商标，易导致公众误认，具有攀附恶意。睿尚公司通过广州红日公司定牌加工厂和前省级经销商生产销售被诉产品，统一指导终端门店实施混淆行为，充分反映其攀附恶意，践踏了诚实信用原则。睿尚公司辩称涉案终端行为与其无关不成立，因为终端行为使其受益，且其宣称对终端实施全方位统一管理，终端与睿尚公司使用相同广告语，终端之间混淆行为相似，足以认定终端行为在睿尚公司统一指导下实施。

维护公平竞争原则：知识产权权利冲突常表现为不正当竞争，法院处理纠纷时应审查结果是否有利于维护公平竞争秩序。睿尚公司明知广州红日公司在先字号知名度，使用近似商标，主观有恶意，客观易导致公众误认，损害了广州红日公司和消费者权益，构成不正当竞争。睿尚公司以商标评审委员会认定其"红日e家及图"与广州红日公司"红日RedSun及图"商标共存多年，主张不存在市场混淆，理由不成立，因为商标评审委员会处理的是商标纠纷，与本案商标和字号纠纷不同，且睿尚公司仍需在本案中证明相关事实，但其无法证明"红日e家及图"商标在纠纷前有在争议产品上实际使用。综上，法院基于上述原则和理由，认定睿尚公司构成不正当竞争行为。江西红日公司、河北广诺公司、陕西爱博公司、郑州凯圣瑞公司作为广州红日公司前省级经销商和睿尚公司省级经销商，负有较高注意义务，明知或应知所销售产品侵害广州红日公司字号权益，仍选择经销被诉产品，并配合睿尚公司组织实施终端混淆行为，违反了注意义务，构成共同侵权。

◎ 案例4：广东好太太科技集团股份有限公司与国家知识产权局、佛山市凯达能企业管理咨询有限公司商标权无效宣告请求行政纠纷案❶

2011年5月23日佛山市凯达能企业管理咨询有限公司（以下简称凯达能公司）申请注册诉争商标，后被核准注册，核定使用在第20类餐具柜等商品上。凯达能公司此前申请注册了第3563073号"Haotaitai"商标，使用在厨房用抽油烟机、燃气灶等商品上。广东好太太科技集团股份有限公司（以下简称好太太公司）的引证商标一核定使用在第21类晾衣架等商品

---

❶ 2022年中国法院50件典型知识产权案例：知识产权行政案件。案号：（2022）最高法行再3号。来源：《申请人的在先商标对其在后商标核准注册的影响》，载于《人民司法》第11期。

上，引证商标三核定使用在第20类家具等商品上。好太太公司对诉争商标向商标评审委员会提出无效宣告请求。商标评审委员会于2018年12月14日作出商评字〔2018〕第236749号关于第9501078号"好太太Haotaitai及图"商标无效宣告请求裁定书，即被诉裁定，认定诉争商标的注册为凯达能公司在先商标权利的合理延审，并没有复制、摹仿好太太公司"好太太"商标的主观故意，亦不易造成消费者的误认，故诉争商标的注册未违反《商标法》第十三条第三款的规定。诉争商标与引证商标三未构成使用在同一种或类似商品上的近似商标。好太太公司提交的证据不足以证明在诉争商标申请注册之前，在与诉争商标核定使用商品相类似行业内，好太太公司在中国大陆地区使用与诉争商标相同或相近似商号并达到有一定影响的程度，故诉争商标的注册未违反《商标法》第三十二条的规定，裁定诉争商标予以维持。好太太公司不服，提起本案行政诉讼，请求撤销被诉裁定，判令被告重新作出裁定。

北京知识产权法院一审判决驳回好太太公司的诉讼请求。好太太公司不服，提起上诉。

北京市高级人民法院二审认为，诉争商标与引证商标三并不构成《商标法》第三十条规定情形。综合考虑诉争商标与第3563073号商标、引证商标一的近似程度，以及诉争商标核定使用的商品与第3563073号商标赖以驰名的商品、引证商标一赖以驰名的商品的关联程度，诉争商标的注册并不会误导公众，致使好太太公司的利益可能受到损害，遂判决驳回上诉，维持原判。好太太公司不服，申请再审。

最高人民法院再审认为，①就标识本身而言，诉争商标与引证商标三为近似标识，且二者核定使用的商品构成相同或类似商品。虽然诉争商标中包含的拼音"Haotaitai"与凯达能公司在先获准注册并曾被认定为驰名商标的第3563073号商标标志相同，但诉争商标显著部分是文字"好太太"，被引证商标三完整包含。在诉争商标与引证商标三核定使用的商品构成相同或类似商品的情形下，若二者同时使用在上述商品上，易造成消费者的误认。因此，诉争商标与引证商标三构成《商标法》第三十条所规定的近似商标，被诉裁定及原审判决对此认定不当。②根据在先系列生效判决的认定，引证商标一在诉争商标申请注册前已经在晾衣架商品上广为公众所熟知，达到驰名程度。诉争商标标志显然与第3563073号商标并不相同，诉争商标能否注册应当依据商标法的相关规定进行判断。被诉裁定认定诉争商标是凯达能公司在先商标权利的合理延伸注册，没有法律依据。原审判决将第3563073号商标作为诉争商标注册的关联关系，并作为诉争商标注册的因素考虑亦缺乏法律依据。诉争商标显著识别部分文字"好太太"与引证商标一中的文字相同，构成近似标识。诉争商标核定使用的餐具柜等商品与引证商标一赖以驰名的晾衣架商品均为常见的家居用品，同时在家装市场上销售，相关消费群体存在一定重叠，相关商品具有一定的关联。加之凯达能公司曾使用"广东好太太电器有限公司"的名称，被行政机关认定损害好太太公司驰名商标权益而被责令更名，以及在诉争商标申请注册前就有生效裁判认定凯达能公司在经营活动中存在侵害好太太公司引证商标一商标权行为，因此，诉争商标的申请注册构成对好太太公司驰名商标的复制、摹仿，误导公众，致使好太太公司的利益可能受到损害，构成《商标法》第十三条第三款规定的不予注册的情形。③经原审及再审审理查明，虽然好太太公司提交的证据能够证明，诉争商标申请注册前，引证商标一在核定使用的晾衣架商品上具有一定知名度，但好太太公司提交的证据不足以证明其在诉争商标申请注册前，在与诉争商标核定使用的相同或类似商品上使用了"好太太"商号，并使之具有一定知名度，被诉裁定及原审判决对此的相关认定并无不当。

综上，最高法院再审改判，撤销一、二审行政判决和被诉裁定，判令国家知识产权局重新作出裁定。

根据《商标法》第三十二条的规定，申请注册商标不得损害他人现有的在先权利。这是商标法关于保护在先权利的规定，一方面体现了在商标法领域中的诚实信用原则，另一方面体现了商标授权确权程序中申请在先原则与在先权利之间的平衡。实际上，《商标法》第十三条关于驰名商标的特别保护和第十五条关于禁止恶意抢注商标的规定亦应属于关于保护在先权利的规定。而第三十二条中的在先权利包括哪些权利并未明确，属于开放式规定，可以在实践中根据案情进行认定，即在提出商标注册申请前，他人已经取得的外观设计专利权、著作权、企业名称权等，均属于在先权利的范围。

好太太公司在本节案例4中主张的在先权利是在先商号权。最高法院《关于审理商标授权确权行政案件若干问题的规定》第二十一条第一款规定："当事人主张的字号具有一定的市场知名度，他人未经许可申请注册与该字号相同或者近似的商标，容易导致相关公众对商品来源产生混淆，当事人以此主张构成在先权益的，人民法院予以支持。"商号即字号，是企业名称中最具识别力的核心部分，对字号在先权利的认定不能脱离企业名称，应根据最高法院《关于审理不正当竞争民事案件应用法律若干问题的解释》第六条关于"具有一定的市场知名度、为相关公众所知悉的企业名称中的字号，可以认定为反不正当竞争法第五条第（三）项规定的'企业名称'"的规定，将当事人主张的字号权作为企业名称权的特殊情况对待。本案诉争商标的注册是否损害好太太公司的在先商号权，应审查在先商号权的商誉及影响力是否足以覆盖至诉争商标核定使用的商品类别，是否容易造成相关公众混淆、误认的后果，致使好太太公司的利益可能受到损害。好太太公司在原审诉讼中提交的证据不能证明其在相同或类似商品上使用"好太太"商号，并使之具有一定知名度，因此，被诉裁定及两审法院均未认定构成《商标法》第三十二条规定的情形，再审判决对此经审理后亦予以维持。

4. 商标未续展导致失效风险

根据《商标法》第四十条，期满未续展的商标将被注销，且注销后1年内他人不得在同种商品上注册相同或近似商标。注册商标有效期满，需要继续使用的，商标注册人应当在期满前12个月内按照规定办理续展手续；在此期间未能办理的，可以给予6个月的宽展期。每次续展注册的有效期为10年，自该商标上一届有效期满次日起计算。期满未办理续展手续的，注销其注册商标。商标局应当对续展注册的商标予以公告。

5. 商标不规范使用风险

根据《商标法》第四十九条规定，自行改变注册商标且拒不改正的，由商标局撤销其注册商标。实际使用的商标与注册标识存在显著差异（如改变字体、颜色、图形比例等），可能导致商标被撤销。此外，在未核定的商品/服务类别上使用注册商标，不享有专用权保护，且可能构成冒充注册商标的违法行为。因此实务中需变更商标样式时，应重新申请注册，或者跨类使用前需评估是否构成驰名商标或需补充注册。

◎ 案例5：上海沪唐物资有限公司与上海市浦东新区市场监督管理局工商行政处罚一审行政判决书［（2015）浦行（知）初字第1号］

原告上海沪唐物资有限公司经国家工商行政管理总局商标局核准，注册取得第7265753号"每固"商标，核定使用商品第6类金属铆钉、钉子等，注册有效期自2010年8月7日至2020年8月6日。自2011年11月起，原告委托上海斌汇紧固件有限公司加工"每固"牌地板膨胀钉等，外包装由原告提供样稿后，由上海斌汇紧固件有限公司委托上海志仰包装材料厂印制。被告上海市浦东新区市场监督管理局在执法检查中发现，原告在对外销售的"每固"牌地板膨胀钉的外包装纸箱上使用"每固钉®"，而"每固钉®"未取得商标注册。原告称这一字样系为印刷错误。

裁判理由：根据《商标法》第二十四条规定，注册商标需要改变其标志的，应当重新提出注册申请；第四十九条第1款规定，商标注册人在使用注册商标的过程中，自行改变注册商标、注册人名义、地址或其他注册事项的，由地方工商行政管理部门责令限期改正，期满不改正的，由商标局撤销其注册商标。在商标上加注符号，表明该商标为注册商标，原告在外包装盒上使用"每固钉®"的方式是向公众表明"每固钉"是注册商标，但原告仅注册取得了"每固"商标，对于"每固钉"并未取得商标注册，其只能在"每固"后加注符号。且根据被告向外包装盒印制单位的调查笔录，印制单位称该样式是委托方（原告）提供的，其按照委托方的要求进行印制，在经销商处现场拍摄的照片中也有相同的包装，因此原告称是印刷错误的理由不成立。所以，法院认定原告使用"每固钉®"的行为属于《商标法》第四十九条所指的自行改变注册商标的行为。

（二）合同风险

1. 合同主体资格风险

（1）许可方资质瑕疵。许可人必须是商标注册人，否则合同无效。此外，对于人用药品、烟草等特定商品，被许可人需提供卫生或烟草主管部门的证明文件。

（2）被许可方资质限制。若被许可方未取得特定行业经营资质（如食品生产许可），可能导致商标使用违法，引发行政处罚或合同解除风险。

2. 授权范围界定风险

（1）商品/服务类别超限。被许可人使用范围不得超出商标局核定的类别，否则构成侵权。

（2）地域与时间约定不明。未明确授权地域（如仅限国内或特定区域）或期限（如固定期限或自动续约），易引发争议。

（3）商标标识使用限制。擅自修改商标图样（如字体、图形比例）可能导致权利丧失。

3. 商标使用规范风险

（1）未标注许可信息。被许可人未在产品上标明名称及产地（如隐匿生产商信息），构成商标不当使用，面临行政处罚及民事赔偿风险。

（2）质量监督缺失。许可方未在合同中约定质量监督条款，导致被许可方产品或服务质量失控，可能损害商标声誉，甚至触发商标撤销程序。

4. 备案与权利变动风险

（1）备案程序遗漏。商标许可合同需在签订后3个月内备案，未备案虽不影响合同效力，但无法对抗善意第三人。

（2）权利转让或质押冲突。若商标已质押或被许可给第三方，未在合同中披露或限制其相关权利变动，可能导致被许可人使用受限。

5. **违约责任与争议解决风险**

（1）条款模糊性风险。违约金计算方式、责任承担形式未明确约定，可能导致争议处理困难，如仅笼统约定"违约方承担全部责任"。

（2）争议解决机制缺陷。未约定仲裁条款或管辖法院，可能增加诉讼成本与不确定性，如选择异地法院管辖导致维权不便。

二、商标利用的合规管理

商标利用的合规管理是确保商标权利合法行使、避免侵权风险、维护品牌价值的重要环节。根据《商标法》及相关实务要求，合规管理需涵盖以下具体措施：

（一）商标注册阶段的合规管理

（1）商标检索与风险评估。在申请注册前，通过国家知识产权局（CNIPA）商标数据库进行检索，排查是否存在相同或近似商标，避免侵犯他人在先权利。对拟注册的商标进行显著性评估，避免使用通用名称、描述性词汇或违反公序良俗的标识。

（2）跨类别与防御性注册。根据企业经营范围，进行多类别注册（如核心商品/服务类别及关联类别）。对核心商标进行防御性注册，防止他人"搭便车"。

（3）国际注册布局。通过马德里体系或单一国家注册，在目标市场申请商标，避免海外抢注风险。

（二）商标使用阶段的规范管理

（1）商标标识的规范使用。严格按照核准注册的图样、核定类别使用商标，不得擅自改变显著特征，否则可能丧失法律保护。正确标注注册标记（®）或未注册标记（™），避免虚假宣传风险。

（2）许可与转让合规，许可合同备案。签订商标使用许可合同后30日内向CNIPA备案，未备案不得对抗善意第三人。质量控制条款：在许可合同中明确被许可方的商品/服务质量标准，避免因质量失控导致商标被撤销。转让程序合规：转让商标需签订书面协议并共同向CNIPA申请，确保转让合法有效。

（3）防止商标淡化与通用化。避免商标成为商品通用名称，需在宣传中强调商标属性。对他人不当使用商标的行为及时采取法律行动。

（三）商标维护与续展管理

（1）续展与变更管理。商标有效期10年，需在期满前12个月内办理续展，宽展期6个月（需额外费用）。企业名称、地址等注册事项变更时，及时办理商标变更登记。

（2）商标使用证据保存与收集。定期留存商标使用证据（如销售合同、发票、广告宣传资料），以应对"撤三"（连续三年未使用撤销）风险。商标纠纷发生后，全面收集商标侵权的证据、及时保全证据、采取应急措施等都是非常重要的。在收集案件证据的时候，要尽量多收集，特别是以下几方面应作为收集的重点内容：①侵权产品样本及被侵权人的产品样本；②被侵权人的在先权利证明文件，包括商标注册证、专利证明、版权登记证明、与案件有关的获奖情况证明等；③购买侵权产品的证明，这里主要是指购买发票，在发票上一定要注明侵权产品名称、购买侵权产品的地点、侵权产品的价格、销售人名称等事项。

（四）内部合规制度建设

（1）商标管理制度文件化。制定《商标管理办法》，明确商标申请、使用、许可、维权等流程及责任部门。

（2）员工培训与合规文化。定期对市场、法务、销售等部门培训商标法律知识，强化合规意识。将商标合规纳入绩效考核，避免因员工不当行为而引发的风险。

（3）合规审计与整改。每年开展商标合规审计，检查注册清单、使用记录、续展情况等，及时整改漏洞。

（五）特殊场景合规要点

（1）驰名商标保护。通过司法或行政程序认定驰名商标，获得跨类保护。禁止他人将驰名商标用于企业名称、域名等。

（2）涉外贸易中的合规。出口商品前核查目标国商标注册情况，避免境外侵权。遵守当地商标使用规则，如美国要求"实际使用"才能维持注册。

三、争议解决

（一）仲裁路径

仲裁的启动需以书面仲裁协议为基础。根据《中华人民共和国仲裁法》第二条，仲裁适用于平等主体之间的合同纠纷和其他财产权益纠纷。若双方在商标许可合同、合作协议中预先约定了仲裁条款，或在侵权行为发生后达成仲裁协议，则可提交仲裁委员会处理。

（1）程序优势。仲裁实行一裁终局的制度，效率较高，程序较诉讼更为快捷，通常3~6个月可结案，适合追求快速解决争议的当事人。并且仲裁过程和裁决书不公开，保密性强，有利于保护商业秘密和商誉。仲裁员通常具有知识产权或商事领域专业背景，对商标侵权判定更具针对性，专业性也有保障。

（2）局限性。仅适用于有仲裁协议的纠纷，若侵权方拒绝签订协议，则无法启动仲裁。7日仲裁裁决需通过法院强制执行，若侵权方无财产可供执行，可能面临执行困难。

（二）诉讼路径

（1）管辖法院选择。商标民事纠纷一审案件由中级以上人民法院管辖，部分由最高人民法院批准的基层法院受理。在地域管辖上，可选择侵权行为地（如侵权商品生产、销售地）、侵权商品储藏地或被告住所地法院起诉。对于跨地域侵权，可向任一侵权行为地法院提起诉讼，便于集中维权。

（2）诉讼优势。即使无仲裁协议，权利人也可直接起诉，适用范围更广；赔偿力度大，法院可判决侵权方承担停止侵权、赔偿损失、消除影响等责任，赔偿额可依据实际损失、侵权获利或法定赔偿（上限500万元）计算，恶意侵权还可适用惩罚性赔偿；诉前或诉中可申请财产保全或证据保全，防止侵权方转移财产或销毁证据。

（3）局限性。商标诉讼通常要经过一审、二审等程序，如果案件较为复杂，还可能涉及再审等，整个过程较为漫长；诉讼过程通常是公开的，法院的庭审过程、判决结果等一般都会对外公开，这可能会使当事人的商业秘密、技术秘密等信息泄露，对当事人的商业活动产生不利影响；虽然法院有专业的法官审理商标案件，但仲裁机构可以依据当事人根据案件的专业性质选择具有相关专业知识和经验的仲裁员，这些仲裁员可能在商标领域有更深入的了解和丰富的实践经验，能够更专业地处理商标纠纷；诉讼程序必须严格遵循法律规定的程序和步骤进行，当事人的自主性和灵活性较弱。

（4）程序注意事项。起诉自知道或应当知道侵权行为之日起3年内起诉，超期可能丧失胜诉权。需提交商标权属证明（如注册证）、侵权证据（如侵权商品实物、销售记录、公证文书等），以及损失计算依据。

（三）路径选择的实务建议

（1）优先选择诉讼的情形。侵权方拒绝协商或无仲裁协议；需追究侵权方刑事责任（如假冒注册商标罪）；涉及跨地域、多被告的复杂侵权，需通过法院集中管辖。

（2）优先选择仲裁的情形。双方存在有效仲裁协议，且争议焦点为合同履行问题；追求高效、保密解决争议，避免公开审理影响商誉。

（3）补充策略。行政投诉——向当地市场监管部门举报，可快速制止侵权行为（如查封、罚款），但无法直接解决赔偿问题。刑事报案——对情节严重的假冒注册商标行为，可向公安机关报案，通过刑事程序追究责任。

第七节　国际视角下的商标利用

一、国际许可与转让

（一）马德里体系与单一国家注册的利用策略

1. 马德里体系注册策略

（1）定义与适用范围。马德里体系由《商标国际注册马德里协定》和《商标国际注册马德里协定有关议定书》构成，允许申请人通过向原属国（如中国国家知识产权局）提交一份国际申请，指定多个成员国（目前覆盖130余个国家/地区）进行商标保护，实现"一标多国"注册。

（2）优势分析。①成本低、效率高。马德里体系提供集中化的国际商标申请和管理程序，通过马德里体系的马德里（eMadrid）平台，国际商标注册人可以用一种语言（支持英文、法文或西班牙文）提交一份商标国际注册申请，以一种货币（瑞士法郎）缴纳一笔费用，即可同时在多个国家获得商标注册保护。通过马德里体系注册国际商标，注册人无须准备多份国家或地区申请和缴纳多种语言的翻译费用，更省略了在多个国家或地区商标主管机关的烦琐流程，很大程度上减少了企业的时间、经济和精力投入。②广泛的地域覆盖面。马德里体系在131个国家保护注册人的商标权利。其中包括绝大多数发达国家以及许多发展中国家，以及欧洲联盟和非洲知识产权组织（OAPI）。随着成员数量的持续增长，马德里体系的覆盖范围和影响力也在不断扩大。③灵活性强。一份申请一个国际注册号，一个到期日。后续需要进行变更、转让、续展、删减、注销的，只需要提交一份申请、缴纳一次费用即可。还可以在不改变国际商标注册号（即商标数量）的情况下，利用"后期指定"的方式扩大地域保护范围，也就是二次指定。

（3）局限性。①依赖基础申请。根据"中心打击"原则，国际注册前5年需依赖原属国基础申请或注册，若基础商标被撤销，可能导致国际注册失效。②审查标准差异。在马德里体系下，申请人需基于国内已受理或注册的商标提出国际申请，但各指定缔约方的商标审查标准存在显著差异，易引发法律风险。需注意的是，包含汉字的商标在部分国家可能因缺乏显著性或文化差异而被驳回，且各国对商标描述、商品分类规范及近似判断标准存在立法冲突。例如，某些国家要求商标申请人提交官方语言的商标释义文件，而商品分类需严格遵循尼斯分类的细化要求。此外，若指定国商标主管机关作出驳回决定或启动异议程序，申请人需按照当地法律规定直接向该国提交驳回复审或异议答辩文件，且通常需提供经公证认证的商标代理委托书，其程序复杂度和法律适配成本可能高于单一国家注册模式。③部分国家未覆盖。如加拿大、南美部分国家未加入马德里体系，需另行单一注册。④没有统一的注册证书。根据马德里体系运作规则，国际局在完成形式审查后将出具国际注册证明文件（美国、日本、韩国等少数缔约方除外，其仍保留单独签发注册证的程序）。该文件虽具备官方文书属性，但本质上仅相当于商标注册申请的受理凭证，并不等同于经指定保护国实质审查后颁发的正式注册证书。由于其版面设计相对简约且WIPO电子文档系统被广泛应用，实践中常引发申请人对其法律效力的误判。值得注意的是，部分申请人误认为取得国际注册证明即完成商标注册程序，这种认知偏差可能导致后续维权障碍——因核准保护通知在证明权利归属时存在形式瑕疵，而多数缔约方既无补发注册证的法定程序，即便存在类似机制亦需额外承担行政规费。此类制度差异要求商标权利人在跨国布局时，应结合目标国法律特征制定差异化的权利证明文件管理策略。

2. 单一国家注册策略

（1）定义与适用范围。直接向目标国家/地区的商标主管机关提交申请，遵循当地法律程序独立完成注册。

（2）优势分析。①精准保护。在单一国家注册模式下，申请人可基于目标国商标审查标准制定差异化申请策略，通过针对性优化商标标识设计、商品/服务分类选择及在先权利排查等程序，有效降低审查意见通知书或驳回决定的发生率。相较于马德里国际注册途径，该模式能够更精准地匹配目标国法律实践（如美国对意图使用声明的特殊要求、欧盟对绝对理由审查的严格性），通过属地化策略预先规避可能导致驳回的绝对理由（如缺乏显著性）或相对理由（如与在先商标冲突）风险，从而显著提升注册成功率。并且单一国家商标注册完成后都会颁发商标注册证，能够直观地表明在各国的商标权利。②规避中心打击风险。因马德里的"中心打击原则"商标存在一定的不稳定性，而单一国注册则不存在这种问题，所以只要申请注册商标获准注册，就不会出现基础国无效自己也无效的情况。③商标权保护覆盖地域范围较广。如加拿大、中东部分国家等。目前世界上拥有独立商标管辖权的国家/地区/区域性组织约210个，申请人可以指定其中任何一个进行商标注册申请保护。④申请日授予时间较短。对于大多数国家，在手续准备齐全后，通常在1~2个工作日即可以向各当局提交申请，获得申请日，经过审查即可获证。马德里则是以国际注册日作为各个缔约方收到申请商标的申请日，并计算审查周期。顺利情况下，目前国际注册日通常为马德里国际申请商标实际递交原属局日期后3~4个月。

（3）局限性。①成本高昂。多国注册需重复支付代理费、翻译费及官方费用。②程序复杂。需熟悉各国申请流程，如欧盟通过欧盟知识产权局统一注册，非洲部分国家需逐国申请。③管理负担。续展、变更需分别处理，易遗漏关键节点。

3. 综合策略建议

（1）基础选择原则。对于具备长久商业利益和核心使用价值的商标，以及对取得申请日要求高且费用相对充裕的申请人，建议通过单一途径申请商标；而对于一次性多类别大批量申请海外商标的申请人而言，除了个别要求特殊的国家或地区外，建议考虑通过马德里国际商标体系申请。当然，对于非马德里体系成员，申请人只能通过单一申请途径办理。

（2）风险对冲设计。对核心商标（如主品牌标识），可采取"马德里+重点国家单一注册"双轨制，防范"中心打击"风险。新兴市场布局时，通过马德里体系试探性注册，再根据业务进展追加单一申请。

（3）动态管理机制。定期监测各国驳回情况，及时调整注册策略（如补充证据或修改商标）。利用马德里体系的后期指定功能，灵活扩展保护范围。

（二）文化差异对商标利用的影响

文化差异对商标利用的影响体现在商标的设计、注册、使用及保护全过程，涉及语言、宗教、价值观、历史传统等多维度冲突。根据《商标法》第十条，商标不得含有"有害于社会主义道德风尚或者会产生其他不良影响"的内容，而文化差异可能导致商标在不同法域产生歧义或触犯禁忌。例如，数字"4"在中文语境中因谐音"死"被视为不吉利，若用于医疗设备商标可能引发负面联想；宗教符号如十字架在部分伊斯兰国家可能被认定为宗教冒犯，导致注册驳回。

从国际实践看，《保护工业产权巴黎公约》（以下简称《巴黎公约》）虽未直接规定文化差异的处理规则，但要求成员国基于"国民待遇原则"审查商标申请，这意味着申请人需适应目标国文化规范。例如，英国"白礼氏"商标与中国"太公牌"商标因图形相似引发争议，最终中国企业被迫修改商标设计。此外，部分国家（如印度、巴西）将文化元素纳入商标审查标准，要求商标不得损害民族尊严或公共利益。

文化差异还可能影响商标的市场价值。例如，韩国企业在东南亚推广"BBQ"商标时，因"BBQ"在印尼语中意为"烤肉"，与当地清真文化冲突，导致品牌认知度下降。因此，企业在国际商标布局时，需通过属地化调研规避文化风险，例如委托当地机构进行商标含义审查、调整设计元素以符合目标国审美习惯。

文化差异深刻影响商标的跨国注册、市场接受度及品牌价值实现，主要体现在以下方面：

（1）商标名称与符号的文化敏感性。不同文化对同一词汇或符号的解读可能截然相反。例如，某些动物图案在东方文化中象征吉祥（如龙在中国代表权威），但在西方可能被视为邪恶的象征；红色在中国寓意喜庆，而在部分国家则与危险或激进相关联。商标若忽视此类差异，可能引发消费者抵触，甚至导致法律纠纷。

（2）语言翻译与语义偏差。商标的直接翻译可能因语言差异失去原有含义或产生歧义。此外，双关语或幽默元素的翻译困难可能削弱品牌故事的传播效果。

◎ **案例1：米其林诉米芝莲奶茶案〔（2022）鄂知民终190号〕**

原告米其林集团总公司（以下简称米其林公司）诉称，其1980年注册的第136402号"MICHELIN"（米其林）商标及1990年注册的第519749号"米其林"商标（核定使用在第12类轮胎等商品上），经过持续的使用和宣传推广，已经构成驰名商标，且已有数十次驰名商标认定及保护记录。"米芝莲"是"MICHELIN"在香港、澳门及广东等地区的粤语翻译，且已被中国相关公众所知悉；尤其是米其林公司出版发行的餐厅评价指南"MichelinGuide"（被翻译为《米芝莲指南》或《米其林指南》），其权威性被全球及中国公众所广泛知悉和认可。被告上海米某某餐饮管理有限公司，自2013年开始，在其直营及下属加盟的奶茶餐饮店中使用"米芝莲"商标；被告在自己的官方网站品牌故事页面中宣传介绍称"我的名字叫'米芝莲'。在香港话里，'米芝莲'就是米其林的意思，是全球顶级的那个餐厅指南……"米其林公司请求认定其"MICHELIN"及"米其林"商标为驰名商标，并请求制止被告使用"米芝莲"标识的行为。

被告辩称，"米芝莲"并不是对第12类"MICHELIN""米其林"商标的翻译、摹仿。中国相关公众未称呼过米其林公司的轮胎为"米芝莲轮胎"。米其林公司在内地未投入使用"米芝莲"标识。

国家商标局在相关不核准案外人"米芝莲""米芝莲"商标注册申请的决定中指出，"米芝莲"与"MICHELIN"构成对应关系，且经过米其林公司长期大量使用，其"米芝莲"标识在餐饮行业已具有一定知名度，被异议商标使用在与该行业密切关联的商品上，易造成消费者混淆误认，对其不予核准注册。国家知识产权局在相关裁定中以"米芝莲"与"MICHELIN"建立了稳定的对应关系为由，亦对本案被告申请的多个"米芝莲"及其相关商标裁定不予注册或宣告无效。

2021年8月，武汉市中级人民法院作出（2018）鄂01民初3552号民事一审判决，认定被告侵犯了米其林公司的驰名商标，应停止侵权，并赔偿1000万元。2023年11月，湖北省高级人民法院作出（2022）鄂知民终190号民事二审判决，维持原判。

生效裁判认为，米其林公司所请求保护的"MICHELIN""米其林"商标，已构成驰名商标。驰名商标制度上规定的"翻译"，是指被诉商标将他人驰名商标以不同的语言文字予以表达，且该语言文字已与他人驰名商标建立对应关系，并为相关公众所熟知或习惯使用，或者易使相关公众误认为该语言文字与他人驰名商标具有相当程度的联系。商标的外文翻译，不仅仅是对语言的翻译，更是对文化的翻译，并非简单的语言置换，而要从跨文化角度将不同种语言、文化相融合。对于外文商标的中文译名，事实上既可能，也可以存在多个不同的中文译名，属于特定的语言现象。

具体到本案，虽然"MICHELIN"的普通话翻译为"米其林"，且在中国更多地接受并使用"米其林"作为"MICHELIN"对应的中文翻译，但并不能因此而否认"米芝莲"与"MICHELIN"的语言对应关系。在中国，普通话是国家通用语言，各个地区因地域、文化、历史等差异，有不同的方言，而粤语不同于其他地区的方言，其在中国香港、澳门为官方语言，在中国广东省具有普适意义；而且粤语在艺术表达、文化传播、国际影响等方面均具有举足轻重的地位。虽然"MICHELIN"的中文翻译之一为"米其林"，但是通过米其林公司所举证的中国网络媒体、报纸、期刊所涉及"米芝莲"的报道或介绍，包括部分词典对"米芝莲"的英文翻译，以及粤语传播范围等。可以确定，在中国，"米芝莲"与"MICHELIN""米其林"存在不可分割的语言对应关系，该种称呼和使用方式，不仅为中国香港、澳门的公众所熟知并使用，也为中国内地的相关公众所知晓。综合全案情况，法院认定上海米芝莲公司使用"米芝莲"商标构成驰名商标侵权。

（3）图形商标的文化解读冲突。图形商标的象征意义需与目标市场文化契合。例如，猫头鹰在西方象征智慧，但在某些亚洲文化中代表厄运；绿色在环保产品中通用，但在部分中东国家可能关联宗教禁忌。若未进行文化适配，商标可能无法传递预期品牌形象，甚至引发争议。

（4）消费习惯与价值观差异。商标承载的品牌价值需与当地消费者偏好一致。例如，强调"个人主义"的商标在集体主义文化中可能缺乏共鸣；某些宗教符号若被滥用，可能触犯文化禁忌。国际品牌如可口可乐通过本地化调整（如春节限定包装）成功融入不同市场，体现了对文化差异的尊重。

（5）法律与礼仪冲突。商标设计可能无意中违反目标国的法律或传统礼仪。例如，某些国家禁止使用国旗或宗教符号作为商标；营销策略若忽视当地礼仪（如性别平等观念），可能引发舆论。

二、区域法律比较

（一）欧盟：统一商标制度下的跨境利用

与中国商标法不同的是，欧盟商标制度的核心特征在于"统一性"，即商标权在所有成员国具有同等效力，且只能通过统一程序（如欧盟知识产权局）进行注册、转让或撤销。以下为这一特征的具体体现：

地域覆盖统一：一次注册即覆盖所有成员国（目前27国），无须逐国申请，且不可限定保护范围于部分国家。

程序统一管理：由EUIPO统一负责商标的申请、审查、异议及注册流程，成员国无权单独干预。

权利效力统一：商标的转让、撤销或无效宣告均作用于整个欧盟，而非单个国家。例如，若某商标在德国被宣告无效，则全欧盟范围内失效。

欧盟商标（EUTM）的注册流程以《欧盟商标条例》（EUTMR）为核心法律框架，通过欧盟知识产权局（EUIPO）统一管理，旨在为企业提供覆盖27个成员国的集中保护机制。以下为实务操作中的关键步骤及法律要点：

1. **申请前准备阶段**

（1）商标可注册性评估。①显著性审查：商标须具备"显著性"，即能够区分商品或服务的来源。通用名称、描述性词汇或缺乏识别性的图形通常被驳回。②在先权利检索：通过EUIPO数据库（如eSearch Plus）检索现有商标，避免与已注册或申请中的商标在相同/类似商品/服务类别上构成冲突。实务中建议委托专业机构进行全球检索，降低异议风险。

（2）确定商标形式与分类。商标类型根据《尼斯协定》选择商品/服务类别（共45类）。实务中，需要精准界定保护范围，避免因分类错误导致权利受限。为了更顺利地申请商标，使商品和服务更快速地获得保护，申请人可以使用《尼斯分类》中的标准术语来描述商标将要覆盖的商品和服务范围，以避免不必要的补正。

（3）申请主体资格与材料准备。自然人、法人或其他组织均可申请，无国籍限制。申请人需要准备商标图样（清晰电子版）、申请人身份证明（营业执照或身份证）、委托书。非欧盟申请人需要通过欧洲代理人提交，如果是来自非欧洲经济区的申请人，则必须指定代理人，代理人可以是欧洲经济区内有权限的商标代理机构/律师事务所、被EUIPO许可的专业代表、在欧洲经济区有住所/主要营业地/工商业机构的自然人或法人的员工。

2. 申请提交与审查阶段

（1）提交途径与费用。通过EUIPO官网在线提交（推荐）或邮寄。非欧盟申请人须委托欧洲代理人。基础申请费为850欧元（一类商品/服务），每增加一类额外收费50欧元。

（2）形式审查。EUIPO在1~2周内核查材料完整性，包括申请人信息是否完整；商标图样是否符合格式要求；商品/服务分类是否清晰。若材料不全，需在2个月内补正，否则申请将被撤回。

（3）实质审查。EUIPO会进行绝对理由审查，评估商标是否符合注册条件，包括是否缺乏显著性；是否违反公共秩序或道德；是否包含官方标志或地理名称等禁用元素。与中国商标局的审查实践不同，EUIPO不主动审查其与在先商标的冲突，此风险由异议程序解决。

3. 公告与异议期

申请商标通过审查后，EUIPO会在欧盟商标官方公报上对申请的商标进行公告。自公告之日起3个月，利害关系人可以对该商标提出异议。在此方面，与中国商标局的审查实践又一不同之处便是，异议人只能基于"相对理由"提起异议申请，但不能基于"绝对理由"提起异议。常见理由包括与在先商标构成近似、侵犯驰名商标权益、恶意抢注等。

（1）程序时限。异议需在公告期内提出，EUIPO会审查该异议请求是否可被受理，EUIPO将给予双方2个月"冷静期"以协商和解，"冷静期"系EUIPO为鼓励双方通过友好协商的方式快速解决争议而设立，"冷静期"届满前如果双方均提出延期请求，EUIPO会将"冷静期"再延长22个月。在该22个月期间内，如果任何一方提出结束"冷静期"的请求，则"冷静期"将结束。

（2）异议对抗阶段。异议人可在"冷静期"结束之日起2个月内提交异议的详细理由及证据。异议人的证据和意见转交给被异议人之后，被异议人需要在2个月内进行答辩。

（3）异议审理及决定。基于异议双方提交的理由及证据材料，EUIPO将对异议进行审理，并做出异议成立与否的决定。

此外，《欧盟商标条例》第109条第1款明确规定了在异议程序中失败的一方需要承担另一方因提起/答辩异议程序而产生的费用。EUIPO在异议决定书中，除认定被异议商标维持/不予注册外，也会明确失败方需要承担的费用。

4. 注册与权利维护

（1）核准注册。若无异议或异议未成立，EUIPO将颁发注册证书，商标自申请之日起生效，有效期10年。

（2）续展与变更管理。①续展。需在到期前6个月内申请续展，宽展期6个月（额外收费），续展费为850欧元（一类）。②变更与转让。权利人可通过EUIPO在线系统提交商标转让、名称或地址变更，通常在1~4周完成。

（3）维权与无效宣告。①侵权诉讼。可在任一成员国法院起诉，判决效力覆盖全欧盟。②无效宣告。若商标注册违反绝对或相对理由，任何主体可向EUIPO申请宣告无效，程序类似异议。

5. 注册欧盟商标的优势

（1）市场准入便捷化。简化流程，使中小企业更易拓展欧洲市场。

（2）法律确定性增强。统一规则减少成员国法律差异带来的风险，如商标分类与审查标准一致化。

（3）反侵权效率高。全境保护可快速打击仿冒品，维护品牌价值。

6. 注册欧盟商标的挑战

（1）"全有或全无"风险。若商标在某一成员国因异议被驳回，则全欧盟注册失败，需重新调整策略。

（2）语言与分类壁垒。申请需使用EUIPO官方语言（如英语、法语等），且尼斯分类的精准性影响注册成功率。

（3）维护成本集中。虽然注册总成本低，但初始注册费（约850欧元）高于单一国家注册，对预算有限的企业可能形成压力。

（二）美国："使用主义"对商标价值的影响

1. 美国"使用主义"的法律内涵

美国商标法体系以"使用主义"（use-based system）为核心，强调商标的实际使用是权利取得和维持的基础。根据《兰哈姆法》（Lanham Act），商标权的核心在于"在商业中的实际使用"，即商标必须真实地用于商品或服务的流通，且这种使用需符合"正常贸易过程"（ordinary course of trade）的善意要求，而非仅保留权利的形式化使用。

具体而言，美国采用"使用优先"原则，即商标权的归属以实际使用时间为准，而非注册申请时间。即使商标未注册，实际使用者在特定范围内仍可主张优先权；而注册仅作为权利推定和全国性保护的基础，需以实际使用为前提。例如，1988年，美国《兰哈姆法》进行了修改，允许增加真诚使用意图的规定，可基于意向使用申请商标，并在商标核准后一定时间内进行正式的使用宣誓。通过"意向使用"（intent-to-use）提交的申请，最终仍需在核准前补充实际使用证据，否则无法完成注册。

2. 美国"使用主义"对商标价值的直接影响

（1）强化商标的实际商业价值。"使用主义"要求商标必须持续投入市场使用，这使得商标与其代表的商誉、消费者认知紧密绑定。商标的价值不再仅依赖注册形式，而是通过实际使用积累的市场认可度体现。

（2）防止"商标囤积"与抢注行为。"使用主义"通过实际使用要求限制商标的注册和续展，有效遏制了非使用性抢注。例如，美国商标法规定，注册后5~6年需提交使用声明及证据，未使用的商品或服务类别将被删除；若商标长期未使用，可能因"放弃使用"被撤销。这一机制迫使企业仅保留实际需要的商标，减少资源浪费，维护市场秩序。

（3）提升商标交易与融资的可信度。实际使用的要求使商标成为可验证的资产。在并购、融资等场景中，商标的实际使用记录（如销售数据、广告投入）成为评估其价值的重要依据。

第三编 商标侵权判定与侵害商标权的法律责任

第六章　商标侵权判定

本章导读：混淆可能性理论是商标法体系的基石。商标法的立法目的在于确保相关公众能够将商品或服务的提供者区分开来，以此维护商标权人的合法利益。本章以商标侵权判断中混淆可能性的判断标准为主线，对混淆可能性的含义与分类，影响混淆可能性判断的商标性使用、商标近似、类似商品或服务、实际混淆、相关公众、显著性与知名度、侵权人的主观故意等因素的含义与判断方法予以介绍。通过本章的学习，使学生充分掌握商标侵权行为的类型及相关免责事由。

第一节　商标性使用

2013年《商标法》经第三次修订后，采用列举法对商标使用做出规定，即将商标直接载于商品的包装、商品的交易文书或者应用于广告等商业活动，用于识别商品来源的行为。2019年《商标法》第四次修订延续了这一规定。《商标法》第四十八条规定："本法所称商标的使用，是指将商标用于商品、商品包装或者容器以及商品交易文书上，或者将商标用于广告宣传、展览以及其他商业活动中，用于识别商品来源的行为。"该规定较2002年《商标法实施条例》中关于商标使用规定的进步之处在于，将用于识别商品来源作为认定"商标性使用"的条件。虽然在文字表述上仅仅增加了"用于识别商品来源"这一描述，但它使商标使用的含义发生了本质性变化，使商标使用与商标功能之间构建了联系，不再是一系列具体的"商标使用行为"的列举。同时，该规定对商标侵权诉讼中原被告的举证责任予以明确，即原告主张被告构成侵权，需要提供相同或者类似商品上使用了相同或者近似商标的证据。而被告则需承担其使用行为并未对商标识别来源功能造成破坏的证明责任。故依据《商标法》之规定，商标使用应通过在商品或者服务上真实地使用商标，从而发挥其识别功能的使用行为。即商标侵权意义上的商标性使用应以起到识别来源作用为必要条件。

在司法实践中，虽然我国现有法规中并未明确将"商标性使用"作为侵害商标权的构成要件，但鉴于商标的本质功能是识别作用，商标权保护范围的确定亦应以识别作用为基础，因此，将"商标性使用"作为商标侵权行为的构成要件之一，并未超出我国目前的法律规定。"商标性使用"必然是商业性使用，但商业性使用并非一定构成"商标性使用"。对于投入市场上的商品或服务而言，其对于标识的使用均属于商业性使用，但如果其使用方式不会使消费者对商品或服务提供者产生特定认知，则其亦不属于"商标性使用"。

◎ 案例1：辉瑞产品有限公司、辉瑞制药有限公司与江苏联环药业股份有限公司等侵犯商标专用权纠纷案［最高人民法院（2009）民申字第268号］

2003年5月28日，辉瑞产品有限公司（以下简称辉瑞产品公司）向中国商标局申请的指定颜色为蓝色的菱形立体商标经核准获得注册，核定使用商品为第5类医药制剂等。2005年3月10日，辉瑞产品公司许可辉瑞制药有限公司（以下简称辉瑞制药公司）使用该立体商标。1998年6月2日，广州威尔曼药业有限公司（以下简称威尔曼公司）向商标局申请注册"伟哥"文字商标，使用商品包括人用药。2002年，该商标经商标局初步审定公告。2004年4月，该商标转让给广州威尔曼新药开发中心有限公司。2005年1月5日，广州威尔曼新药开发中心有限公司与江苏联环药业股份有限公司（以下简称联环公司）签订商标使用许可合同，许可联环公司在甲磺酸酚妥拉明分散片上使用"伟哥™"商标。联环公司生产的甲磺酸酚妥拉明分散片使用包装盒包装，盒内药片的包装为不透明材料，其上印有"伟哥""TM"和"江苏联环药业股份有限公司"字样，药片为浅蓝色，近似于指南针形状的菱形，并标有"伟哥"和"TM"字样。2005年10月11日，辉瑞产品公司、辉瑞制药公司以前述行为侵犯其注册商标专用权为由提起诉讼，请求判令新概念公司立即停止销售，联环公司和威尔曼公司立即停止制造和销售侵权商品的行为以及制造涉案商标标识的行为，并承担其他民事责任。

北京市第一中级人民法院一审认定联环公司、新概念公司的行为构成侵犯辉瑞产品公司商标专用权，并判决两公司承担侵权责任。联环公司不服，提起上诉。北京市高级人民法院二审认为，涉案被控侵权药品虽然与涉案立体商标构成近似，但消费者在购买该药品时并不会与涉案立体商标相混淆，亦不会认为该药品与二原告存在某种联系进而产生误认，联环公司等的涉案行为并未对辉瑞产品公司商标专用权构成侵害，也未损害辉瑞制药公司的利益。遂判决撤销一审判决、驳回二原告的诉讼请求。

二原告不服该判决，向最高人民法院申请再审。最高人民法院于2009年6月24日裁定驳回其再审申请。最高人民法院审查认为，本案中虽然联环公司生产的甲磺酸酚妥拉明分散片药片的包装有与药片形状相应的菱形突起，以及包装盒上有"伟哥"两字由土黄色的菱形图案作为衬底，但消费者在购买该药品时并不能据此识别该药片的外部形态。由于该药片包装于不透明材料内，其颜色及形状并不能起到标识其来源和生产者的作用，不能认定为侵犯注册商标专用权意义上的使用。即便该药片的外部形态与辉瑞产品公司的涉案立体商标相同或近似，但消费者在购买该药品时不会与辉瑞产品公司的涉案立体商标相混淆，亦不会认为该药品与辉瑞产品公司、辉瑞制药公司存在某种联系进而产生误认。

在我国司法实践中，定牌加工是否属于商标性使用行为存在较大争议。所谓定牌加工，是指国外注册商标的商标权人委托国内厂家在其生产的产品上贴附与国内商标权人商标相同或者近似的商标，但该产品并不在国内流通，全部销往国外的行为。由于定牌加工的产品未在国内市场流通，无法在国内产生识别商品或服务来源的功能，所以部分观点认为"定牌加工"行为并非商标性使用，不应认定为商标侵权。例如，北京市高级人民法院曾于2004年2月18日、2006年3月7日发布的《关于审理商标民事纠纷案件若干问题的解答》中指出，构成侵犯注册商标专用权的前提应当是造成相关公众的混淆、误认。考虑到定牌加工是基于有权使用注册商标人的明确委托，且受托定牌加工的商品又不在国内销售，所以不可能出现造成相关公众混淆、误认的情况，不应该将定牌加工行为认定为侵权行为。

◎ 案例2：莱斯防盗产品国际有限公司诉浦江亚环锁业有限公司侵害"PRETUL"商标案［最高人民法院（2014）民提字第38号］

储伯公司设立于墨西哥，在墨西哥等多个国家和地区在第6类、第8类等类别上注册了"PRETUL""PRETUL及椭圆图形"商标，其中注册号为770611、注册类别为第6类的"PRETUL"商标于2002年11月27日在墨西哥注册。

2003年5月21日，许浩荣在中国获准注册第3071808号"PRETUL及椭圆图形"商标，核定使用商品为第6类的家具用金属附件、五金锁具、挂锁、金属锁（非电）等。2010年3月27日，该商标转让给莱斯防盗产品国际有限公司（以下简称莱斯公司）。2010年8月，储伯公司与浦江亚环锁业有限公司（以下简称亚环公司）签订了两份售货确认书，分别约定亚环公司供给储伯公司挂锁684打、10233打，总金额为3069.79美元及61339.03美元。经储伯公司授权，两批挂锁的锁体、钥匙及所附的产品说明书上均带有"PRETUL"商标，而挂锁包装盒上则均标有"PRETUL及椭圆图形"商标。货物在出口至墨西哥时，因涉嫌侵犯莱斯公司的商标专用权被宁波海关扣留。原告莱斯公司认为亚环公司生产并销售带有"PRETUL"商标的挂锁，侵犯了其商标权，将亚环公司诉至法院。

最高法院审理认为，根据原审法院查明的事实，储伯公司系墨西哥"PRETUL"或"PRETUL及椭圆图形"注册商标权利人（第6类、第8类）。亚环公司受储伯公司委托，按照其要求生产挂锁，在挂锁上使用"PRETUL"相关标识并全部出口至墨西哥，该批挂锁并不在中国市场上销售，也就是该标识不会在我国领域内发挥商标的识别功能，不具有使我国相关公众将贴附该标志的商品，与莱斯公司生产的商品产生混淆和误认的可性能。商标作为区分商品或者服务来源的标识，其基本功能在于识别性，亚环公司依据储伯公司的授权，上述使用相关"PRETUL"标志的行为，在中国境内仅属物理贴附行为，为储伯公司在其享有商标专用权的墨西哥使用其商标提供了必要的技术性条件，在中国境内并不具有识别商品来源的功能。因此，亚环公司在委托加工产品上贴附的标志，既不具有区分所加工商品来源的意义，也不能实现识别该商品来源的功能，故其所贴附的标志不具有商标属性，在产品上贴附标志的行为亦不能被认定为商标意义上的使用行为。

是否就此对所有定牌加工均定性为非商标性使用行为，在司法实践中存在争议。例如，《最高人民法院关于当前经济形势下知识产权审判服务大局若干问题的意见》中指出："认真研究加工贸易中的知识产权保护问题，抓紧总结涉及加工贸易的知识产权案件的审判经验，解决其中存在的突出问题，完善司法保护政策，促进加工贸易的转型升级。妥善处理当前外贸'贴（定）牌加工'中多发的商标侵权纠纷，对于构成商标侵权的情形，应当结合加工方是否尽到必要的审查注意义务，合理确定侵权责任的承担。"

◎ 案例3：本田技研工业株式会社与重庆恒胜鑫泰贸易有限公司、重庆恒胜集团有限公司侵害商标权纠纷案［2019年中国法院10大知识产权案件（二），（2019）最高法民再138号］

本田技研工业株式会社（以下简称本田株式会社）获准注册"HONDA"等三枚涉案商标，分别使用在第12类车辆、摩托车等商品上。后海关查获重庆恒胜鑫泰贸易有限公司（以下简称恒胜鑫泰公司）委托瑞丽凌云货运代理有限公司申报出口的标有"HONDAKIT"标识的摩托车整车散件220辆，申报总价118360美元，目的地为缅甸，该批货物系由缅甸美华公司授权委托重庆恒胜集团有限公司（以下简称恒胜集团公司，与恒胜鑫泰公司系母子公司关系，法定代表人均为万迅）加工生产。本田株式会社遂以恒胜鑫泰公司、恒胜集团公司侵害其商标权为由，向云南省德宏傣族景颇族自治州中级人民法院提起诉讼。经审理，一审认定构成侵权，判决恒胜鑫泰公司、恒胜集团公司立即停止侵权行为并连带赔偿本田株式会社经济损失人民币30万元。恒胜鑫泰公司及恒胜集团公司不服，提起上诉。云南省高级人民法院二审认为本案被诉行为属于涉外定牌加工行为，故不构成商标侵权，并判决撤销一审判决，驳回本田株式会社的诉讼请求。本田株式会社不服，向最高人民法院申请再审。最高人民法院裁定提审本案后，判决撤销二审判决，维持一审判决。

本案的典型意义在于，长期以来，出口被誉为拉动中国经济增长的"三驾马车"之一，而涉外定牌加工则是重要的出口贸易模式。涉外定牌加工贸易中商标侵权问题备受国内外关注，各地法院涉及此问题的案件较多，判决的结果及理由不尽一致。最高人民法院在本案中明确，商标使用行为是一种客观行为，通常包括许多环节，如物理贴附、市场流通等等，是否构成商标法意义上"商标的使用"应当依据《商标法》作出一致的解释，不应该割裂一个行为而只看某个环节，要防止以单一环节遮蔽行为过程，要克服以单一侧面代替行为整体。在法律适用上，要维护商标法律制度的统一性，遵循《商标法》上商标侵权判断的基本规则，不能把涉外定牌加工这种贸易方式简单地固化为不侵犯商标权的除外情形。同时，对于没有在中国注册的商标，即使其在外国获得注册，在中国也不享有注册商标专用权，与之相应，中国境内的民事主体所获得的所谓"商标使用授权"，也不属于我国商标法保护的商标合法权利，不能作为不侵犯商标权的抗辩事由。本案判决正确反映了"司法主导、严格保护、分类施策、比例协调"的知识产权司法政策导向，有利于营造高质量发展的知识产权法治环境，对今后类似案件的审理具有借鉴意义。

商标性使用应当具备以下条件：

（1）商标性使用应当是一种商业性使用。消费者为生活之需使用商品的行为不构成商标性使用。

（2）商标性使用需使商标识别商品或服务来源的功能得以发挥，若商标在被使用时无法与消费者产生接触，消费者此时尚且无法知晓商标的形态，其识别来源的功能更加无从谈起，此种情形下的使用行为难谓商标性使用。

（3）商标性使用应当是权利人的自主使用，商标权人应对商标进行积极自主的使用，其具体可以表现为将商标使用于其所提供的商品或服务上，也可以通过许可、转让、质押等实现商标经济价值的方式进行使用。但上述使用行为均应出自商标权利人主动地对其商标的使用。若商标权人并无使用商标之意图，商标的使用完全源自他人的使用行为，则不属于商标的主动使用。例如新闻媒体为介绍某一事件，对商标权人的商标进行介绍等。

（4）关于合法使用。多数学者认为，在商标的异议、撤销等程序中，要求异议人、撤销申请人证明商标的使用情况，不是为了对商标注册人进行惩罚，而是为了避免用已经死亡的商标阻挡他人商标的注册。因此，应当区分商品或服务生产、提供方式的违法和商标使用情况的违法。商标侵权的本质是对商标识别功能的破坏，因此，将商标性使用作为商标侵权判断的前提条件。在进行侵权判定时，仅需判断权利人对商标的使用是否使商标的识别功能得以发挥，以及侵权人的侵权行为是否对权利人商标的识别功能造成破坏。至于生产、提供商品或服务的方式是否违法，在所不论。

第二节　混淆可能性

混淆可能性（likelihood of confusion）是商标侵权判定的标准。在各国立法及司法实践中均有对混淆可能性标准的表述。德国《商标法》第14条（2）规定，未经商标所有人同意，禁止第三人在商业交易中使用某种标志，由于该标志与商标相同或者近似，且该商标与标志所包含的商品或者服务相同或近似，易在公众中产生标志与商标之间想象上的关联危险和混淆危险。欧盟发布的《协调成员国商标立法1988年12月21日欧洲共同体理事会第一号指令》第5条（b）规定，商标权人可以在阻止第三方在未经其同意的情况下使用其商标，在相同商标上使用与其相同或者类似的服务，在相同的商品或者服务上使用与权利人近似的商标，使相关公众产生混淆可能，这种混淆可能包括标志与商标之间的关联关系混淆。英国《商标法》所规定的混淆，指在相关公众中存在混淆可能，并且这种混淆包含对在先商标的关联关系混淆。自2013年《商标法》修订后，我国正式将混淆可能性作为商标侵权的判断标准，并以立法的形式固定下来，即只要有证据证明达到一定数量的理性消费者，对于特定产品的来源产生了混淆，即可判定为商标侵权。

一、按混淆对象不同分类

根据混淆对象的不同可以分为直接混淆和间接混淆。直接混淆又称为狭义混淆，是指公众将仿冒商标混同于从原告商标，并误以为仿冒商品就是原告商品。即侵权人通过"搭便车"使相关公众产生认识偏差，误将侵权人提供的商品或服务作为商标权人的商品或服务进行购买。而间接混淆是指，公众并非对商品的来源或企业的同一性产生混淆，而是误以为原告与被告之间存在某种关系。间接混淆中，公众并非对商品的来源发生混淆，而是对侵权人与权利人之间的关系发生了混淆，这种关系包括但不限于（母子公司、赞助、许可等）。即侵权标识损害商标的宣传功能，导致公众误以为商标所有者与侵权标识之间存在某种经济联系，进而错误地将商标所表达的信息归于贴附侵权标识所销售的产品上。间接混淆的形成是商品经济发展到一定阶段的产物，是人们对商标本质和商标功能认识不断加深的产物。

二、按混淆发生的时间不同分类

按照混淆发生的时间不同，可以将混淆分为初始兴趣混淆、售中混淆与售后混淆。初始兴趣混淆又称售前混淆，其发生于售前，消费者在购买商标品时无混淆，且在没有混淆的情况下，做出了与之前预先设定目标不同的购物决策。例如，有消费者驱车前往某心仪电影院观看电影，本应于高速公路的第二出口驶出，但因在第一出口附近侵权人树立了与该电影院商标近似的标记，使得该消费者提前经第一出口驶出，在到达电影院后才发现自己走错路了。但考虑到原路返回所要付出的成本以及电影放映的时间，消费者被迫选择于该电影院进行观看。因此，初始兴趣混淆导致消费者搜索成本的增高，使消费者被动接受了侵权人提供的商品，使原权利人丧失交易机会。将初始兴趣混淆纳入混淆可能类型的支持者认为，初始兴趣混淆是指消费者对于竞争者产品产生了初始兴趣的混淆。尽管在真实购买前消费者就消除了混淆，但初始混淆利用了商标所代表的商誉，使消费者做出不同的购物决策。

售中混淆作为混淆的一般形态，在此不多做赘述。初始兴趣混淆和售后混淆在我国司法实践中尚未将其作为混淆的类型。

售后混淆是指消费者在购买商品时没有发生商品来源上的混淆，但其他的消费者或者社会公众看到购买者使用相关商品时，发生了商品来源或者关联关系的混淆。这种混淆类型在售后混淆学界也存在争议。支持者认为，虽然侵权人在仿造商标权人的商品时会故意保留商品之间的差异，使购买者在购买时不会发生混淆。但是，商品在被售出后并经购买者使用的过程中，由于仿制品的品质远不及正品，导致旁观者会误以为商标权人的商品品质下降，从而对商标权人的商品做出负面评价，导致商誉受损。并且若不对售后混淆予以规制将导致大量仿造品充斥于市场之上，使得特定商品所具有的稀有、高贵等能够彰显购买者身份的商品功能受到贬损。原本只有少数人得以享有的商品，由于其仿品的存在而变得人尽可用。消费者的个性化需求因此难以继续得到满足，从而放弃对该商品的购买，最终导致商标权人消费者的流失。例如，当消费者将仿造手表戴在手腕上时，有观察者会感到，既然这么多人都戴上劳力士手表，说明劳力士已经不再具有高贵的象征，从而放弃购买。

反对者认为，首先，虽然售后混淆将混淆的主体扩大到旁观者。但是，大多数情况下，旁观者与商标权人并不存在任何关系，即使旁观者发生了混淆，他也不会去购买商品，并不存在基于混淆做出购物决策的可能性。因此，单纯地将混淆主体扩大至旁观者无疑扩大了商标权的保护范围。其次，即使将混淆的主体扩展至旁观者，但根据司法实践要求，判断是否存在混淆可能性，应以合理谨慎消费者的注意力水平作为衡量消费者进行购物决策时对商品所投入的关注度。而在售后混淆的环境中，旁观者往往不会近距离地对侵权商品进行观察，仅仅形成一个大概的印象。由此，较之发生普通混淆的相关公众，发生售后混淆的旁观者更加容易陷入混淆可能性的"泥沼"，这无疑降低了商标侵权的判断标准。最后，对于售后混淆使一些商品丧失其原本设定的高贵、独特属性，导致特定群体放弃购买该商品的问题，其本质上属于商标淡化问题，与混淆可能性没有直接关系。

我国司法实践并未承认售后混淆。如前例辉瑞产品有限公司、辉瑞制药有限公司与江苏联环药业股份有限公司等侵犯商标权纠纷案中，辉瑞产品有限公司与辉瑞制药有限公司于再审申请中提出，二审法院仅以被控侵权产品包装于不透明材料之中，包装上注明的生产厂家和其他标识已明显起到表明商品来源的作用，而否认涉案立体商标所具有的独立的区别商品来源的功能，是对商标法律的明显曲解。该院将混淆可能性判断仅限于购买环节，排除了售前混淆与售后混淆，既是对商标功能和价值的错误理解，也是对商标法的错误适用。但该观点并未得到再审法院的支持，仍因不构成商标性使用，认定侵权不成立。

三、反向混淆

传统观念认为，商标侵权往往是指小企业出于依附大企业知名品牌的目的，通过"搭便车"使用与大企业知名品牌相同或者近似商标的行为，窃取知名品牌的商誉。但是，实践中也出现了大企业基于自身的市场优势地位，利用其商标实施打击小企业品牌的行为。由此，出现了反向混淆这一商标混淆类型。反向混淆是指在先商标所有人将提供的商品或者服务，错误地当成了在后商标所有人的商品或者服务。在后商标所有人基于其强势地位，使得消费者认为在先商标所有人的商标来源于在后所有人，损害在先商标及其信誉。对于反向混淆是否应当作为混淆可能性的一种类型仍存在争议。支持者认为，攀附大企业的商誉是商标侵权的常态，但是也确实存在大量小企业不愿意利用大企业商誉的现象。对于那些愿意付出心血培育自己品牌的小企业来说，并不愿意攀附大企业的商誉，这样会导致其品牌在创立初期就被打上与大品牌相关的烙印，这对自身品牌的发展是极为不利的。随着我国经济、文化的发展，品牌本身也呈现出多元化发展的趋势，很多企业都逐渐走上发展自主品牌之路。特别是在服装设计领域，各类所谓设计师品牌层出不穷。这些商标的权利人自品牌创建之初，就无任何攀附之心，而是力图将自有品牌做大做强。在这个过程中，部分小企业就不免落入"大鱼吃小鱼"的困境，大企业凭借其优势地位，可以对在先使用的商标进行排挤，导致品质优良的品牌难以建立，很快被大企业吞并。反对者则认为，首先，反向混淆来源于美国司法判例的概念，法官在司法裁判中对事实的描述，在未经科学论证的前提下，并非严谨的法律概念。对于大陆法系国家来说，上升为立法的法律概念具有更高的普遍性和抽象性要求，因此，对于反向混淆理论的引入应保持谦抑谨慎的态度。

◎ **案例：浙江蓝野酒业有限公司与杭州联华华商集团有限公司、上海百事可乐饮料有限公司侵害商标权纠纷上诉案〔（2007）浙民三终字第74号〕**

浙江蓝野酒业有限公司（以下简称蓝野公司）经国家工商行政管理总局商标局核准，经转让获得，注册号为第3179397号"蓝色风暴"文字、拼音、图形组合商标商标权。蓝野酒业公司在其生产、销售的啤酒上使用了"蓝色风暴"注册商标，并称其准备在碳酸饮料和茶饮料上使用"蓝色风暴"注册商标。上海百事可乐饮料有限公司（以下简称百事可乐公司）先后推出了多次百事主题促销活动，其中包括2005年名为"蓝色风暴"的活动。有关文章、报刊、书籍也先后对"百事蓝色""蓝色风暴"等内容进行了分析报道。蓝野公司于现场购买了涉嫌侵犯其"蓝色风暴"商标权的600mL百事可乐，瓶贴正面中央标有由红白蓝三色组成的图形商标标识（该图形约占瓶身正面的三分之一），在图形商标的上方印有"百事可乐"文字商标标识，在"百事可乐"商标标识的两侧上方标有"蓝色风暴"文字和由红白蓝三色组成的图形商标标识。蓝野公司就此提起商标侵权诉讼。

蓝野公司在一审中提出，误导公众不能仅仅理解为将知名度小的商标误认为知名度大的商标，同时还包括"反向混淆"。百事可乐公司在商业中使用"蓝色风暴"注册商标即属于此类"反向混淆"。一审法院认为，商标法上的"误导""混淆"应当同时具备主客观要件，即主观上具有谋取不当利益、误导公众的意愿，客观上会使普通消费者将两者产品产生混淆。就本案而言，百事可乐公司在产品上使用"蓝色风暴"标识的行为并不构成对公众的误导，也不会造成公众的混淆。

二审中，蓝野公司主张百事可乐公司使用"蓝色风暴"标识的行为足以造成"反向混淆"。百事可乐公司擅自将"蓝色风暴"标识使用为各类饮料、可乐的商业标识、商品名称和商品装潢，并以"蓝色风暴"标识为口号进行广告宣传，使"蓝色风暴"饱和性地充斥于消费者的记忆中，使蓝野公司希望建立起的商誉和商标价值被百事可乐公司的行为淹没，"蓝色风暴"注册商标的价值因百事可乐公司的大肆使用而被抑制，给蓝野公司的商标专用权造成损害。二审法院认为，百事可乐公司通过一系列的宣传促销活动，已经使"蓝色风暴"商标具有很强的显著性，形成了良好的市场声誉，当蓝野公司在自己的产品上使用自己合法注册的"蓝色风暴"商标时，消费者往往会将其与百事可乐公司产生联系，误认为蓝野公司生产的"蓝色风暴"产品与百事可乐公司有关，使蓝野公司与其注册的"蓝色风暴"商标的联系被割裂，"蓝色风暴"注册商标将失去其基本的识别功能，蓝野公司寄予"蓝色风暴"商标谋求市场声誉、拓展企业发展空间、塑造良好企业品牌的价值将受到抑制，其受到的利益损失是明显的。故应当认定百事可乐公司使用的"蓝色风暴"商标与蓝野公司的"蓝色风暴"注册商标构成近似。

第三节 混淆可能性的判断

一、商标近似

《商标法》第五十七条第（二）项规定："商标近似，是指被控侵权的商标与原告的注册商标相比较，其文字的字形、读音、含义或者图形的构图及颜色，或者其各要素组合后的整体结构相似，或者其立体形状、颜色组合近似，易使相关公众对商品的来源产生误认或者认为其来源与原告注册商标的商品有特定的联系。"《商标审查指南》第五章商标相同、近似的审理审查中有关商标近似的规定对于商标侵权中商标近似的判断仍然适用。《商标审查指南》将商标近似定义为，文字、图形、字母、数字、三维标志、颜色组合和声音等商标的构成要素，在发音、视觉、含义或排列顺序等方面虽有一定区别，但整体差异不大。文字商标的近似应主要考虑"形、音、义"三个方面，图形商标应主要考虑构图、外观及着色；组合商标既要考虑整体表现形式，还要考虑显著部分。《商标审查指南》还进一步界定了商标近似程度的概念，即商标标志的近似程度是影响混淆可能性的最根本因素和基础事实。在商标注册审查中，判定商标是否相同、近似主要考虑商标标志本身的近似程度。在其他程序中，在判定商标标志相同、近似的基础上，还应考虑其他因素，从而综合判断商标使用在同一种或类似商品或服务上是否易使相关公众对商品或者服务的来源产生混淆。这些因素包括但不限于：在先商标的显著性、在先商标的知名度、相关公众的注意程度、商标申请人的主观意图、其他因素。（包括商标申请人所处地域、商标的使用方式等因素）

《商标法》《商标审查指南》区分了商标近似与商标近似程度的含义。但二者共同反映，商标侵权判断中的商标近似是一种混淆性近似。如《最高人民法院关于充分发挥知识产权审判职能作用推动社会主义文化大发展大繁荣和促进经济资助协调发展若干问题的意见》（法发〔2011〕18号）第19条指出：相关商标的构成要素整体上构成近似的，可以认定为近似商标。相关商标构成要素整体上不近似，但主张权利的商标的知名度远高于被诉侵权商标的，可以采取比较主要识别部分决定其近似与否。认定商标近似还应根据两者的实际使用情况、使用历史、相关公众的认知状态等因素进行综合判定，防止简单地把商标近似等同于商标构成要素的近似。因此，商标法意义上的商标近似并非商标客观物理形态上的近似，而是一种混淆性近似。在美国法中，通常可以被理解为商标的近似程度。也就是说在一些情况下，即使涉案商标的外观非常近似，但是因为其不会导致相关公众产生混淆的可能，则不被认为是商标侵权意义上的近似。这与我国《商标审查指南》中界定的商标近似程度无异。在商标侵权判定中，混淆可能的判断因素会影响商标的近似程度判断，而当商标近似程度较高时，会在很大程度上被判定为商标侵权。但是需要注意的是，对于商标近似程度的判断，虽然是一种混淆性近似的判断方式，但是其为商标的保护提供了更多的弹性，因此，不能滥用混淆性近似，从而导致诸多异化判例的产生。

◎ **案例1：泸州千年酒业有限公司、四川诸葛亮酒业有限公司、四川诸葛酿酒有限公司与四川江口醇酒业（集团）有限公司侵犯商标权纠纷案〔（2007）民三监字第37-1号〕**

一审法院在判断争议商标"诸葛酿"与"诸葛亮"是否构成近似时认为，"诸葛酿"与"诸葛亮"商标二者的标识均有"诸葛"二字，"酿"与"亮"的发音在我国北方地区发音区别明显，但在我国南方极其近似，而"诸葛酿酒"主要在南方几个省进行生产、销售。因"诸葛"一词在中国不仅为一个姓氏，而且由于《三国演义》的巨大影响，已经具备了"足智多谋"的后天含义，"诸葛"二字成为标识的要部，所以在本案中，"诸葛酿"与"诸葛亮"构成要部相同，可以视"诸葛酿"近似"诸葛亮"，并最终认定使用"诸葛亮"商标的行为构成不正当竞争。

二审法院认为，从二者的音、形、义上进行比较，"诸葛亮"与"诸葛酿"在读音和文字构成上确有相近之处。但是，在字形上，"诸葛亮"注册商标为字体从左到右横向排列的普通黑体字的文字商标；四川江口醇酒业（集团）有限公司（以下简称江口醇集团）作为商品名称使用的"诸葛酿"三个文字为从上到下的排列方式，字体以古印体为主，融合魏体和隶书特点，在字体周边外框加上印章轮廓，在具体的使用方式上，与"诸葛亮"商标存在较为显著的不同。而且，在文字的含义上，"诸葛亮"既是一位著名历史人物，又具有足智多谋的特定含义；"诸葛酿"非单独词汇，是由"诸葛"和"酿"结合而成，用以指代酒的名称，其整体含义与"诸葛亮"不同。就本案而言，"诸葛亮"所固有的独特含义，使得二者含义的不同在分析比较"诸葛亮"注册商标和"诸葛酿"商品名称的近似性时具有重要意义，即这种含义上的差别，使相关公众较易于将二者区别开来。

此外，认定"诸葛亮"与"诸葛酿"是否构成侵犯注册商标专用权意义上的近似，需要考虑"诸葛亮"注册商标的显著性及二者的实际使用情况。"诸葛亮"因其固有的独特含义，在酒类商品中作为注册商标使用时，除经使用而产生了较强的显著性外，一般情况下其显著性较弱。在泸州千年酒业有限公司（以下简称千年酒业公司）受让前，"诸葛亮"注册商标尚未实际使用和具有知名度。千年酒业公司等也未提供证据证明"诸葛亮"注册商标经使用后取得了较强的显著性。在此种情况下，"诸葛亮"注册商标对相近似标识的排斥力较弱，"诸葛酿"商品名称与其在读音和文字构成上的近似，并不足以认定构成侵犯注册商标专用权意义上的近似。

本案全面体现了司法实践中混淆性近似的判断思路，体现了司法解释对商标近似的判断。首先，客观物理意义上，法院判断"诸葛亮"与"诸葛酿"在字形、读音上构成近似。但基于"诸葛亮"作为历史名人的独特含义，得出了诉争商标不构成近似的结论。在此基础上，法院还考虑了显著性、知名度及实际使用情况对争议商标的影响，得出其未构成混淆性近似的结论。

《最高人民法院关于审理商标民事纠纷案件适用法律若干问题的解释》第十条，进一步明确了商标近似的判断原则，即认定商标相同或者近似按照以下原则进行：①以相关公众的一般注意力为标准；②既要进行对商标的整体比对，又要对商标主要部分进行比对，比对应当在比对对象隔离的状态下分别进行；③判断商标是否近似，应当考虑请求保护注册商标的显著性和知名度。本条建立了商标近似的整体比对、隔离比对和要部比对的基本原则。根据该原则，商标近似判断应着眼于对商标整体效果的比较，而非从商标的构成要素出发。两个商标尽管存在单个或者多个特征不近似，但是如果整体视觉效果近似则应认定为近似。《商标审查指南》规定，隔离观察一般指的是在进行商标近似判断时，比对对象应当在隔离的状态下分别进行。但在审查商标时，比对只能是直接的、非隔离的，因此，隔离观察在审查中要求的是应当尽可能以消费者选购商品或者服务的真实场景去判断两商标是否会引起混淆。整体比对是基础，但同时需考虑商标的主要部分或显著识别部分，如果两商标的主要部分或显著识别部分相同或者近似，也容易导致相关公众混淆。

◎ 案例2：山东沂蒙老区酒业有限公司与被申请人国家工商行政管理总局商标评审委员会、贵州贵酒有限责任公司商标争议行政纠纷案［最高人民法院（2013）知行字第101号］

一审法院认为，引证商标一与引证商标二为图文组合商标，二者用于呼叫的显著部分均为文字"贵"，争议商标分别由"贵""贵人道""好事贵人到，好道有贵人""沂蒙老曲"等文字组成，其中"贵"字占整个商标三分之二以上的篇幅且位置突出，已构成争议商标的显著识别部分。引证商标一与引证商标二已注册使用多年，如果允许其在相同或者近似商品上共存，难免引起相关公众对商品来源的混淆、误认（图1）。

终审法院认为，争议商标虽然由汉字"贵、贵人道、沂蒙老曲、好事贵人到、好道有贵人"组合而成，但"贵"字采用较大号的字体，且位于整个争议商标的中间位置，而"沂蒙老曲、贵人道、好事贵人到、好道有贵人"采用较小号的字体，位于整个争议商标的右上角位置，这种文字构图、排列方式使"贵"字构成一个相对独立、醒目的识别部分，其与引证商标一、二的文字部分相比较，用于呼叫的部分与主要部分相同，以相关公众的一般注意力观察，易使相关公众对商品来源产生混淆或误认，构成近似。

图1 案例2涉及商标

数字经济时代，消费者购物时获得商品信息的数量巨大，由此导致信息搜索成本的增加，商标所承载的降低搜索成本和广告宣传功能越发重要。商家在商品交易过程中逐渐认识到，消费者在选择商品时，从商品和服务中得到的感官体验已成为其作出购买决策的重要影响因素。通过加强外来刺激，提升消费者的感觉阈限成为重要营销手段。在此基础上，商标的构成要素在市场交易的积累中不断得到丰富。传统商标已不能满足强感官刺激营销理念的需要，传统商标要素表达的无限性与商标构成的有限性产生必然的冲突。非传统商标丰富的要素表达方式能够解决商标构成的有限性问题。事实上，商家已经开始利用消费情景对消费者的影响，探索感官营销的路径。例如，通过全息透镜技术将全息图和真实环境中的所见进行融合，消费者可以在虚拟环境中控制图像，观看所要购买商品的结构。同时，虚拟现实技术的发展带来了消费方式的进一步变革，传统互联网扁平化的二维购物情景势必被三维情景取代。为适应商标符号传递信息功能的需要，充分利用虚拟现实融合技术带来的沉浸式体验优势，经营者将制造大量适应虚拟现实环境的商标，虚拟视觉商标被用于现实世界时，与传统商标的近似判断规则需要予以关注。

对于虚拟商标，其本质为通过虚拟现实终端设备进行呈现的商标可视化影像，旨在促进虚拟场景的真实化以促进参与者的感官体验。产生于虚拟世界的虚拟视觉商标既可被用于虚拟世界之中，也可通过虚拟现实终端被投放于现实世界。例如，未经现实世界商标权人许可将其商标通过虚拟现实技术加工后生成近似的虚拟商标，并将其使用于虚拟世界或投放于现实世界之中。

对于同处于虚拟世界中的虚拟商标，现有商标近似判断方法仍然适用。而对于虚拟世界中的虚拟商标与现实世界中商标的近似判断，要重点关注空间变化产生的视觉差异。因为商标经虚拟现实技术加工并被跨空间投放后，会发生标志表现形式维度上的变化，给消费者带来不同的视觉体验。其与作品不同，不会因维度变化产生的视觉差异而被认定为新作品，因为作品维度的变化并非源于艺术造型的创作，但是商标作为传递商品或服务信息的标志，由于标志的维度变化以及跨空间的投放，会导致商标发生视觉差异，使其传递信息的准确性受到破坏。因此，对于虚拟商标的近似判断应特别关注由虚实空间变化产生的视觉差异。当虚拟商标与现实世界中的商标在整体视觉效果上构成近似，足以导致相关公众混淆的，应当认定构成近似商标。同时，虚拟商标与现实世界中的商标在整体视觉效果上并不近似，但由于视觉差异的存在，能够导致相关公众混淆的，仍应认定为近似。

二、类似商品或服务

《商标审查标准》规定，类似商品是指在功能、用途、主要原料、生产部门、销售渠道、销售场所、消费群体等方面相同或者具有较大关联性的商品。类似服务是指在服务的目的、内容、方式、对象等方面相同或有密切联系的服务。商品与服务类似，是指商品和服务之间具有较大关联性。判定商品与服务是否类似，应当综合考虑商品与服务之间联系的密切程度，以及在用途、用户、通常效用、销售渠道、销售习惯等方面的一致性。

类似商品的判定应当综合考虑商品的功能和用途、商品的原材料和主要工艺、商品的销售渠道、销售场所、商品的生产者和消费群体、商品与零部件的关系以及消费习惯等其他影响类似商品判定的相关因素。类似服务的判定应当综合考虑服务的目的、服务内容与方式、服务场所、服务提供者所属行业的关联性、服务接受对象的群体范围等其他影响类似服务判定的相关因素。

《最高人民法院关于审理商标民事纠纷案件适用法律若干问题的解释》第十一条规定，类似商品，是指在功能、用途、生产部门、销售渠道、消费对象等方面相同，或者相关公众一般认为其存在特定联系、容易造成混淆的商品。类似服务，是指在服务的目的、内容、方式、对象等方面相同，或者相关公众一般认为存在特定联系、容易造成混淆的服务。商品与服务类似，是指商品和服务之间存在特定联系，容易使相关公众混淆。

对于商品类似的判断应坚持尊重《商标注册用商品和服务国际分类表》（以下简称《分类表》）在类似商品判断中基础性作用的前提下，以相关公众的通常认知与一般交易观念进行综合判断，不拘泥于商品本身的自然特性原则。《商标审查标准》规定，《分类表》是我国商标行政管理部门以《类似商品和服务区分表》（以下简称《区分表》）为基础，总结多年类似商品划分的实践制定的文件。出于稳定注册秩序、统一审理标准、提高审理效率的目的在进行商标审查时，原则上应当参照《分类表》，但由于商品项目的不断更新、发展、市场交易状况的不断变化以及商标个案差异，类似商品也会随之进行调整。《最高人民法院关于审理商标民事纠纷案件适用法律若干问题的解释》第十二条亦指出，认定商品是否类似时，可以将《区分表》作为商品类似的参考。由此可见，以《区分表》作为商品类似判断的基础得到了法律实践的充分认可，其对提升审理效率、保证裁判的可预测性具有重要意义。同时，司法实践也注意到，交易市场包罗之内容何其丰富，虽然《区分表》也会随着市场的实际需要进行调整，但机械适用《区分表》仍会产生空白和僵化。虽然每年商标行政管理机构都会对《区分表》进行修订，增补新的商品类型，但是仍无法满足日益增多的商品类型。因此，《区分表》应作为类似商品判断的基础，但仅应是参照。

◎ 案例3：江苏省广播电视总台、深圳市珍爱网信息技术有限公司与金阿欢侵害商标权纠纷再审案［广东省高级人民法院（2016）粤民再447号民事判决书］

2009年2月16日，金阿欢向商标局申请注册"非诚勿扰"商标，并于2010年9月7日获得核准，核定服务项目为第45类，包括"交友服务、婚姻介绍"等。江苏省广播电视总台（以下简称江苏电视台）旗下的江苏卫视于2010年开办了以婚恋交友为主题、名称为"非诚勿扰"的电视节目。深圳市珍爱网信息技术有限公司（以下简称珍爱网）为"非诚勿扰"节目推选相亲对象，提供广告推销服务，并曾在深圳招募嘉宾，报名地点设在深圳市南山区。金阿欢以江苏电视台和珍爱网侵害其注册商标专用权为由，向深圳市南山区法院提起诉讼，请求法院判令江苏卫视频道立即停止使用"非诚勿扰"栏目名称等。

一审法院认为，"非诚勿扰"电视节目虽然与婚恋交友有关，但终究是电视节目，相关公众一般认为两者不存在特定联系，不容易造成公众混淆，不构成侵权。

深圳市中级人民法院二审认为，从非诚勿扰节目简介、开场白、结束语、参加报名条件、节目中男女嘉宾互动内容，以及国家广播电视总局的发文、媒体评论，可认定其为相亲、交友节目，与金阿欢涉案注册商标所核定的"交友、婚姻介绍"服务相同，构成侵权。

广东省高级人民法院再审认为，"非诚勿扰"电视节目与金阿欢注册商标所核准使用的"交友服务、婚姻介绍"在服务目的、内容、方式和对象上均具有明显区别，以相关公众的一般认知，能够清晰区分电视文娱节目的内容与现实中的婚介服务活动，故两者不构成类似服务。江苏电视台对"非诚勿扰"标识的使用，不构成对金阿欢注册商标权的侵犯，从而撤销二审判决，维持一审判决。

本案充分体现了司法实践中对于类似商品（服务）判断的基本原则。"交友服务、婚姻介绍"与"提供广告推销服务"处于"区分表"的不同类似群组。以此为参考，诉争商标不构成类似商品（服务），一审法院据此做出不侵权的判决。二审法院则从是否构成混淆的角度对类似进行判断，最终得出构成类似商品（服务）的结论。再审法院则从提供服务的目的、内容、方式、对象等角度出发，认为电视娱乐节目与婚姻中介服务具有明显区别，能够被区分，得出不构成侵权的结论。可见，"区分表"在类似商品（服务）的判断过程中会产生很大影响。但也应从相关公众的认知出发，对于足以造成混淆的行为应勇于突破"区分表"进行判断。但与商标近似的判断一样，不能将混淆作为突破"分类表"的托词。

当前，随着人工智能、区块链、虚拟现实等技术与互联网产生深度结合，由传统互联网搭建的二维网络虚拟世界向3D高沉浸式虚拟世界转变。经营者通过虚拟现实技术搭建虚拟商业世界的动态过程，旨在为用户打造高沉浸式的购物体验，呈现出全新维度的虚实融合购物环境。随着购物环境维度的变化，传统互联网扁平化的购物环境正在向立体维度转变，为适应购物环境的变化，为虚拟商品（服务）的判断带来新的挑战。一项学者的调查研究显示，在192件法院作出初步禁令的案件抽样中，商品（服务）被认定为构成类似，有利于混淆可能性成立的案件数量为134件（69.8%），最终71%的原告赢得了多因素测试，商品和服务未被认定为构成类似案件的原告胜诉率仅为（30.2%）。同时，在被认定商品和服务均未构成类似的41件案件中，仅有1个案件被认定为混淆可能性成立，占比仅为0.24%。除传统理论对类似商品和服务的判断存在主观说与客观说的争议外，在虚拟现实技术下，交易环境的变化给类似商品和服务的判断也带来了困难。

对于同处于虚拟空间中的虚拟商品（服务）的类似判断，仍应以"分类表"中的分类作为参考，结合相关公众的一般认知进行判断。首先，应丰富"分类表"中商品（服务）的种类，以保证类似虚拟商品（服务）的判断有据可依。在现有"分类表"体系中，单独设立与实体商品（服务）对应的"虚拟环境下商品（服务）"类似群组，罗列各类与虚拟现实技术相对应的虚拟商品（服务）。该类似群组中的商品（服务）与本类中其他群组的商品（服务）不类似，与其他类别的实体商品（服务）不构成交叉检索。例如，在第12类车辆、陆、空、海运载器商品中增加1212类似群组，可对应实体中车辆设置虚拟环境下的各类车辆，仅当其他商标注册于该群组中的商品（服务）时才构成类似商品（服务）。换言之，虚拟现实世界中的类似商品和服务的判断原则是，虚拟世界与虚拟世界同维内虚拟商品（服务）可在完善《分类表》的前提下以其为参考依据，并结合虚拟商品（服务）的功能、用途、生产部门、销售渠道、消费对象和服务的目的、内容、方式、对象等进行判断，因为虚拟商品（服务）生成技术原理与使用环境具有一致性。对于跨空间中的（商品）服务无进行类似判断之必要，原因在于虚拟世界中的商品（服务）与现实世界的商品（服务）在性质上存在显著区别，并不具备进行类似商品（服务）判断的基础。首先，两者使用价值不同。实体商品（服务）使用价值体现为其物质的使用性，而虚拟商品（服务）的价值主要源于技术投入给用户带来的沉浸式体验，以及由此产生的精神上的体验感和满足感，两者在使用价值上存在差异。其次，两者法律属性不同。实体商品（服务）属于"物"的范畴，以"有体物"的形式存在，实体商品（服务）交易的本质是物的所有权的变动。虚拟商品（服务）不以"有体物"为载体，两者并非同一法律关系客体，不具备类似商品（服务）的判断基础。

三、实际混淆

在司法实践中，虽然实际混淆不是商标侵权的判断标准，但是其对混淆可能性的判断具有重要意义。如果原告能够在诉讼中提供实际混淆的证据，则可以认定推定诉争商标共存会导致相关公众的混淆可能性。反之，如果两个商标长期共存于市场，并未产生实际混淆，则可推定二者之间不存在混淆可能性，不构成商标侵权。主要能够被法院采信的证明实际混淆的证据为以下几个种类：首先，司法实践中最能体现存在实际混淆的证据为消费者的误购，即由于诉争商标存在近似性，使消费者在错误认知下购买了被告商品。由此证明，由于实际混淆的发生，使原本属于权利人的消费者流向了侵权人。消费者误购可以通过让基于混淆做出错误购买行为的消费者以证人证言的方式向法院证明实际混淆的发生，这种形式较之其他证据形式更加具备客观性、合法性与关联性。但是，即使是消费者本人当庭做出的陈述，并且其陈述完全能够证明其误购行为是基于混淆而非其他操作失误、注意力水平不足等原因做出的，但也不能完全证明实际混淆的存在，该证据也未必全部被法院采纳。例如在"阿姆布里特"案❶中，虽然有4名消费者对误购时发生实际混淆的主观心态进行了说明，但是初审法院认为，考虑到商品销售的广大市场，仅仅4名消费者发生实际混淆，并不能表明相当数量的消费者也会发生实际混淆。因此，对于做出误购行为的消费者的数量、注意力水平以及商品的价格、品质等因素都会影响这类证据的证明力。本案中，上诉法院在考虑到由于商品售价很低，即使消费者做出了误购行为也很少有消费者会因此进行投诉。因此，虽然仅4名消费者做出了实际混淆的陈述，但也可以认定本案中存在实际混淆。除误购外，司法实践中，原告通常以提交订单、申诉信件、保修单或者是向法院提交错误邮寄等证据的方式证明实际混淆的存在。这些证据虽然在一定程度上可以证明实际混淆，但能否被法院采纳也要结合其他证据进行相互印证。例如，将原告商品保修单错误邮寄给被告的行为，虽然表面上可以证明实际混淆的存在，但还要证明该错误邮寄的行为是基于混淆做出的，而不是操作上的失误。由此可见，对于实际混淆的直接证据存在取证难的问题，并且仅仅依靠实际混淆的孤证难以达到实际混淆证明的要求。由于实际混淆的直接证据存在取证难、孤证难以达到证明要求的问题，有诉讼当事人采用提交调查报告的方式，间接证明实际混淆的存在，并通过科学测度将实际混淆这一抽象的主观问题客观化。近年来，以调查报告对实际混淆进行证明的案件数量明显增多，也出现了法院依据调查报告进行定案的实例。

◎ 案例4：迈克尔·杰弗里·乔丹、国家知识产权局商标行政管理（商标）再审行政判决书[（2018）最高法行再32号]

本案再审程序中，再审申请人提交了中国新闻网联合数字100市场研究公司发起的一项在线调查，其认为该份在线调查结果本身就足以推翻商标评审委员会和一、二审法院关于"双方已分别形成了各自的消费群体和市场认知"的错误认定。再审申请人针对公众误以为乔丹公司与再审申请人存在特定关系的问题，提供了市场调查报告以及媒体报道、网络评论证据。但是，乔丹公司却未能提供充分的反证证明"双方已分别形成了各自的消费群体和市场认知。"

---

❶ 李明德. 美国知识产权法［M］. 北京：法律出版社，2003：578.

最高人民法院认为，再审申请人提交了两份零点调查公司于2012年完成的《MichaelJordan（迈克尔·乔丹）与乔丹体育品牌联想调查报告（全国、上海）》（以下统称两份调查报告）。两份调查报告的调查活动分别在北京、上海、广州、成都和常熟五个城市进行，以获得一般消费者对乔丹体育品牌和再审申请人之间关系的认知。两份调查报告的调查过程分别由北京市长安公证处、上海市东方公证处等公证机构进行公证，两份调查报告后附有"技术说明"和"问卷"，以及问题卡片等。两份调查报告显示，调查的对象为年龄28~60周岁，在调查地居住2年以上的当地居民，调查对象过去半年没有接受过市场调查，非调查、咨询、广告、服装、体育等敏感行业从业人员，实际调查的人群人口学分布特征与"2010年第六次全国人口普查"的人口学分布特征基本一致。访问方式采用拦截访问的方式，采用读录式问卷进行访问。抽样方法为多阶段分层随机抽样方法。两份调查报告显示，向受访者提问"提到'乔丹'，您第一反应想到的是"时，分别有85%、63.8%的受访者回答想到的是再审申请人，分别有14.5%、24%的受访者回答想到的是"乔丹体育"。在问到再审申请人与"乔丹体育"之间的关系的时候，分别有68.1%、58.1%的受访者认为二者有关。在近两年（调查时）购买过乔丹体育品牌产品的受访者中，分别有93.5%、78.1%的受访者认为再审申请人与"乔丹体育"有关。关于再审申请人与乔丹公司的具体关系，由高到低不同比例的受访者认为二者为"代言人""授权使用""企业开办人"等关系。两份调查报告的调查过程由公证机关进行公证，调查程序较为规范，调查结论的真实性、证明力相对较高，可以与本案其他证据结合后共同证明相关事实。

四、相关公众

《最高人民法院关于审理商标民事纠纷案件适用法律若干问题的解释》第八条界定了相关公众的范围即商标法所称相关公众，是指与商标所标识的某类商品或者服务有关的消费者和与前述商品或者服务的营销有密切关系的其他经营者。"相关公众"是混淆可能性标准适用的主体。对于混淆可能性的判定，本质上是回答"谁"会发生混淆可能的问题。根据司法解释的规定，此处所述"消费者"不仅仅是商品的购买者，也包括了商品的潜在购买者和与购买商品密切相关的经营者。由于商标立法对于"相关公众"的界定较为模糊，目前关于"到底涉案商标使得多少相关公众发生混淆可能才能够被认定侵权""如果涉案商标在部分相关公众中发生混淆，而在另一部分公众中未发生混淆应以哪部分消费者为标准""当相关公众发生混淆时，对其施压的注意力水平应作何要求"等问题均亟须立法者做出回应。

各国立法普遍将相关公众的合理谨慎注意力水平作为混淆可能性主体的判断标准，例如，美国第九巡回上诉法院认为："混淆可能性测试是市场中的合理谨慎的相关公众很可能就使用这些商标之一的商品或服务的来源发生混淆。"虽然商标理论和司法实践均明确将"相关公众合理谨慎的注意力水平"作为混淆可能性主体的判断标准，但是缺少对"相关公众合理谨慎注意力水平"的具体评测方法，从而导致法官的恣意裁判。由此看来，对于混淆可能性的判断主体——相关公众的界定，其核心就是回答相关公众的范围以及在对混淆可能性进行判断时，影响相关公众施加一般合理谨慎注意义务的影响因素。

在实践中，相关公众的范围之广泛，甚至可以囊任何消费者、经营者及潜在消费者。

而在一些特定领域，由于实施商品交易的主体仅限于特定范围之内，故在个案中应以该特定范围内的相关公众的注意力水平作为判断是否发生混淆的主体标准。在这些特定领域中，相关公众往往因为知识水平、商品价格等因素在识别商标时会付出更多的注意力，因此在判断时，可以对该特定领域相关公众的认知水平予以适当的提高。

五、显著性与知名度

显著性和知名度是判断商标近似性与商品类似性判断需要考虑的因素。根据传统商标法理论，显著性又称为商标强度，是商标侵权判断多种因素中重要性仅次于商标近似性与商品类似性的存在。学理通说认为，商标的显著性与商标的识别功能关系密切，识别功能越强的商标其显著性越强，反之显著性则越弱。显著性决定了商标的保护范围。显著性强和知名度越高的商标，其可以获得的保护范围就越宽，其保护范围就越大。而显著性和知名度越低的商标，其可以获得的保护范围就越窄，其商标权的保护范围则越小。事实上，司法实践中对商标权的弹性保护就是通过发挥显著性的调节作用实现的。在司法实践中，当事人通过提交有关商标使用情况、使用时间及相关媒体报道的情况等对显著性强弱进行间接证明，以此是诉争商标获得更大的保护范围和更高的赔偿数额。由于商标的显著性与商标知名度关系密切，商标的显著性高其一般则享有较高声誉，是得到消费者认可的商标。一般来说，商标显著性较强，其知名度一般较高。因此，显著性与知名度的认定具有正相关关系。

◎ 案例5：腾讯科技（深圳）有限公司（以下简称腾讯公司）与深圳市小飞鱼移动科技有限公司（以下简称小飞鱼公司）、深圳市风铃动漫有限公司（以下简称风铃公司）、济南历下上方有电子产品经营部、黄宇高、龚浪侵害商标权及不正当竞争纠纷案［本案为2020年中国法院50件典型知识产权案例：知识产权民事案件之（二）侵害商标权纠纷案件。案号为（2020）鲁民终568号］

原告腾讯公司依法享有第5101945号、第3058129号注册商标专用权，核定使用商品为第9类，包括计算机、计算机外围设备等。腾讯公司曾授权风铃公司生产、销售腾讯儿童手表，但未在其他商品上授权其使用腾讯商标。原告取证的四款不同型号的无线耳机产品上标注：腾讯公司为版权商、风铃公司为被授权商、小飞鱼公司为制造商。耳机产品的内外包装盒、说明书等多处位置标注了标识。原告腾讯公司起诉要求判令各被告立即停止商标侵权和不正当竞争行为，赔偿经济损失及合理开支共计2000万元。法院经审理认为，考量涉案商标和企业名称的市场知名度及显著性、被告侵权行为的性质、过错程度、经营规模，侵权产品线上、线下的广泛销售范围和价格，原告维权取证的难度及支付的合理费用等因素，被告侵权获利明显超过商标法规定的法定赔偿上限，故对原告主张的赔偿数额2000万元予以支持。

本案中法院根据权利人的主张、涉案企业和商标的知名度、侵权行为性质、过错程度、经营规模等因素，突破《商标法》规定的法定赔偿上限来确定赔偿金额。具有较高的品牌价值、知名度和美誉度的商标和企业名称，应当获得相应水平的保护强度。

六、侵权人的主观故意

根据《商标法》的规定，商标侵权的认定采用无过错责任原则即无论侵权人只要实施了法律规定的商标侵权行为，出现了损害结果就应当承担侵权责任。因此，商标侵权的认定不以侵权人的主观故意为要件。但是，司法实践中法官往往可以通过是否存造成混淆可能性的主观故意辅助混淆可能性的判断。侵权人主观故意是判断混淆可能性的一个因素，但不是必要因素，能够证明侵权人存在主观故意有利于得出混淆可能性成立的结论，但缺乏这一要素的证据，也并不必然导致不利后果。

将侵权人的主观故意作为判断商标侵权的成立要件与商标侵权判断理念的历史发展，二者关系密切。纵观历史，对于商标权的保护应上溯于19世纪初，英美等国以欺诈作为商标侵权的判断标准。法院在认定某一行为是否构成侵权时，主要关注侵权人的"主观故意""侵害性""虚假陈述"三个方面内容。例如，在"JG v.Samford"案中，原告为英国布商，其布料制品在业界受到消费者的广泛欢迎，原告在其布料制品上使用含有字母J.G和打褶机手柄的标记，并销往英格兰各地。被告为获得不法利润，在其生产的布料制品上也使用了与原告一样的J.G字母和打褶机手柄标记。买方基于对原告产品的信赖购入了被告销售的布料，后发现质量根本无法与原告相比。原告以销量受损为由提起诉讼，主审的四位法官中有两位认为，冒用他人标记是损害他人权益的非法行为，而另两位法官则认为，无论商标使用人使用何种标记均为合法。直至19世纪中叶，英美等国法律才对商标权的保护重心由保护权利人逐渐向保护消费者过渡，加之对商标财产属性的不断确信，混淆可能性逐步取代欺诈成为商标侵权的判断标准。但"欺诈"作为早期商标侵权判定的标准，仍留存于混淆可能性的判断之中。

◎ 案例6：和睦家医疗管理咨询（北京）有限公司（以下简称和睦家公司）与福州和睦佳妇产医院（以下简称福州市和睦佳医院）、福州和睦佳妇产医院有限公司（以下简称福州市和睦佳公司）侵害商标权及不正当竞争纠纷案［本案案号：（2018）最高法民再428号］

和睦家公司请求判令福州市和睦佳停止侵害其"和睦家"文字商标和图形商标、停止使用"和睦佳"文字并变更企业名称、赔偿300万元。和睦家公司于2007年11月7日注册前述两商标，在福州市和睦佳成立之前，在北京、上海、广州等地陆续成立7家使用"和睦家"字号的医疗机构，在医疗服务上长期使用"和睦家"字号和商标；"和睦家"系列医疗机构作了大量广告宣传，相关医疗机构的年度营业收入达到一定规模，也获得一些荣誉。全国或者地方发行的报纸期刊等也对上述"和睦家"医疗机构作了不少宣传报道。福州市和睦佳公司和福州市和睦佳医院分别成立于2011年4月和6月，经营范围包括预防保健科、妇产科、新生儿专业等，在医疗服务中突出使用"和睦佳"文字标识，还同时使用了与上述和睦家公司图形商标高度近似的图形标识。

最高人民法院再审审理认为：和睦家公司请求保护的"和睦家"具有一定的市场知名度，为相关公众所知悉。某市和睦佳使用"和睦佳"以攀附和睦家公司"和睦家"字号商誉的主观意图很明显，其使用"和睦佳"作为企业字号的行为已构成《反不正当竞争法》中所指的擅自使用他人企业名称、引人误认的不正当竞争行为。福州市和睦佳使用的图形标识与和睦家公司拥有的图形商标整体结构和主要识别部分高度近似，在形态上均易被识别为一对父母怀抱婴儿的图像；其在医院经营活动中突出使用与和睦家公司"和睦家"文字商标近似的"和睦佳"文字标识的同时，还联合使用与和睦家公司图形商标近似的图形标识，容易使相关公众对两者的医疗服务产生混淆，仿冒和睦家公司医疗服务来源的主观意图非常明显，其行为已构成侵害注册商标专用权。

第四节　商标侵权行为

一、商标相同与商标近似

《商标法》第五十七条的规定，有下列行为之一的，均属侵犯注册商标专用权：（一）未经商标注册人的许可，在同一种商品上使用与其注册商标相同的商标的；（二）未经商标注册人的许可，在同一种商品上使用与其注册商标近似的商标，或者在类似商品上使用与其注册商标相同或者近似的商标，容易导致混淆的。根据《最高人民法院关于审理商标民事纠纷案件适用法律若干问题的解释》第九条的规定，商标相同，是指被控侵权的商标与原告的注册商标相比较，二者在视觉上基本无差别。

根据上述规定可以看出，当诉争商标相同时，无须对是否构成混淆进行判断，可直接推定构成商标侵权。除非侵权人有相反证据证明，其使用与权利人相同商标的行为未导致相关公众的混淆。《与贸易有关的知识产权协议》（以下简称TRIPS协议）第十六条规定，注册商标的所有人应有专有权来阻止所有第三方未经其同意在交易过程中对与已获商标注册的货物或服务相同或类似的货物或服务使用相同或类似的标记，如果这种使用可能会产生混淆。若对相同货物或服务使用了相同的标记，则应推定为存在混淆的可能。上述权利不应损害任何现有的优先权，也不应影响各成员以使用为基础授予权利的权利。商标相同时商标权人拥有绝对领域，因为在绝大多数情况下，相关公众均会对"一模一样"的商标产生混淆，难以将使用相同商标的不同主体进行区分。因此，将使用相同商标但未发生混淆的证明责任转移给侵权方。

对于商标近似的判断原则与方法于本书第六章第三节已经做了介绍，在此不再赘述。在此特别补充说明根据《商标法实施条例》第七十六条的规定，在同一种商品或者类似商品上将与他人注册商标相同或者近似的标志作为商品名称或者商品装潢使用，误导公众的，属于《商标法》第五十七条第（二）项规定的侵犯注册商标专用权的行为。据此，将与他人商标相同或者近似的商标作为商品名称、装潢的使用行为也属于商标侵权行为，受到商标法规制。

二、销售侵犯注册商标专用权的商品的

《商标法》第五十七条（三）规定，销售侵犯注册商标专用权的商品的构成商标侵权。所谓销售是指以出售、租赁或者其他方法向第三方提供产品或服务的行为。适用本条款时，无论销售者主观上是否有侵犯他人商标权的故意行为，只要客观上由其所销售的商品中因含有权利人的商标会导致相关公众混淆的，均构成商标侵权。本条是为了调整商品流通环节的商标侵权行为，旨在约束销售商的销售行为，虽然销售商并未实施直接贴附侵犯他人商标权商品的行为，但当其销售行为足以导致相关公众产生混淆，亦应承担侵权责任。同时需要注意的是，本条仅对商品流通环节中销售商的销售行为进行规制，对于假冒商标商品的最终使用者不应承担侵权责任。

◎ 案例1：深圳市埃弗矣科技有限公司与雷莫电子（上海）有限公司侵害商标纠纷案［上海知识产权法院（2017）沪73民终244号民事判决书］

原告诉称，被告在其经营的酒店使用了大量带有"KOHLER"商标的马桶和浴缸，但原告并未生产过款式相同的产品，产品的釉面色泽、所使用商标标识的字体、打印方式均与原告的正品不同，被告所称的购买价格也远低于原告的正品价格，故属于假冒原告商标的行为。因此，被告购买假冒原告商标的商品并在酒店经营中使用，系为了利用原告品牌的知名度和影响力提升其整体企业形象以吸引客户，其行为已经导致消费者产生误认，属于销售假冒注册商标商品的侵权行为。

法院认为，所谓销售，是指以出售、租赁或其他任何方式向第三方提供产品或服务的行为。被告在酒店经营过程中使用涉案马桶、浴缸的行为，并不构成《商标法》规定的销售侵犯注册商标专用权的商品的行为。

三、伪造、擅自制造他人注册商标标识或者销售伪造、擅自制造的注册商标标识

《商标法》五十七条第（四）项将伪造、擅自制造他人注册商标标识或者销售伪造、擅自制造的注册商标标识的行为认定为商标侵权。所谓"伪造"是指未经商标注册人许可而仿造他人注册商标的图样及物质实体制造出与该注册商标标识相同的商标标识。"擅自制造"，是指未经商标权利人许可在商标印制合同规定的印数之外，又私自加印商标标识的行为。伪造与擅自制造的共同特点，都是未经商标注册人许可的行为，对行为人的主观状态不做要求；区别在于前者的商标标识本身是假的，而后者的商标标识本身是真的。本项有利于从源头上打击商标侵权行为，通过对"伪造""擅自"制造商标标识的行为进行打击，减少商标侵权行为的发生。

◎ 案例2：浙江省永康市市场监督管理局查处销售伪造、擅自制造的等注册商标标识案（2021年度商标行政保护十大典型案例）

"🔘""🔘""⬛""Porsche"等商标分别是戴姆勒股份公司、奥迪股份公司、保时捷股份公司等的注册商标，上述注册商标专用权均在有效期内。2021年3月11日，浙江省永康市市场监督管理局依法对永康市普烨五金制品厂经营场所进行检查，现场发现上述商标共10765个。经查，2020年10月28日，当事人购得涉案轮毂盖及中网标、金属标、轮毂盖标、字母标、尾标等共计10900个，随后在微信朋友圈和微信群内销售上述产品。至被查处时，当事人销售涉案侵权商标标识135个。永康市市场监督管理局认定，当事人的行为构成《商标法》第五十七条第（四）项规定的侵权行为，2021年8月31日，依据《商标法》第六十条第（二）项规定，责令当事人立即停止侵权行为，并作出没收、销毁侵权商标标识，罚款25万元的行政处罚。

杜颖教授指出，该案属于通过非传统销售渠道销售伪造、擅自制造的商标标识从而构成商标侵权行为的典型案例。通过微信朋友圈和微信群销售侵犯商标专用权的商标标识更具有隐蔽性，如不有效制止，可能会成为侵权重灾区。该案对杜绝通过社交媒体销售伪造、擅自制造的商标标识的行为具有示范意义。

四、反向假冒

《商标法》第五十七条第（五）项规定，未经商标注册人同意，更换其注册商标并将

该更换商标的商品又投入市场的。此种行为构成商标的反向假冒，属于商标侵权行为。"鳄鱼枫叶"案是我国反向假冒领域最具代表性的案例之一。百盛商业中心在其出售新加坡"鳄鱼"牌服装的专柜上，将其购入的北京服装厂制作的"枫叶"牌服装撕去"枫叶"注册商标，换上"鳄鱼"商标，以高出原"枫叶"服装数倍的价格出售。北京服装厂在北京市第一中级人民法院状告"百盛"及新加坡"鳄鱼"公司损害了其商标专用权；而被告则认为中国商标法仅仅禁止冒用他人商标，不禁止使用自己的商标去假冒他人的产品。我国也有人认为，这一案的被告最多是侵害了消费者权益。分散而众多的消费者们，不可能为自己多花的上百元人民币而组织起来去状告"百盛"及"鳄鱼"公司，所以在此案中，被告不会受任何惩处。但如果不将此种行为认定为商标侵权，则会导致外国企业可以在购入任何我国商品后，在去除商品商标贴附上自己商标后再次进行销售，这会对我国自主品牌的发展带来极为不利的影响。反向假冒行为较之其他商标侵权行为，不仅给商标权人的商誉带来贬损，使其丧失了相应的市场机会，同时也有损消费者的知情权。

◎ 案例3：万利达集团有限公司与北京仁歌视听科技有限公司、上海亿人通信终端有限公司等侵害商标权纠纷案［本案案号为（2015）浙甬知初字第41号］

原告是"malata"注册商标的专用权人，该商标经国家工商行政管理总局商标局合法注册，注册号为第1630324号，核定使用的商品为第9类的计算机、便携计算机、计算机键盘、计算机外围设备、集成电路卡、笔记本电脑等。中天公司经授权取得"AOV"商标权，注册号为第10614615号，核定使用商品为第9类的调光器（电）、视听教学仪器、工业遥控操作用电气设备、控制板（电）、投影银幕。经查，由被告提供背面用粘贴纸贴有"AOV"标识的平板电脑，撕开粘贴纸后，露出原本印制在平板电脑上的"malata"商标，并标明制造商为原告万利达集团有限公司。

法院认为，原告在自己制造的平板电脑上使用了享有专用权的"malata"商标，符合法律规定，发挥了商标识别商品来源的作用。现被告将"AOV"商标覆盖在"malata"商标之上，并将更换了商标的平板电脑又投入市场，剥夺了原告向相关公众展示其商标的权利，会使相关公众对涉案平板电脑的来源产生误认，将原本来源于原告的商品误认为和"AOV"商标有特定联系的商品，使原告失去了通过市场创建品牌，获得商誉的机会，妨碍了"malata"注册商标发挥识别作用的功能，无法体现其品牌价值。被告中天公司的行为对原告依法享有的注册商标专用权造成损害，其行为构成商标侵权。

五、共同侵权行为

《商标法》第五十七条第（六）项：故意为侵犯他人商标专用权行为提供便利条件，帮助他人实施侵犯商标专用权行为的构成共同侵权。《商标法实施条例》第七十五条进一步对帮助侵权的行为予以明确，即为侵犯他人商标专用权提供仓储、运输、邮寄、印制、隐匿、经营场所、网络商品交易平台等，属于《商标法》第五十七条第（六）项规定的提供便利条件。作为一种帮助侵权行为，要求行为人主观上具有明知或者应知的主观故意。例如，市场管理者负有对在其场所内经营者的经营行为进行监督的职责。市场管理者对其经营者在其经营场所内实施的侵害他人商标权的行为，有权要求整改。对拒不整改的，有权采取断水断电、停电整顿、终止合作关系等措施以敦促经营者尊重商标权人权利。市场管理者所实施的措施应达到足以制止侵权发生的要求，否则将导致监管流于形式。若市场管理者所采取的措施不足以制止侵权发生时，则可认定其存在主观过错，承担商标侵权的间接责任。

◎ 案例4：广州羿丰置业有限公司（以下简称羿丰公司）、广州白云世界皮具贸易中心市场经营管理有限公司与迈可寇斯（瑞士）国际股份有限公司（以下简称迈可寇斯公司）、杨某某商标侵权纠纷案［本案案号为（2019）粤73民终3918号］

羿丰公司作为涉案市场开办方、管理方，涉案商铺系由羿丰公司出租，其客观上为涉案商铺的侵权行为提供了便利条件。本案中，羿丰公司是否构成商标侵权的关键在于其主观上是否构成故意。分析如下：①羿丰公司对涉案市场具有较高的注意义务。涉案迈可寇斯商标是手袋、钱包领域上的国际知名品牌。羿丰公司作为专业的皮具贸易市场开办方，理应对该品牌商品的市场销售渠道及零售价格等是否合理较普通商品有更高的注意义务和判断能力。②羿丰公司未尽到监管责任。首先，羿丰公司在本案中提交的公证复查申请书记载有141份公证书涉及涉案市场售假行为，表明涉案市场的侵权行为并非个案，涉案商铺及涉案市场售假行为十分明显，羿丰公司并未尽到监管责任；其次，迈可寇斯公司于2016年5月6日即向羿丰公司发出律师函，明确告知涉案市场有侵犯涉案商标权的行为，要求羿丰公司采取措施制止售假行为，但此后，迈可寇斯公司仍能在涉案市场购买到侵权商品，且羿丰公司也未提交证据证明在收到律师函后有对涉案市场采取任何监管措施，故应当认定羿丰公司未尽到监管责任，构成帮助侵权应承担连带责任。

随着互联网技术的发展，网络服务提供者在知识产权侵权中的责任承担问题日益凸显。《民法典·侵权责任编》为网络服务提供者责任承担提供了上位法基础。《民法典》第一千一百九十五条规定了网络服务提供者的"通知与取下"程序。本条在著作权法领域也被称为"避风港原则"或"通知删除"规则，但经用民法典规定后，既扩大了网络服务提供者范围，也丰富了采取必要措施的手段。该条规定，网络用户利用网络服务实施侵权行为的，权利人有权通知网络服务提供者采取删除、屏蔽、断开链接等必要措施。

通知应当包括构成侵权的初步证据及权利人的真实身份信息。网络服务提供者接到通知后，应当及时将该通知转送相关网络用户，并根据构成侵权的初步证据和服务类型采取必要措施；未及时采取必要措施的，对损害的扩大部分与该网络用户承担连带责任。

权利人因错误通知造成网络用户或者网络服务提供者损害的，应当承担侵权责任。法律另有规定的，依照其规定。

该程序主要是使网络服务提供者能够有条件地豁免在对网络用户造成侵权时应承担的间接责任。本条赋予权利人遇到网络用户于网络环境中实施侵犯其权利时，可以通知网络服务提供者采取删除、屏蔽、断开链接等必要措施的权利。通知的内容应包括构成侵权的初步证据及权利人的真实身份信息。作为网络服务提供者在接到通知后，还应承担及时将权利人的通知进行转送和对侵权证据进行审核的义务。这就要求网络服务提供者要强制网络用户实名制，同时要不断提升对内容的网络监管能力。若未采取有效措施，导致损失扩大的，网络服务提供者应承担连带责任。对权利人通知错误的，网络服务提供者与网络用户拥有对其进行追偿的权利。

《电子商务法》第四十二条反映了电子商务领域的"避风港"原则。该条规定，知识产权权利人认为其知识产权受到侵害的，有权通知电子商务平台经营者采取删除、屏蔽、断开链接、终止交易和服务等必要措施。通知应当包括构成侵权的初步证据。

电子商务平台经营者接到通知后，应当及时采取必要措施，并将该通知转送平台内经营者；未及时采取必要措施的，对损害的扩大部分与平台内经营者承担连带责任。

因通知错误造成平台内经营者损害的，依法承担民事责任。恶意发出错误通知，造成平台内经营者损失的，加倍承担赔偿责任。

《信息网络传播权保护条例》第十四条，对通知的内容做了详细规定即对提供信息存储空间或者提供搜索、链接服务的网络服务提供者，权利人认为其服务所涉及的作品、表演、录音录像制品，侵犯自己的信息网络传播权或者被删除、改变了自己的权利管理电子信息的，可以向该网络服务提供者提交书面通知，要求网络服务提供者删除该作品、表演、录音录像制品，或者断开与该作品、表演、录音录像制品的链接。通知书应当包含下列内容：①权利人的姓名（名称）、联系方式和地址；②要求删除或者断开链接的侵权作品、表演、录音录像制品的名称和网络地址；③构成侵权的初步证明材料。

权利人应当对通知书的真实性负责。

《民法典》第一千一百九十五条是网络服务提供者的豁免条款。如其尽到了通知和采取有效措施之义务则无须承担间接侵权责任。但是如果网络用户利用网络服务提供者实施侵权行为已经非常明显，但是网络服务提供者并未采取有效措施对其进行限制，在明知或应知状态下放任侵权行为的发生，则此时网络服务提供者应当承担共同侵权的责任。《民法典》第一千一百九十七条规定，网络服务提供者知道或者应当知道网络用户利用其网络服务侵害他人民事权益，未采取必要措施的，与该网络用户承担连带责任。该条又被称为"红旗原则"。包括《信息网络传播权保护条例》第二十三条也做出相应规定，即网络服务提供者为服务对象提供搜索或者链接服务，在接到权利人的通知书后，根据本条例规定断开与侵权的作品、表演、录音录像制品的链接的，不承担赔偿责任；但是，明知或者应知所链接的作品、表演、录音录像制品侵权的，应当承担共同侵权责任。

对于"知道"或者"应当知道"在司法实践中是一个较难判断的问题，需要在个案中结合各类因素予以综合判断。但不应苛以网络服务提供者普遍审查的义务和过高的审查义务。例如，对涉及侵犯著作权、专利权、商标权、于网络平台散布个人信息等行为不经司法机关审判难以判定其是否侵权。因此，不应苛以网络服务提供者过高的审查义务。但是，对在网络之中某些已经发展成为社会热点事件，为公众所知的侵权案件，如果网络服务提供者视而不见，未进行审查，则应承担侵权责任。

《民法典》《电子商务法》在对"避风港"原则做出规定的同时，还创立了未侵权声明制度。即《民法典》第一千一百九十六条规定，网络用户接到转送的通知后，可以向网络服务提供者提交不存在侵权行为的声明。声明应当包括不存在侵权行为的初步证据及网络用户的真实身份信息。

网络服务提供者接到声明后，应当将该声明转送发出通知的权利人，并告知其可以向有关部门投诉或者向人民法院提起诉讼。网络服务提供者在转送声明到达权利人后的合理期限内，未收到权利人已经投诉或者提起诉讼通知的，应当及时终止所采取的措施。该制度有利于权利人对其权利进行标注，以更好地宣示主权。同时，通过"或投诉或起诉"制度的设立，实现了私力救济向公力救济的转变。

综上，作为网络服务提供者，应通过"事前监控+畅通通知转送"的方式进行合规以避免承担侵权责任。如加强网络用户的实名化、建立知识产权保护规则、畅通通知与反通知的传递渠道、"取下"技术手段积极实施等。加强平台监管，对明显的侵权行为，直接采取删除、屏蔽、断开链接措施，以避免承担共同侵权责任。

◎ 案例5：衣念（上海）时装贸易有限公司诉浙江淘宝网络有限公司（以下简称淘宝公司）、杜国发侵害商标权纠纷［本案案号为（2011）沪一中民五（知）终字第40号］

　　法院认为，首先，被上诉人衣念公司从2006年起就淘宝网上的商标侵权向上诉人淘宝公司投诉，而且投诉量巨大，然而至2009年11月，淘宝网上仍然存在大量被投诉侵权的商品信息，且在上诉人删除的被投诉商品信息中，遭到卖家反通知的比率很小，由此可见，上诉人对在淘宝网上大量存在商标侵权商品之现象是知道的，而且也知道对被上诉人这样长期大量的投诉所采取的仅作删除链接的处理方式见效并不明显。其次，被上诉人的投诉函明确了其认为侵权的商品信息链接及相关的理由，虽然被上诉人没有就每一个投诉侵权的链接说明侵权的理由或提供判断侵权的证明，但是被上诉人已经向上诉人提供了相关的权利证明、投诉侵权的链接地址，并说明了侵权判断的诸多理由，而且被上诉人向上诉人持续投诉多年，其所投诉的理由亦不外乎被上诉人在投诉函中所列明的几种情况，因此上诉人实际也知晓一般情况下的被上诉人投诉的侵权理由类型。上诉人关于被上诉人未提供判断侵权成立的证明，其无法判断侵权成立的上诉理由不能成立；上诉人在处理被上诉人的投诉链接时，必然要查看相关链接的商品信息，从而对相关商品信息是否侵权有初步了解和判断。因此，通过查看相关链接信息，作为经常处理商标侵权投诉的上诉人也应知道淘宝网上的卖家实施侵犯被上诉人商标权的行为。再次，在案的公证书表明被上诉人购买被控侵权商品时原审被告杜国发在其网店内的公告："本店所出售的部分商品是专柜正品，部分是仿原单货，质量可以绝对放心……"从该公告内容即可明显看出杜国发销售侵权商品，上诉人在处理相关被投诉链接信息时对此当然是知道的，由此亦能证明上诉人知道杜国发实施商标侵权行为。最后，判断侵权不仅从投诉人提供的证据考查，还应结合卖家是否反通知来进行判断，通常情况下，经过合法授权的商品信息被删除，被投诉人不可能会漠然处之，其肯定会作出积极回应，及时提出反通知，除非确实是侵权商品信息。故本案上诉人在多次删除杜国发的商品信息并通知杜国发被删除原因后，杜国发并没有回应或提出申辩，据此完全知道杜国发实施了销售侵权商品行为。

　　综合上述因素，法院认为上诉人淘宝公司知道原审被告杜国发利用其网络服务实施商标侵权行为，但仅是被动地根据权利人通知采取没有任何成效的删除链接之措施，未采取必要的能够防止侵权行为发生的措施，从而放任、纵容侵权行为的发生，其主观上具有过错，客观上帮助了杜国发实施侵权行为，构成共同侵权，应当与杜国发承担连带责任。

六、给他人商标权造成其他损害的

　　《商标法》第五十七条第（七）项作为兜底条款对上述六项侵权行为以外的其他商标侵权行为进行规制。下列行为属于《商标法》第五十七条第（七）项规定的给他人注册商标专用权造成其他损害的行为：《最高人民法院关于审理商标民事纠纷案件适用法律若干问题的解释》第一条对其他损害行为进行了具体阐明即包括：①将与他人注册商标相同或者相近似的文字作为企业的字号在相同或者类似商品上突出使用，容易使相关公众产生误认的；②复制、摹仿、翻译他人注册的驰名商标或其主要部分在不相同或者不相类似商品上作为商标使用，误导公众，致使该驰名商标注册人的利益可能受到损害的；③将与他人注册商标相同或者相近似的文字注册为域名，并且通过该域名进行相关商品交易的电子商务，容易使相关公众产生误认的。《商标法》第五十八条规定，将他人注册商标、未注册的驰名商标作为企业名称中的字号使用，误导公众，构成不正当竞争行为。依照《中华人民共和国反不正当竞争法》处理。《反不正当竞争法》第六条第（一）项将擅自使用与他人有一定影响的商品名称、包装、装潢等相同或者近似的标识的行为，若达到了引人误认为是他人商品或者与他人存在特定联系的，认定为不正当竞争行为。

基于上述规定，其他损害行为包含：将与他人注册商标相同或者近似的标志作为企业字号进行突出使用的行为；将未注册驰名商标作为企业字号使用的行为；将注册驰名商标或其主要部分在不相同或不类似服务上作为商标使用行为；将与他人注册商标相同或者近似的标志注册为域名从事电子交易的行为。而对具有一定知名度的名称、包装、装潢等相同或者近似的标识的行为均属于不正当竞争行为。

第五节　商标侵权的抗辩事由

一、正当使用抗辩

《商标法》第五十九条规定："注册商标中含有的本商品的通用名称、图形、型号，或者直接表示商品的质量、主要原料、功能、用途、重量、数量及其他特点，或者含有的地名，注册商标专用权人无权禁止他人正当使用。

三维标志注册商标中含有的商品自身的性质产生的形状、为获得技术效果而需有的商品形状或者使商品具有实质性价值的形状，注册商标专用权人无权禁止他人正当使用。

商标注册人申请商标注册前，他人已经在同一种商品或者类似商品上先于商标注册人使用与注册商标相同或者近似并有一定影响的商标的，注册商标专用权人无权禁止该使用人在原使用范围内继续使用该商标，但可以要求其附加适当区别标识。"

《商标法》第五十九条包含了多种正当使用抗辩的情形。所谓正当使用是指经营者为了说明自己所提供的商品或服务，便于消费者辨认，可以对他人注册商标中所包含的信息依法不经注册商标权利人许可而使用。本条第一款包含了通用名称抗辩及直接表示商品的质量、主要原料、功能、用途、重量、数量及其他特点，或者含有的地名等描述性使用行为。本条第二款是针对三维标志的描述性使用抗辩。本条第三款则为在先使用抗辩。

《最高人民法院关于审理商标授权确权行政案件若干问题的规定》第十条规定，诉争商标属于法定的商品名称或者约定俗成的商品名称的，人民法院应当认定其属于商标法第十一条第一款第（一）项所指的通用名称。依据法律规定或者国家标准、行业标准属于商品通用名称的，应当认定为通用名称。相关公众普遍认为某一名称能够指代一类商品的，应当认定为约定俗成的通用名称。被专业工具书、辞典等列为商品名称的，可以作为认定约定俗成的通用名称的参考。

　　约定俗成的通用名称一般以全国范围内相关公众的通常认识为判断标准。对于由于历史传统、风土人情、地理环境等原因形成的相关市场固定的商品，在该相关市场内通用的称谓，人民法院可以认定为通用名称。

　　作为已经不具备显著性的通用名称无法发挥商标的识别来源功能的，根据商标法的规定，若商标转变为通用名称，将被撤销。故商标权人无法基于通用名称主张商标权，对通用名称的使用不侵犯商标权。

◎ 案例1：山东鲁锦实业有限公司诉鄄城县鲁锦工艺品有限责任公司、济宁礼之邦家纺有限公司侵害商标权及不正当竞争纠纷案［2015年最高人民法院发布第十批指导性案例之二（指导性案例46号）］

　　原告山东鲁锦实业有限公司（以下简称鲁锦公司）诉称：被告鄄城县鲁锦工艺品有限责任公司（以下简称鄄城鲁锦公司）、济宁礼之邦家纺有限公司（以下简称礼之邦公司）大量生产、销售标有"鲁锦"字样的鲁锦产品，侵犯其"鲁锦"注册商标专用权。鄄城鲁锦公司企业名称中含有原告的"鲁锦"注册商标字样，误导消费者，构成不正当竞争。

　　法院认为，"鲁锦"已成为具有地域性特点的棉纺织品的通用名称。商品通用名称是指行业规范或社会公众约定俗成的对某一商品的通常称谓。该通用名称可以是行业规范规定的称谓，也可以是公众约定俗成的简称。鲁锦指鲁西南民间纯棉手工织锦，其色彩绚丽灿烂似锦，在鲁西南地区已有上千年的历史。"鲁锦"作为具有山东特色的手工纺织品的通用名称，为国家主流媒体、各类专业报纸以及山东省新闻媒体所公认，山东省、济宁市、菏泽市、嘉祥县、鄄城县的省市县三级史志资料均将"鲁锦"记载为传统鲁西南民间织锦的"新名"，有关工艺美术和艺术的工具书中也确认"鲁锦"就是产自山东的一种民间纯棉手工纺织品。"鲁锦"织造工艺历史悠久，在提到"鲁锦"时，人们想到的就是传统悠久的山东民间手工棉纺织品及其织造工艺。"鲁锦织造技艺"被确定为国家级非物质文化遗产。"鲁锦"代表的纯棉手工纺织生产工艺并非由某一自然人或企业法人发明而成，而是由山东地区特别是鲁西南地区人民群众长期劳动实践而形成。"鲁锦"代表的纯棉手工纺织品的生产原料亦非某一自然人或企业法人特定种植，而是山东不特定地区广泛种植的棉花。自20世纪80年代中期后，经过媒体的大量宣传，"鲁锦"已成为以棉花为主要原料、手工织线、染色、织造的山东地区民间手工纺织品的通称，且已在山东地区纺织行业领域内通用，并被相关社会公众所接受。综上，可以认定"鲁锦"是山东地区特别是鲁西南地区民间纯棉手工纺织品的通用名称。

　　根据本案事实可以认定，在1999年鲁锦公司将"鲁锦"注册为商标之前，已是山东民间手工棉纺织品的通用名称，"鲁锦"织造技艺为非物质文化遗产。鄄城鲁锦公司、济宁礼之邦公司的行为不构成商标侵权，也非不正当竞争。

　　回接《商标法》第五十九条第一款，直接表示商品的质量、主要原料、功能、用途、重量、数量及其他特点，或者含有的地名，注册商标专用权人无权禁止他人正当使用。也就是说如果使用者出于描述或者说明自己商品或服务的原料、功能等特征使用他人商标，而非将其作为识别商品或服务来源的标识进行使用则为描述性使用，不构成商标侵权。在司法实践中，通常要结合使用者的主观状态以及客观的使用效果进行综合判断。只有当使用者确无使用恶意且从使用方式上看不会导致相关公众产生混淆时，才可认定为描述性使用。

◎ **案例2：上海万翠堂餐饮管理有限公司与温江五阿婆青花椒鱼火锅店侵害商标权纠纷案**
　　[本案案号为（2021）川知民终2152号]

　　上海万翠堂餐饮管理有限公司（以下简称万翠堂公司）系第12046607号注册商标、第17320763号注册商标、第23986528号注册商标"青花椒"图文商标的权利人，核定服务项目均包括第43类饭店、餐厅等，且均在有效期内。2021年5月21日，万翠堂公司发现温江五阿婆青花椒鱼火锅店（以下简称五阿婆火锅店）在店招上使用"青花椒鱼火锅"字样，遂以五阿婆火锅店侵害其注册商标专用权为由诉至法院，请求判令五阿婆火锅店立即停止商标侵权行为并赔偿万翠堂公司经济损失及合理开支共计5万元。一审法院认为，五阿婆火锅店被诉行为构成商标侵权，遂判令五阿婆火锅店停止侵权并赔偿经济损失及合理开支共计3万元。五阿婆火锅店不服，提起上诉。四川省高级人民法院二审认为，青花椒作为川菜的调味料已广为人知。由于饭店、餐厅服务和菜品调味料之间的天然联系，使涉案商标和含有"青花椒"字样的菜品名称在辨识上相互混同，极大地降低了涉案商标的显著性。涉案商标的弱显著性特点决定了其保护范围不宜过宽，否则会妨碍其他市场主体的正当使用，影响公平竞争的市场秩序。在本案中，五阿婆火锅店店招中包含的"青花椒"字样，是对其提供的菜品鱼火锅中含有青花椒调味料这一特点的客观描述，没有单独突出使用，没有攀附万翠堂公司涉案商标的意图，不易导致相关公众混淆或误认。五阿婆火锅店被诉行为系正当使用，不构成商标侵权，遂判决撤销一审判决，驳回万翠堂公司的全部诉讼请求。

　　从本案可以看出，法院在裁判时重点考察了使用者的主观状态与使用状况。通过使用者提交的证据可以看出，使用者并无使用原告"青花椒"商标的主观故意。在店头装潢上使用该商标仅是出于对菜品原料的描述，并无利用原告商标商誉之意图，因此不构成侵权。

◎ **案例3：光明乳业股份有限公司（以下简称光明公司）与美食达人股份有限公司（以下简称美食达人公司）、上海易买得超市有限公司侵害商标权纠纷 [本案案号为（2018）沪73民终289号]**

　　2016年4月19日，美食达人公司向光明公司送达了《告知函》明确，其"85度C""85℃"注册商标在相关领域和公众中具有相当高的知名度，其使用在43类咖啡馆等的"85度C"商标并被认定为驰名商标。目前发现，贵司在市场上销售的"光明优倍鲜牛奶"包装上突出显著印有"85℃"的字样，使相关公众误认为贵司提供的产品是源于我司或者与我司有着某种特殊的关联关系，造成混淆，严重侵犯了我司对"85℃"商标所享有的权利。光明公司回函称，光明优倍产品上使用的"85℃"是指巴氏杀菌温度，是对商品本身特点的描述，不是商标意义上的使用（因巴氏杀菌工艺的极限温度是85摄氏度，超过85摄氏度就不属于巴氏杀菌工艺）且其并无恶意使用美食达人公司商标的恶意。

　　光明公司对"85℃"商标的使用情况：950毫升鲜牛奶包装盒的正面上部有光明公司的"光明、优倍和UBEST及图"的组合商标，中部是"新鲜就是满满的一大杯巴氏鲜奶"的文字，下部是"85℃巴氏杀菌乳新鲜说"的文字（图1）。

　　一审法院认为，法院需审查其具体使用方式以及通过使用方式体现出来的正当性与否，即正当使用的核心不在于或不仅在于标识本身的描述性属性，而更强调的是使用行为的正当性，包括主观善意和客观合理。善意强调主观上无恶意，合理强调行为的妥当性和必要性，并应当参考商业惯例等因素予以综合判定。一审法院最终认定光明公司在其包装上使用85℃

图1　涉案商标

的行为，不构成正当使用。支撑判决结论的主要考虑了85℃的标注行为不具有必要性即与商业惯例不符即不存在强制性标准必须在食品标签的醒目位置，清晰地标示反映食品真实属性的专用名称；从制造工艺角度采用85℃工艺为能得到更为优质的产品；基于美食达人股份有限公司的知名度，光明公司应负有一定的注意义务；商标在标注方式上不符合合理原则。

二审法院查明，光明公司在其使用的巴氏杀菌技术生产工艺过程中包括了"15秒钟使用85℃的温度杀菌"的事实。同时，光明公司所持有的"光明"商标多次被认定为乳制品领域驰名商标。

二审法院最终认为，美食达人公司对光明公司在其使用的巴氏杀菌技术生产工艺过程中包括了"15秒钟使用85℃的温度杀菌"的事实并无异议，光明公司在被控侵权商品外包装上使用85℃具有一定的事实基础。且虽然被控侵权外包装上的85℃的字号大于相同位置的文字，但该85℃并非孤立的，而是分别配以"85℃巴氏杀菌乳新鲜说""认准巴氏杀菌乳才是鲜牛奶""就是要喝85度杀菌的巴氏鲜奶""我是巴氏杀菌乳我更新鲜""85℃巴氏杀菌乳高品质鲜牛奶"等文字，上述文字亦充分说明，光明公司使用85℃所表达的就是温度，且仅是在表达温度意义上的使用。因此，光明公司在被控侵权商品上使用85℃，仅是为了向相关公众说明其采用的巴氏杀菌技术的工艺特征，仍属于合理描述自己经营商品特点的范围。

二、在先使用抗辩

《商标法》第五十九条第三款规定："商标注册人申请商标注册前，他人已经在同一种商品或者类似商品上先于商标注册人使用与注册商标相同或者近似并有一定影响的商标的，注册商标专用权人无权禁止该使用人在原使用范围内继续使用该商标，但可以要求其附加适当区别标识。"我国商标法仍以通过注册取得商标权作为权利人获得商标权的基础性条件，赋予使用者在先使用抗辩权是注册取得原则的一种例外情况，旨在为商标使用人通过现实的使用所积累的商誉提供一种特殊的保护，但绝不意味着注册商标权人与未注册商标的使用人可以获得同等保护。因此，先使用抗辩权的行使应当受到限制。

根据本条，商标使用人若要通过在先使用进行抗辩，需要满足下列构成要件：第一，应在注册商标申请日前，就已开始使用该商标。第二，商标使用人应早于商标注册人对商标的使用行为,如果商标申请人在其商标申请之前也对该商标进行使用并早于商标使用人,则商标使用人仍无法通过在先使用进行抗辩。第三,该在先使用行为形成了一定影响。需要注意的是,在先使用抗辩权的行使并不要求该商标具有较高的知名度,只要在先使用人通过使用获得了可供保护的利益,使商标的识别功能得以发挥,则为其获得保护提供了基础。第四,商标使用人仅能在原使用范围内对商标注册人进行抗辩。"原有范围"是考察先使用抗辩权能否成立的关键。在司法实践中,"原有范围"的确定主要包括:①在先使用的商标应与在后注册的商标使用于相同或者基本相同的商品或服务之上。此与商标保护范围的确定存在区别,在先使用抗辩权所指向的范围仅限于与注册商标相同或者基本相同的商品或者服务上,并不延及类似商品或服务,因为,在先使用抗辩并非商标权人所享有的商标禁止权。其所保护的仅限于在先使用人通过在先使用行为事实上取得的商誉。②商标使用人在商标申请后的使用规模不受其在先使用规模的限制。所谓使用规模是指在先使用人自身的经营规模,不包括许可他人使用的情形。法律不排斥在先使用人于商标提出申请后继续扩大原有的经营规模,在先使用人仍能于与申请商标相同或者基本相同的范围内行使先用抗辩权。但是需要注意的是,仅允许在先使用人本人在原有范围内对其经营范围进行扩大。但不是在先使用的被许可人的经营规模应予以限制。

◎ 案例4:北京中创东方教育科技集团有限公司(以下简称中创公司)与北京市海淀区启航考试培训学校(以下简称启航考试学校)等侵害商标权纠纷[本案案号为(2015)京知民终字第588号]

贵阳启航学校于2001年10月18日申请注册涉案商标,2013年4月1日,贵阳启航学校与中创公司订立《商标使用许可合同》,约定贵阳启航学校许可中创公司在中国大陆境内在英语四六级考试培训、考研培训、公务员考试培训领域,独占使用涉案商标。

中创公司主张启航考试学校在明知"启航及图"标识、"启航"文字与涉案商标近似的情况下,仍在与涉案商标相同的注册类别,即教育培训活动中使用"启航及图"标识、"启航"文字,启航公司在对外加盟活动中使用"启航"文字,侵害了其继受取得的涉案商标专用权。

二审法院认为,涉案商标的申请日为2001年10月18日,但被上诉人启航考试学校在该日期前已经组织编写并出版了多本考研图书,此外,启航考试学校自2000年3月起在《中国青年报》上连续刊登考研招生宣传报道,据此已经可以证明,在涉案商标申请日之前,被上诉人启航考试学校在考研等教育服务上存在在先使用"启航"商标的行为;启航考试学校的"启航"商标的使用在涉案商标申请日之前已具有一定规模,"启航"商标在考研服务上已实质上产生了识别作用,具有一定影响;被上诉人启航考试学校的"启航考研"系使用在考研等教育培训上,该服务内容与被上诉人启航考试学校在先使用的服务内容并无不同。

被上诉人启航考试学校的"启航考研"系使用在考研等教育培训上,该服务内容与被上诉人启航考试学校在先使用的服务内容并无不同;被上诉人启航考试学校在经营活动中对"启航考研"的后续使用行为无论是否超出在先使用时的规模,均属于原有范围内。

被上诉人存在在先使用"启航"的行为。一审判决认定被上诉人在先使用的系"启航考研"商标,并进而认定上述行为的先用抗辩不成立,该认定有误。在此基础上,本案现有证明表明,被上诉人对"启航及图""启航""启航教育"商标的使用与本院已认定不构成侵权的"启航考研"的使用，在所使用的商标、服务、经营范围及使用主体方面并无不同，故在被上诉人对于"启航考研"的使用符合《商标法》第五十九条第三款的情况下，其对"启航及图""启航""启航教育"商标的使用亦符合《商标法》第五十九条第三款的规定，不构成侵权。

本案的实践意义在于确定了在先使用抗辩的适用条件，即在本案中，二审法院确定了在先使用抗辩的适用条件，即：他人在注册商标申请日之前存在在先使用商标的行为；该在先使用行为原则上应早于商标注册人对商标的使用行为；该在先使用的商标应具有一定影响；被诉侵权行为系他人在原有范围内的使用行为。

三、商标权权利用尽

商标权权利用尽抗辩又被称为"首次销售原则"，即包含有商标的商品一经销售，商标权人就丧失了对该商标的控制。也就是说商标权的权利在于其商标在商品或者服务上的使用，而无法控制商品或者服务的流通。当商标被适用于商品之上进入流通环节后，其上便会产生两种相互排斥的权利即购买者对商品所享有的物权与商标权人的商标权。物权人完全可以基于其物权对物行使占有、使用、收益、处分的权能。物权人对物进行的后续转让、出租、许可使用、销毁等行为均为其行使物权的表现形式，不受商标权人的限制。因此，商标权人将其商品或者服务经首次销售后，购买人基于物权的再次销售行为，不构成对权利人商标权的侵害。因此，商标权权利用尽是对商标权人权利所做的一种限制，旨在对商标权人与物权人的权利进行平衡。但是，对权利用尽是否应当受到知识产权地域性的限制存在两种观点。一种观点认为，商标权权利在一国用尽即会导致在其他国家也宣告用尽。而另一种观点则认为，商标权权利在一国范围内容的用尽并不导致在其他国家也发生用尽。如果商标权人在其他国家享有商标权，即使其一批商品在一国销售后，其仍能控制该批商品在其他国家的销售。由此即产生了"平行进口"是否能够成为免责事由的争论。

所谓平行进口，是指当商标权人的商标获得两个以上国家保护时，未经商标权人许可，第三人所实施的进口并销售使用该商标商品或服务的行为。平行进口的发生源于不同国家经济发展的不平衡。某商标权人同时在两个国家享有同一商标的商标权，第三人通过合法方式在价格较低国家购进使用该商标的商品后，在未经商标权人许可的情况下，将其进口并销售于商品售价较高的国家，以此获取利润，由此出现了平行进口现象。平行进口也被视为商标法规制的"灰色地带"。

◎ 案例5：法国大酒库股份公司与慕醍国际贸易（天津）有限公司侵害商标权纠纷上诉案。

本案案号为：（2013）津高民三终字第0024号。

法国大酒库股份公司（以下简称法国大酒库公司）的"J.P.CHENET"商标于2011年在我国核准注册，核定使用商品为第33类的葡萄酒、汽酒、酒（饮料）、酒（利口酒）。2009年，法国大酒库公司授权天津王朝葡萄酿酒有限公司为在中国境内的独家经销商。2012年，法国大酒库公司发现慕醍国际贸易（天津）有限公司（以下简称天津慕醍公司）未经授权从英国进口其"J.P.CHENET"葡萄酒，遂向天津海关提出查验申请并提起侵害商标权诉讼。天津慕醍公司申报进口的三种涉案葡萄酒的酒瓶在视觉效果上与法国大酒库公司"J.P.CHENET"葡萄酒所特有的"歪脖子"造型设计相同，产品的正面及背面均贴有包含涉案商标

"J.P.CHENET"字样的外文标签，其正面标签上标有产品名称、质地和香型，背面标签上主要介绍了该款产品的饮用搭配、保存温度、灌装地址和酒精含量等内容。以上三种葡萄酒产品的背面标签下方均标有表明产品等级的"VINDE LA COMMUNAUTE EUROPEENNE（日常餐酒）"字样。

　　法院认为，天津慕醍公司所进口的涉案葡萄酒源于法国大酒库公司。我国商标法既保护商标专用权、防止对商品或服务的来源产生混淆、维护公平竞争、促进经济发展，同时又维护消费者及社会公众的合法权益，以实现对商标权人和消费者的平衡保护。天津慕醍公司在进口中对涉案三种葡萄酒未进行任何形式的重新包装或改动，且涉案三种葡萄酒产品的级别均属于法国大酒库公司在我国境内所售产品中亦包含的日常餐酒等级，消费者对带有"J.P.CHENET"商标葡萄酒产品的期待或依赖不会因上述产品的进口而被影响，两者之间在质量等级和品质上，不存在法国大酒库公司所主张的"重大差别"。因天津慕醍公司进口的涉案葡萄酒与法国大酒库公司在我国销售的葡萄酒的质量等级和品质并不存在实质性差异，对消费者做出是否购买的决定具有影响的因素没有发生变化，该进口行为不足以导致相关消费者对商品来源的混淆和信任度的破坏的混淆，法国大酒库公司的商誉亦未因此受到影响，故法国大酒库公司关于天津慕醍公司未经其授权进口涉案葡萄酒构成商标侵权的主张不能成立。据此，法院判决驳回法国大酒库公司的诉讼请求。

第七章　侵害商标权的法律责任

本章导读：侵权人实施了商标法所禁止实施的行为。商标侵权的责任承担方式包括民事责任、行政责任和刑事责任。损害赔偿与诉前禁令是商标侵权民事责任的主要承担方式，商标法对损害赔偿数额的计算做出了明确规定，对于恶意侵权的可以适用惩罚性赔偿。侵权人实施的侵权行为损害社会公众利益的，可以追究侵权人的行政责任。对于假冒注册商标、销售假冒注册商品以及非法制造、销售非法制造的注册商标标识的行为，情节严重的应当承担刑事责任。

第一节　民事责任

当商标权人的权利遭到他人侵害时，权利人可以通过民事救济的方式要求侵害人对其遭受的损害进行补偿。《民法典》规定了11种民事责任的承担方式并为侵犯他人民事权利的行为实施惩罚性赔偿提供了依据。具体到商标民事救济上，主要包括停止侵害、赔偿损失及申请诉前临时措施三种方式。

商标停止侵害请求权的行使不以侵权人是否具有主观恶意和是否产生危害结果为前提。人民法院审理商标纠纷案件，应权利人请求，对属于假冒注册商标的商品，除特殊情况外，责令销毁；对主要用于制造假冒注册商标的商品的材料、工具，责令销毁，且不予补偿；或者在特殊情况下，责令禁止前述材料、工具进入商业渠道，且不予补偿。假冒注册商标的商品不得在仅去除假冒注册商标后进入商业渠道。

赔偿损失是商标侵权民事责任承担的最主要方式。作为民事责任的承担方式具有补偿权利人损失的作用，但为进一步打击日益频繁的商标侵权行为，降低权利人的维权成本，商标法引入惩罚性赔偿制度。《商标法》规定了三种损失赔偿的计算方式，包括：侵犯商标专用权的赔偿数额，按照权利人因被侵权所受到的实际损失确定；实际损失难以确定的，可以按照侵权人因侵权所获得的利益确定。权利人的损失或者侵权人获得的利益难以确定的，参照该商标许可使用费的倍数合理确定。并赋予权利人以选择权，即权利人可以自由选择任何一种损失计算方法，而不受顺序的限制。当上述三种计算方式均无法确定赔偿数额时，可以由法院在法定范畴内，自由裁量赔偿数额即权利人因被侵权所受到的实际损失、侵权人因侵权所获得的利益，注册商标许可使用费难以确定的，由人民法院根据侵权行为的情节判决给予五百万元以下的赔偿。对恶意侵犯商标专用权，情节严重的，可以在按照上述方法确定数额的一倍以上五倍以下确定赔偿数额。权利人为制止侵权行为所付出的合理开支亦可进行主张。同时，为解决侵权数额计算依据举证难的问题，商标法规定了侵权人举证责任的分担规则。即人民法院为确定赔偿数额，在权利人已经尽力举证，而与侵权行为相关的账簿、资料主要由侵权人掌握的情况下，可以责令侵权人提供与侵权行为相关的账簿、资料；侵权人不提供或者提供虚假的账簿、资料的，人民法院可以参考权利人的主张和提供的证据判定赔偿数额。

◎ 案例1：利是高有限公司、斯伯丁体育用品（中国）有限公司与南昌伟众实业有限公司等侵害商标权纠纷案［本案为2023年中国法院50件典型知识产权案例：知识产权民事案件之（二）侵害商标权纠纷案件。案号为（2022）赣民终127号］

SGG利是高有限公司（以下简称利是高公司）、斯伯丁体育用品（中国）有限公司（以下简称斯伯丁公司）分别系篮球相关商品"SPALDING"商标的商标权人、排他性许可使用人。南昌伟众实业有限公司（以下简称伟众公司）在天猫及拼多多两家店铺、南昌斯帕林电子商务有限公司（以下简称斯帕林公司）和南昌百动体育用品有限公司（以下简称百动公司）在各自拼多多店铺分别销售伟众公司制造的"SAINRANG"等标识的篮球8380件、26982件、28506件、187件。晁双燕系斯帕林公司的一人股东，袁星帮助上述拼多多三家店铺发货，伟众公司曾因销售上述侵权商品受到行政处罚，且其申请注册"SAINRANG"等商标亦曾被不予注册或被宣告无效。利是高公司、斯伯丁公司起诉请求伟众公司、斯帕林公司、百动公司、晁双燕、袁星承担侵害涉案商标权责任。

二审法院经审理认定，本案构成商标侵权，晁双燕应与斯帕林公司承担连带赔偿责任，袁星构成帮助侵权，商标权利人因侵权行为受到的实际损失为销量64055×平均销售单价71×利润率10%=454790.5（元），并对制造商和销售商，按照各承担侵权商品单笔销售造成损失的60%、40%计算出伟众公司、斯帕林公司、百动公司分别应承担损失赔偿额373302.38元、80957.04元、531.08元。因伟众公司构成恶意重复侵权对其适用1倍惩罚性赔偿，判令公司一人股东晁双燕与斯帕林公司承担连带责任，酌定共同侵权人袁星连带承担侵权人部分责任，并酌定本案维权合理开支10万元。二审法院最终判决提高赔偿金额至93万元。

针对赔偿损失法律规定了侵权人的损失赔偿抗辩权。注册商标专用权人请求赔偿，被控侵权人以注册商标专用权人未使用注册商标提出抗辩的，人民法院可以要求注册商标专用权人提供此前三年内实际使用该注册商标的证据。注册商标专用权人不能证明此前三年内实际使用过该注册商标，也不能证明因侵权行为受到其他损失的，被控侵权人不承担赔偿责任。还规定当销售不知道是侵犯注册商标专用权的商品，且能证明该商品是自己合法取得并说明提供者的，不承担赔偿责任，即商标的善意侵权条款。合法来源抗辩仅是免除赔偿责任的抗辩，而非不侵权抗辩。合法来源抗辩成立，并不改变销售侵权产品这一行为的侵权性质。

◎ 案例2：小米科技有限责任公司与张艳秋侵害商标权纠纷案［本案为2020年中国法院50件典型知识产权案例：知识产权民事案件之（二）侵害商标权纠纷案件。案号（2020）黑民终254号］

小米科技有限责任公司（以下简称小米公司）以张某侵犯其注册商标专用权为由提起诉讼，请求判令张某立即停止侵权，并赔偿小米公司经济损失及支出的合理费用3万元。张某辩称，其销售的案涉商品系从上级供货商处按小米正品购进，且扫描产品包装上的二维码也显示为小米原装产品，并不知道销售的是侵犯商标权的假冒产品，不应承担赔偿责任。

法院经审理认为，案涉侵权产品的包装及产品本身与小米公司正品无明显差异，进货价格合理，扫描商品二维码亦显示为小米原厂产品，且张某与上级供货商的通话记录，亦可印证张某不知道销售的是侵权产品。张某系个体工商户，其不同于经营规模较大，财务制度较规范的企业法人，虽然张某未能提供上级供货商具备小米公司授权，以及其进货商品的产品合格证、购货发票等证明，但基于当地销售手机配件的交易习惯，结合张某提交的出货单、证明、通话录音、微信转账记录和聊天记录，可以认定张某是通过合法的销售渠道从供货商处购进涉案侵权产品。张某的合法来源抗辩成立，免除其对小米公司的损害赔偿责任。合法来源抗辩成立并不改变张某销售案涉侵权产品这一行为的侵权性质，因小米公司为调查取证和制止侵权行为而支出的合理开支，是基于张某的侵权行为而发生，损害赔偿与合理开支的法律属性不同，故对小米公司要求支持合理开支的诉讼请求，应予支持。考虑小米公司为制止侵权行为所需支付的合理开支，根据本案的具体情况酌情判定张某赔偿小米公司合理开支1000元。

为更好地保护商标权人的利益，将损害降低到最低程度。赋予权利人申请诉前保全的权利。当商标注册人或者利害关系人有证据证明他人正在实施或者即将实施侵犯其注册商标专用权的行为时，如不及时制止将会使其合法权益受到难以弥补的损害的，可以依法在起诉前向人民法院申请采取责令停止有关行为和财产保全的措施。

第二节　行政责任

商标侵权行为在损害商标权人利益的同时，若也损害了社会公共利益，违反了行政法律规范，则须承担行政责任。市场监管部门对商标使用管理进行行政管理，查处侵犯商标专用权的行为。根据《商标法》第六十条规定："工商行政管理部门处理时，认定侵权行为成立的，责令立即停止侵权行为，没收、销毁侵权商品和主要用于制造侵权商品、伪造注册商标标识的工具，违法经营额五万元以上的，可以处违法经营额五倍以下的罚款，没有违法经营额或者违法经营额不足五万元的，可以处二十五万元以下的罚款。对五年内实施两次以上商标侵权行为或者有其他严重情节的，应当从重处罚。销售不知道是侵犯注册商标专用权的商品，能证明该商品是自己合法取得并说明提供者的，由工商行政管理部门责令停止销售。"海关部门则对出入境的商品进行管理，以维护进出口商品、商标权利人的权益。《中华人民共和国海关行政处罚实施条例》第二十五条规定："进出口侵犯中华人民共和国法律、行政法规保护的知识产权的货物的，没收侵权货物，并处货物价值30%以下罚款；构成犯罪的，依法追究刑事责任。需要向海关申报知识产权状况，进出口货物收发货人及其代理人未按照规定向海关如实申报有关知识产权状况，或者未提交合法使用有关知识产权的证明文件的，可以处5万元以下罚款。"此外，《商标法》第六十八条规定了商标代理机构违法实施代理行为的情形包括：①办理商标事宜过程中，伪造、变造或者使用伪造、变造的法律文件、印章、签名的；②以诋毁其他商标代理机构等手段招徕商标代理业务或者以其他不正当手段扰乱商标代理市场秩序的；③违反本法第四条、第十九条第三款和第四款规定的。对于上述行为，管理机构可以对代理机构给予责令限期改正、警告、罚款；对直接负责的主管人员和其他直接责任人员给予警告、罚款；构成犯罪的，依法追究刑事责任等处罚。同时，可以对商标代理机构实施记入信用档案、停止受理其办理商标代理业务，并予以公告等惩罚措施。若商标代理机构违反诚实信用原则，侵害委托人合法利益的，应当依法承担民事责任，并由商标代理行业组织按照章程规定予以惩戒。对恶意申请商标注册的，根据情节给予警告、罚款等行政处罚；对恶意提起商标诉讼的，由人民法院依法给予处罚。

◎ 案例：上海市市场监督管理局查处违法申请注册商标案［2020年度商标行政保护十大典型案例］

　　武汉火神山医院成立于2020年1月27日，上海市市场监督管理局针对辖区内违法行为开展立案调查。经查，2020年2月18日，上海谛麒新材料科技有限公司委托上海佳诚商标代理有限公司为其申请注册商标2件，申请号分别为第44122152号和第44118486号。就该案定性问题，办案机关积极与上海市知识产权局会商，后上海市知识产权局向国家知识产权局请示办理意见。

　　2020年4月22日，根据国家知识产权局批复意见，并结合该案具体情况，上海市市场监督管理局认定，当事人申请注册商标的行为，属于《商标法》第十条第（八）项和《规范商标申请注册行为若干规定》第三条第（六）项所指的有不良影响的行为，同时属于《商标法》第三十二条和《规范商标申请注册行为若干规定》第三条第（四）项所指的损害他人在先权利的行为。根据《商标法》第六十八条第四款和《规范商标申请注册行为若干规定》第十二条的规定，办案机关对当事人作出罚款1万元的行政处罚，同时对代理机构及其负责人分别作出警告并罚款8万元和0.5万元的行政处罚。

第三节　刑事责任

一、假冒注册商标罪

　　《刑法》第二百一十三条规定假冒注册商标罪，未经注册商标所有人许可，在同一种商品、服务上使用与其注册商标相同的商标，情节严重的，处3年以下有期徒刑，并处或者单处罚金；情节特别严重的，处3年以上10年以下有期徒刑，并处罚金。关于假冒服务商标行为构成犯罪的定罪量刑标准。目前有关司法解释规定的定罪量刑标准都是针对假冒商品商标行为的，对假冒他人服务商标行为的定罪量刑标准问题，可以参照假冒商品商标的规定，并根据服务商标侵权行为的特点，进一步总结实践经验予以确定。在确定具体量刑时应当综合考虑侵权行为持续时间的长短、侵权范围和规模的大小、非法经营数额或违法所得数额的大小、对权利人造成的损害程度等因素予以确定。《最高人民法院、最高人民检察院关于办理侵犯知识产权刑事案件具体应用法律若干问题的解释（三）》（法释〔2020〕10号，20200914）规定了假冒注册商标罪所谓注册商标相同的情形包括：改变注册商标的字体、字母大小写或者文字横竖排列，与注册商标之间基本无差别的；改变注册商标的文字、字母、数字等之间的间距，与注册商标之间基本无差别的；改变注册商标颜色，不影响体现注册商标显著特征的；在注册商标上仅增加商品通用名称、型号等缺乏显著特征要素，不影响体现注册商标显著特征的；与立体注册商标的三维标志及平面要素基本无差别的；其他与注册商标基本无差别、足以对公众产生误导的商标。《最高人民法院、最高人民检察院、公安部关于办理侵犯知识产权刑事案件适用法律若干问题意见》（法发〔2011〕3号，20110110）明确了相同商品的认定问题。名称相同的商品以及名称不同但指同一事物的商品，可以认定为"同一种商品"。"名称"是指国家工商行政管理总局商标局在商标注册工作中对商品使用的名称，通常即《商标注册用商品和服务国际分类表》中规定的商品名称。"名称不同但指同一事物的商品"是指在功能、用途、主要原料、消费对象、销售渠道等方面相同或者基本相同，相关公众一般认为是同一种事物的商品。

认定"同一种商品"，应当在权利人注册商标核定使用的商品和行为人实际生产销售的商品之间进行比较。

◎ 案例1：叶某敏假冒注册商标案［2023年度检察机关保护知识产权典型案例］

德某西集团有限公司（以下简称德某西公司）系"DELIXI"注册商标所有人。2015—2020年，叶某敏在未取得配电箱生产资质且未经德某西公司许可的情况下，伪造"DELIXI"标识铭牌安装在自己组装、配备的配电箱和配电柜上，后在内蒙古自治区、宁夏回族自治区等地进行销售，共售出配电箱447台、配电柜21台，非法经营数额共计人民币65.8万元。经审查，确认叶某敏自行配置配电箱（柜），并将采购的正品元器件组装入箱（柜）内，然后将组装好的配电箱（柜）对外销售。

内蒙古自治区鄂尔多斯市中级人民法院作出一审判决，认定被告人叶某敏构成假冒注册商标罪，但认为叶某敏组装的配电箱（柜）与元器件并非捆绑关系，箱（柜）内元器件为正品，应当将元器件的价值在非法经营数额中核减，故仅以配电箱（柜）的箱体和柜体的价值计算非法经营数额为13.47万元，判处被告人叶某敏有期徒刑二年，缓刑三年，并处罚金人民币7万元。

鄂尔多斯市人民检察院审查后认为，一审判决将商品组成部分错误认定为独立商品，导致认定非法经营数额有误。在本案中，叶某敏在配电箱（柜）内组装的正品元器件是作为配电箱（柜）的组成部分而存在，元器件并非独立商品，这有别于真假两种独立商品混合后对外销售。被告人叶某敏销售给客户的是配电箱（柜）成套商品，并非销售单独的元器件和外壳，或者两者的简单相加。商标的核心功能在于指示商品的来源，根据商业惯例和相关公众认知，本案商标标示的是配电箱（柜）的来源，而非元器件或者箱（柜）体外壳的来源。故应当以配电箱（柜）成套设备的整体价格65.8万元认定非法经营数额，不应当核减元器件的价值。鄂尔多斯市中级人民法院重新作出一审判决，采纳检察机关的抗诉意见，认定被告人叶某敏犯假冒注册商标罪，非法经营数额为65.8万元，判处有期徒刑三年六个月，并处罚金人民币33万元。

《最高人民法院、最高人民检察院关于办理侵犯知识产权刑事案件具体应用法律若干问题的解释》（法释〔2004〕19号，20041222）分别规定了《刑法》第二百一十三条中"情节严重"与"情节特别严重"的量刑标准。（一）非法经营数额在五万元以上或者违法所得数额在三万元以上的；（二）假冒两种以上注册商标，非法经营数额在三万元以上或者违法所得数额在二万元以上的；（三）其他情节严重的情形。属于"情节严重"，应当以假冒注册商标罪判处三年以下有期徒刑或者拘役，并处或者单处罚金。（一）非法经营数额在二十五万元以上或者违法所得数额在十五万元以上的；（二）假冒两种以上注册商标，非法经营数额在十五万元以上或者违法所得数额在十万元以上的；（三）其他情节特别严重的情形。属于《刑法》第二百一十三条规定的"情节特别严重"，应当以假冒注册商标罪判处三年以上七年以下有期徒刑，并处罚金。本节案例1中被告人非法制造和销售给客户的是配电箱（柜）成套商品，并非元器件和箱（柜）体外壳的简单相加，元器件是商品的组成部分而非独立商品，其商标的使用方式标示的亦是配电箱（柜）的来源，而非单独的元器件或者箱（柜）体外壳的来源。因此，应当以配电箱（柜）成套商品的价值认定非法经营数额，不予核减元器件价值。非法营业额的确定直接影响量刑标准，本案中检察院通过对非法经营额的正确核算，纠正了一审法院的错误量刑。

二、销售假冒注册商标的商品罪

《刑法》第二百一十四条规定，销售明知是假冒注册商标的商品，违法所得数额较大或者有其他严重情节的，处三年以下有期徒刑，并处或者单处罚金；违法所得数额巨大或者有其他特别严重情节的，处三年以上十年以下有期徒刑，并处罚金。最高人民法院、最高人民检察院《关于办理侵犯知识产权刑事案件具体应用法律若干问题的解释》第五条规定，销售明知是假冒注册商标的商品，销售金额在三万元以上的，属于《刑法》第二百一十四条规定的"违法所得数额较大"，应当以销售假冒注册商标的商品罪判处三年以下有期徒刑或者拘役，并处或者单处罚金。销售金额在二十五万元以上的，属于《刑法》第二百一十四条规定的"违法所得数额巨大"，应当以销售假冒注册商标的商品罪判处三年以上七年以下有期徒刑，并处罚金。适用本条规定时，必须有证据证明行为人明知其销售的商品是假冒他人注册商标的商品，如果行为人不知是假冒注册商标的商品而销售，不构成销售假冒注册商标的商品罪。根据司法解释规定，构成本罪的"明知"的情形包括：（一）知道自己销售的商品上的注册商标被涂改、调换或者覆盖的；（二）因销售假冒注册商标的商品受到过行政处罚或者承担过民事责任、又销售同一种假冒注册商标的商品的；（三）伪造、涂改商标注册人授权文件或者知道该文件被伪造、涂改的；（四）其他知道或者应当知道是假冒注册商标的商品的情形。

◎ 案例2：许振纬等假冒注册商标罪、王彬销售假冒注册商标的商品罪案［2019年中国法院50件典型知识产权案例，（2019）沪刑终106号］

法国莱雅公司和日本株式会社DR.CL：LABO在我国化妆品等商品上先后分别注册了"KIEHL'S""科颜氏"和"LaboLabo"商标。2015年至案发期间，许振纬为非法牟利，在未取得商标权利人许可的情况下，委托黄杰铖研发、生产假冒"KIEHL'S""LaboLabo"化妆品的配方和原料，先后委托鲁成学或者通过钟鸿彪委托宁江飞印制假冒的"KIEHL'S"粘贴商标标识和热转印商标标识，委托他人提供化妆品瓶子、瓶盖、纸盒等包装材料，并陆续雇佣张天柱、覃美华、张贵宝、谢辉在生产窝点内对假冒"KIEHL'S""LaboLabo"化妆品进行灌装、贴标、装盒、打包、收发货，许振纬再将假冒"KIEHL'S""LaboLabo"品牌的化妆品销售给王彬等人进行零售。被告人许振纬、黄杰铖、张天柱、张贵宝、覃美华、谢辉等六人生产、销售假冒注册商标商品金额均为463余万元，被告人鲁成学参与假冒注册商标商品金额415余万元，王彬非法销售假冒注册商标商品金额410余万元，被告人钟鸿彪、宁江飞参与假冒注册商标金额45万元。

法院认为，被告人许振纬等九人，未经注册商标权人许可，在同一种商品上使用与注册商标相同的商标，并对外销售，情节特别严重，其行为均已构成假冒注册商标罪。在共同犯罪中，被告人许振纬、黄杰铖系主犯，应当按照所参与组织、指挥的全部犯罪处罚；被告人鲁成学、张天柱、张贵宝、覃美华、谢辉、钟鸿彪、宁江飞参与共同犯罪，均系从犯，依法按照其参与的犯罪金额减轻处罚。被告人王彬销售其明知是假冒注册商标的商品，销售金额巨大，其行为构成销售假冒注册商标的商品罪。本案的意义在于，被告人许振纬等人实施了"一条龙"式的假冒注册商标和销售假冒注册商标商品的犯罪行为，犯罪金额特别巨大，社会影响恶劣。法院根据共同犯罪理论和相关法律规定，准确认定各名被告人参与共同犯罪的金额，结合其在共同犯罪中的地位和作用，区分主、从犯，在法定刑幅度内判处人身自由刑、并按照非法经营数额50%以上一倍以下判处罚金刑，定罪准确，量刑适当，严格、平等保护了国外商标权利人的合法权益。

三、非法制造、销售非法制造的注册商标标识罪

《刑法》第二百一十五条规定，伪造、擅自制造他人注册商标标识或者销售伪造、擅自制造的注册商标标识，情节严重的，处三年以下有期徒刑，并处或者单处罚金；情节特别严重的，处三年以上十年以下有期徒刑，并处罚金。最高人民法院、最高人民检察院《关于办理侵犯知识产权刑事案件具体应用法律若干问题的解释》第三条 伪造、擅自制造他人注册商标标识或者销售伪造、擅自制造的注册商标标识，具有下列情形之一的，属于《刑法》第二百一十五条规定的"情节严重"，应当以非法制造、销售非法制造的注册商标标识罪判处三年以下有期徒刑、拘役或者管制，并处或者单处罚金：（一）伪造、擅自制造或者销售伪造、擅自制造的注册商标标识数量在二万件以上，或者非法经营数额在五万元以上，或者违法所得数额在三万元以上的；（二）伪造、擅自制造或者销售伪造、擅自制造两种以上注册商标标识数量在一万件以上，或者非法经营数额在三万元以上，或者违法所得数额在二万元以上的；（三）其他情节严重的情形。具有下列情形之一的，属于《刑法》第二百一十五条规定的"情节特别严重"，应当以非法制造、销售非法制造的注册商标标识罪判处三年以上七年以下有期徒刑，并处罚金：（一）伪造、擅自制造或者销售伪造、擅自制造的注册商标标识数量在十万件以上，或者非法经营数额在二十五万元以上，或者违法所得数额在十五万元以上的；（二）伪造、擅自制造或者销售伪造、擅自制造两种以上注册商标标识数量在五万件以上，或者非法经营数额在十五万元以上，或者违法所得数额在十万元以上的；（三）其他情节特别严重的情形。

◎ 案例3：北京欣盛建达图书有限公司、北京宏瑞建兴文化传播有限公司、王成等十人侵犯著作权罪，吴学青非法制造、销售非法制造的注册商标标识罪案

王某在经营被告单位期间，以营利为目的，未经著作权人许可，私自委托李某等印刷《皮皮鲁总动员》等侵权盗版图书，部分图书贴上吴某印制的假冒《皮皮鲁总动员》注册商标。盗版图书通过二被告单位开设的网店以真假混卖方式销售。涉案侵权盗版图书共59种、929314册，总码洋9000余万元。

淮安中院一审认定被告人吴某构成非法制造、销售非法制造的注册商标标识罪，其他被告构成侵犯著作权罪。对二被告单位各判处罚金50万元；对被告人王某、李某分别判处有期徒刑四年、三年六个月实刑，并分处罚金300万元和260万元；对其他被告人判处三年以下不等缓刑，并共处罚金75万元。王某、李某不服上诉，江苏省高院二审裁定维持原判。

第四编　商标展会知识产权保护

第八章 商标展会保护

　　本章导读： 在当今全球化的商业环境中，展会作为企业展示品牌形象、推广创新成果的重要平台，其知识产权保护的重要性日益凸显。本章首先介绍商标展会保护的概念与意义，通过实际案例阐述其在维护市场秩序、强化商标专用权等方面的重要作用。详细剖析商标展会保护机制，涵盖投诉机构与知识产权管理部门的职责。梳理投诉具体流程，包括投诉前准备、受理处理及司法救济等环节。此外，还探讨未注册商标保护与涉外纠纷法律适用等特殊情形，并借鉴国际经验，为完善我国商标展会保护体系提供思路。

第一节 商标展会保护概述

一、商标展会保护的概念

　　商标展会是一个关于商标保护和品牌发展的国际性盛会，旨在展示和推广商标战略的实施成果。这类展会通常包括主题活动、论坛峰会、商标战略成果展示及品牌生活馆等板块。展会的目的是反映全国各地在实施商标战略方面的经验和成果，同时提供一个平台，让参展商和观众交流和学习。例如，中国国际商标品牌节是国内规格最高、最具盛名的商标品牌盛会之一，自2005年创办以来，每年举办一次，地点和时间会有所不同。展会期间，各种商标品牌和创新技术会得到展示，同时会有专业的论坛和研讨会，讨论商标保护的最新趋势和技术。

　　商标展会保护是指在展览会、交易会等公开商业活动中，对参展企业商标专用权的法律保护机制，旨在通过行政监管、司法救济及行业自律等手段，防止商标侵权行为在展会场景中发生，维护商标权利人的合法权益和展会市场秩序。其核心在于通过特定场景下的快速维权程序，实现对商标权的高效保护。

二、商标展会保护的意义

　　展会场景具有时间短、客流量大、侵权证据易灭失等特点，因此商标展会保护强调快速响应与临时措施的结合。商标展会保护是知识产权保护体系的重要组成部分。根据《商标法》及《展会知识产权保护办法》，展会主办方、参展方及行政管理部门需共同承担商标保护责任，维护市场公平竞争、促进国际贸易合作。

（一）维护市场公平竞争秩序

　　展会作为企业推广品牌的重要平台，若商标被仿冒或攀附，将直接损害企业商誉与经济利益。通过展会保护机制，权利人可迅速制止侵权行为，避免损失扩大。例如，杭州贸促会通过搭建国际交流平台，帮助企业在海外展会中应对商标抢注问题，降低维权成本。

◎ 案例1：涉"广交会"参展商商标侵权及不正当竞争纠纷案

　　一审案号：（2018）粤0105民初19199号

　　二审案号：（2019）粤73民终5977号

　　上诉人（原审被告）：张家港华夏帽业有限公司（简称华夏帽业公司）

　　被上诉人（原审原告）：卡拉威高尔夫公司（简称卡拉威公司）

　　卡拉威公司是第7683422号"Callaway"商标的商标权人。卡拉威公司在第121届广交会参展期间向广交会投诉接待站投诉华夏帽业公司侵权，华夏帽业公司于2017年5月5日向卡拉威公司出具《承诺书》，承诺如下：（一）主动在第121届广交会上撤展其产品目录宣传册及广告牌上的侵权商标标识；（二）以后不生产、销售侵犯卡拉威高尔夫公司等公司的知识产权的产品，不再展出侵犯任何上述公司知识产权的宣传材料；（三）本承诺书签署后，如发现承诺人违反本协议内容，以任何方式侵犯上述任一公司的知识产权的，承诺人愿意支付任何上述公司人民币100万元整，作为重复侵权的约定赔偿；本承诺书自签署之日起生效。

　　2018年5月4日，卡拉威公司发现华夏帽业公司在第123届广交会期间，在其宣传册及网站使用卡拉威公司第7683422号商标，对其与卡拉威公司关系进行引人误解的商业宣传。卡拉威公司以华夏帽业公司存在商标侵权及不正当竞争行为为由提起诉讼。

　　广东省广州市海珠区人民法院一审认为，华夏帽业公司使用第7683422号商标构成不正当竞争，作出判决：华夏帽业公司自判决生效之日起，停止在其宣传册及www.huaxiacap.com网站上使用卡拉威公司第7683422号商标；华夏帽业公司自判决生效之日起10日内赔偿卡拉威公司经济损失人民币一百万元（包括维权支出）；驳回卡拉威公司的其他诉讼请求。

　　一审宣判后，华夏帽业公司不服一审判决，向广州知识产权法院提起上诉。

　　二审法院经审理认为，本案争议焦点问题是一审法院适用赔偿方式以及判赔金额是否适当。权利人与侵权人就侵权损害赔偿数额作出的事先约定，是双方就未来发生侵权时，权利人因被侵权所受到的损失或者侵权人因侵权所获得的利益所预先达成合意的一种计算方法，并未被《反不正当竞争法》《侵权责任法》等相关法律法规所禁止。任何人基于法律的规定均负有不侵害他人合法权益的义务，且有权基于侵权责任而在当事人之间作出分配权利义务的处分权和合同性安排。按照私法自治原则，事先约定赔偿是当事人自由意志的表现，法院应尊重当事人的意思，只要约定内容不违反法律、行政法规的效力性强制性规定，权利人就有权按照合同约定的赔偿方式主张权利，故一审法院基于权利人的主张选择适用约定赔偿方式并非基于责任竞合，而是基于合同约定，可以将其作为确定本案赔偿方式的依据。一审法院判决的赔偿金额并非过高。华夏帽业公司在民事活动中违背诚信原则，实施了侵害卡拉威公司知识产权的行为，被发现后出具"承诺书"作为往后的不侵权允诺与担保；华夏帽业公司再次实施侵权行为背离了自己的承诺，触发了"承诺书"实施的条件，应承担侵权所要付出的代价。综上，二审法院判决：驳回上诉，维持原判。

（二）强化商标专用权效力

　　展会中商标的实际使用（如展示商品、宣传服务）可进一步巩固商标权的"显著性"。同时，通过禁止他人在相同或类似商品上使用相同或近似商标，扩大商标专用权的消极效力范围。

（三）降低维权成本与风险

展会主办方的预先审查和快速处理机制，可避免权利人在展会结束后异地维权的复杂性。例如，我国多地展会已推行"展前备案+展中巡查+展后追溯"的全流程保护模式，大幅提升维权效率。

◎ 案例2：多方联动，提供展会知识产权全链条保护❶

3月26日，第三十六届内蒙古农业博览会暨第十届内蒙古林产品博览会在内蒙古国际会展中心盛大开幕。为强化展会知识产权保护，自治区知识产权保护中心与呼和浩特市市场监管局、呼和浩特市知识产权保护中心成立工作专班，主动靠前服务，提供展前、展中、展后全链条保护，为展会发展蓄势赋能。

展会期间，现场设立知识产权咨询服务台，发放200余份知识产权宣传资料，自治区知识产权保护中心技术调查官、维权援助工作人员现场办公，为参展商和参观者解答专利、商标、版权等方面疑问。同时，还深入各个展位进行巡展，发现一起涉嫌假冒专利的违法行为，配合属地知识产权执法人员第一时间对涉事方进行处理。

此次展会知识产权保护联合行动，有效预防了知识产权侵权行为的发生，进一步提升了展会知识产权保护水平。接下来，自治区知识产权保护中心将继续加强与其他相关部门的合作，不断完善展会知识产权保护机制，为各类展会提供更加全面、高效的知识产权保护服务，推动展会经济的持续繁荣发展。

（四）提升展会国际公信力

加强商标展会保护是国际展会的通行做法。例如，德国汉诺威工业展、美国CES展均建立了严格的知识产权保护规则。我国完善展会保护制度，有助于吸引全球优质展商，提升展会的国际声誉。

（五）促进创新与品牌国际化

有效的保护措施可增强企业参展信心，推动其展示新技术、新产品，进而加速品牌国际化进程。

◎ 案例3：携手并进，共谋发展：INTA2025年会杭州预热招待会成功举办❷

为了进一步推动中国品牌走向国际舞台，中国国际商会杭州商会与国际商标协会（INTA）于3月13日在杭州联袂举办"INTA2025年会杭州预热招待会"。这是INTA年会预热招待会首次落户杭州，旨在搭建一个国际化的交流平台，共谋杭州企业品牌全球化发展的新篇章。

国际商标协会首席执行官Etienne Sanz de Acedo在视频致辞中表示，INTA见证了中国知识产权事业的快速发展，并对中国近20年来在知识产权方面取得的卓越成就和杭州浓厚的创新创业氛围表示赞赏。Etienne还向与会嘉宾介绍了INTA的概况以及未来INTA在中国的重点工作方向。

巡视员李薇介绍了中国贸促会历来重视并推动知识产权强国建设、积极融入全球知识产权治理体系的情况，并从平台建设、产业需求以及国际合作三个方面，对杭州打造中国式现

---

❶ https://mp.weixin.qq.com/s/8IZdBaT7sZqz2kAn9v7hXA.

❷ https://mp.weixin.qq.com/s/dkbjvYMDR2NyEEQBzJvy-g.

代化知识产权保护城市范例提出了重要指导建议。

首席代表苏红赞赏了杭州经济的高速发展和在知识产权领域取得的成绩，并表示INTA作为全球知识产权领域的重要国际组织，能够在政策倡导、教育培训、法律资源支持等多方面助力中国企业应对国际市场挑战。

会长张鸿斌从知识产权全球治理、保护运用和数智创新三方面介绍了杭州市贸促会、杭州市国际商会近年来在知识产权保护方面所做的工作，并强调杭州市贸促会、中国国际商会杭州商会将在搭建资源集聚平台、大力开展国际合作、不断提升服务水平三个维度持续发力，为杭州构建打造国家知识产权强市建设示范城市贡献贸促力量。

章捷副主任指出，杭州正以前所未有的创新精神和开放姿态，致力于打造国际领先的知识产权保护创新地、知识产权成果转化地、知识产权交融汇集地，不断优化营商环境，热忱欢迎并全力支持来自世界各地的创新者在此扎根发展，共同推动知识产权保护事业迈向新高度。

本次会议聚焦"全球新形势下企业出海知识产权规划与保护"的核心议题，邀请到永新知识产权资深合伙人杨宁、浙江大学光华法学院教授张伟君、阿里巴巴集团法务总监金高平进行主旨发言，深度剖析企业在全球化征程中面临的知识产权挑战与应对策略。

此次预热招待会吸引了超过200名来自政府机构、知识产权领域、各行业企业的代表，为杭州企业、律所、知识产权领域机构积极拥抱国际规则、深化国际合作提供了交流平台。未来，杭州市贸促会、中国国际商会杭州商会将继续深化与INTA等国际组织的合作，拓宽合作领域，创新合作模式，共同探索知识产权保护和利用的新途径，助力杭州企业在全球舞台上更好地展示自身实力，提升品牌影响力，有效应对国际竞争中的知识产权挑战，实现可持续发展。

第二节　商标展会保护机制

一、展会投诉机构的设立与职责

（一）商标展会投诉机构的设立要求

商标展会投诉机构是依据我国知识产权保护制度设立的专门性临时机构，展会投诉机构的设立与职责体现了"主办方负责、政府监管、社会监督"的三方协同机制，其核心职能是在展会期间快速处理商标侵权纠纷，维护市场秩序。根据《展会知识产权保护办法》第二章及地方配套政策（如《北京市展会知识产权保护办法》《湖南省展会知识产权保护办法》），该机构的设立具有明确的法律基础。

（1）法定设立条件。展会持续时间超过3天且管理部门认为必要时，主办方需设立投诉机构；未设立的，需公示知识产权行政管理部门联系方式。

（2）组成机制。机构成员包括主办方、展会管理部门、商标局、版权局等多方代表，确保跨部门协作。

（二）商标展会投诉机构的核心职责

商标展会投诉机构的职责以《展会知识产权保护办法》为基础，结合地方实践形成体系化运作：

（1）投诉受理与初步审查。接受商标权利人投诉，要求提交商标注册证明、侵权证据等材料，24小时内将其移交行政部门。对材料不全的投诉，通知补正；对虚假投诉，追究法律责任。

（2）侵权行为处置。暂停涉嫌侵权展品展出，协调知识产权行政部门现场执法，协助调查取证（如拍照、抽样等）。配合工商部门查处商标违法案件，如责令停止侵权、没收侵权商品等。

（3）纠纷调解与程序衔接。组织双方调解，达成协议的制作调解书；调解不成的引导权利人通过司法途径解决。展会结束后，未结案件移交属地行政部门继续处理。

（4）数据统计与信息共享。在展会显著位置公示投诉途径、处理流程及法律依据。展会结束后，汇总处理结果并提交统计分析报告，为后续展会提供参考。建立参展商诚信档案，对多次侵权者实施参展限制。

二、展会举办地知识产权管理部门的职责

根据国家知识产权局关于印发《展会知识产权保护指引》的通知，展会举办地知识产权管理部门应当加强对本区域内所举办展会的知识产权保护统筹协调、专业指导和监督检查，维护展会知识产权保护秩序，管理部门应当从展前、展中、展后三个阶段对展会知识产权保护秩序进行全链条维护。

（一）展前阶段

（1）宣传与咨询。积极开展展会知识产权保护宣传活动，为参展方提供商标法等知识产权保护法律以及相关技术咨询服务。通过讲座、宣传手册、线上推送等多种形式，帮助参展方深入理解商标保护的重要性，提升其商标保护意识，使其在参展筹备过程中就能有意识地规避侵权风险。例如，可组织专门针对商标知识的培训课程，详细讲解商标的注册、使用规范、侵权判定标准等内容。

（2）合同条款指导。对参展合同中涉及知识产权保护的相关条款进行专业指导。推动合同明确规定参展商需承诺自觉遵守展会知识产权保护规则，保证参展展品、展品包装、展位设计及展位的其他展示部分等参展项目未侵犯他人商标权等知识产权，并且明确参展商主动公开参展项目权利证明、配合查验等义务。以确保从合同层面约束参展商行为，为展会知识产权保护奠定基础。

（3）参展项目核查协助。应展会主办方的请求，指导展会主办方对参展项目进行商标状况核查。利用自身专业优势，帮助主办方制定合理的核查流程和标准，如协助判断参展项目所使用的商标是否与已注册商标存在混淆可能性，是否有恶意模仿知名商标的迹象等，必要时可安排专业人员参与核查工作。

（4）工作站设置指导与人员协调。会同有关部门指导展会主办方根据国家有关规定和实际需要设置工作站。当展会主办方提出请求时，协调相关工作人员、执法人员、专业技术人员和法律专业人员进驻工作站。工作站在展会知识产权保护中承担着重要职责，包括受理涉及商标等知识产权的投诉、调解展会期间商标侵权纠纷、提供商标有关法律法规及政策咨询、对涉嫌侵犯商标权的投诉提供判断意见并协调展会主办方进行处理、将有关投诉情况

及材料移送展会举办地知识产权管理部门以及将涉嫌违法线索移送相关执法部门、对展会知识产权保护信息进行汇总和分析等。知识产权管理部门需确保工作站的设置合理且高效运行。

（5）参展企业指导协调。可根据需要请求国家知识产权局协调各地知识产权管理部门，指导辖区参展企业开展商标涉嫌侵权风险自查。国家知识产权局也可视情况组织协调参展商注册地的知识产权管理部门依法对特定参展商开展核查。通过这种跨区域的协调合作，全面加强对参展商商标保护的业务指导，提前排查侵权隐患。

（二）展中阶段

（1）信息公示制度指导。指导展会主办方建立知识产权信息公示制度，确保将展会投诉途径、投诉方式等信息予以公布，方便知识产权权利人及相关人员在发现商标侵权等问题时能够及时进行投诉。例如，要求主办方在展会现场显著位置张贴投诉指南，或者在展会官方网站、移动应用程序等平台设置专门的投诉入口并明确指引。

（2）投诉处理监督。展会中对涉嫌侵犯商标权商品或行为的现场投诉，一般由工作站受理。知识产权管理部门要监督工作站严格按照法律法规和程序要求处理有关投诉，并及时通知展会主办方和被投诉人。确保投诉处理过程公正、透明、高效，保障各方当事人的合法权益。被投诉人接到通知后24小时内无正当理由未提交书面陈述意见及证据材料的，或被投诉参展项目侵权事实已经由生效的法律文书确认的，或被投诉人承认侵权的，工作站应当协调展会主办方及时采取措施，包括但不限于撤展、遮盖以及删除、屏蔽、断开网络链接等，知识产权管理部门对此过程进行监督，确保措施落实到位。

（3）特殊情形处理指导。对于投诉人已向知识产权管理部门或其他行政部门提出涉嫌侵权的投诉或向人民法院起诉的，以及知识产权权属存在争议的情形，指导工作站将相关情况移交有关部门处理。同时，当工作站收到的投诉材料不符合规定时，监督其及时通知投诉人补充材料，若投诉人未在规定时限内按要求补充，则指导工作站不予受理投诉。此外，若工作站的工作人员与知识产权侵权纠纷有利害关系，要求工作站回避，以保证投诉处理的公正性。对于未设立工作站的展会，知识产权管理部门应当直接加强对展会知识产权保护的指导监督和纠纷处理，及时介入处理商标侵权投诉等事宜。

（三）展后阶段

（1）材料移送处理。根据投诉处理情况，将相关材料移送参展商注册地的知识产权管理部门进行后续处理。对于在展会期间发现的商标侵权行为，若涉及外地参展商，通过移送材料实现跨区域协同监管，确保侵权行为得到全面追溯和处理。

（2）参展方行为记录指导。指导展会主办方记录参展方知识产权侵权假冒、恶意投诉等行为。这些记录可作为参展方信用评价的重要依据，对规范参展方行为、营造良好的展会知识产权保护环境具有重要意义。例如，建立参展方知识产权信用档案，将相关行为进行详细登记，为后续展会招商等活动提供参考。

（3）信息统计与总结。指导展会主办方对展会知识产权信息进行统计，包括对展会商标投诉、纠纷处理情况等进行统计，并要求展会主办方于展会结束后10个工作日内报送展会举办地知识产权管理部门。通过对这些信息的汇总分析，知识产权管理部门能够总结展会知识产权保护工作的经验教训，发现存在的问题和薄弱环节，为后续完善工作机制、制定针对性政策提供数据支持。同时，知识产权管理部门自身应当加强与执法部门和其他相关行政管理部门在展会知识产权保护工作方面的协调与衔接，形成监管合力。及时总结成功经验、推广有效做法、宣传优秀案例，提升全社会对展会知识产权保护的重视程度和认知水平。

第三节　商标展会投诉的具体流程

一、投诉前的准备

（一）证据固定

（1）权利证明。需提交商标注册证、续展证明、权利人身份证明（如营业执照或身份证），委托他人投诉的还需提供授权委托书。

（2）侵权证据。包括侵权展品照片、宣传资料、展位位置图、交易记录等，若涉及国际展会，需公证认证域外证据。

（3）对比分析。通过商标近似度比对（如字形、读音、含义）和商品/服务类似性分析，证明侵权可能性。

（二）选择投诉途径

商标权利人可以向展会知识产权投诉机构投诉，也可直接向知识产权行政管理部门投诉。权利人直接向展会知识产权投诉机构提交书面投诉，通常需在侵权行为发生后24小时内提出。权利人应当提交以下材料：

（1）合法有效的知识产权权属证明。涉及专利的，应当提交专利证书、专利公告文本、专利权人的身份证明、专利法律状态证明；涉及商标的，应当提交商标注册证明文件（并由投诉人签章确认）、商标权利人身份证明；涉及著作权的，应当提交著作权权利证明、著作权人身份证明。

（2）涉嫌侵权当事人的基本信息。

（3）涉嫌侵权的理由和证据。在确定侵权行为后，迅速采取措施固定证据。运用拍照、录音、摄像、时间戳等手段，从多个角度清晰记录侵权产品或侵权行为的全貌，确保照片和视频能够准确反映侵权事实，包括侵权标识、产品细节、展位环境等关键要素。对于可购买的侵权产品，及时进行公证购买，获取合法有效的实物证据，并妥善保存侵权人名片、宣传材料等可以证明侵权人身份以及侵权行为的材料。

（4）委托代理人投诉的，应提交授权委托书。

（5）权利人向行政机关投诉的，应当向展会举办地的市场监督管理局（原工商局）或知识产权局投诉，需填写"投诉书"并附证据材料。

（6）若侵权情节严重或需快速制止侵权，权利人也可诉诸司法途径，向法院申请临时禁令或提起民事诉讼。

二、投诉的受理与处理

（一）展会主办方的初步审查

（1）材料审核。投诉人提交的材料不符合《办法》第八条规定的，展会知识产权投诉机构应当及时通知投诉人或者请求人补充有关材料。未予补充的，不予接受。投诉人提交虚假投诉材料或因投诉不实给被投诉人带来损失的，应当承担相应法律责任。展会知识产权投诉机构在收到符合《办法》第八条规定的投诉材料后，应于24小时内将其移交有关知识产权行政管理部门。

（2）现场核实。主办方有权对涉嫌侵权展品拍照、录像，并协调双方调解。

（3）紧急措施。若侵权事实明确（如确认侵权判决生效），主办方可立即要求撤展或遮盖展品。

（二）行政机关的介入

（1）调查程序。地方知识产权行政管理部门受理投诉或者处理请求的，应当通知展会主办方，并及时通知被投诉人或者被请求人。

（2）处理时限。根据展会展期指定答辩期限（通常不超过3天），被投诉人或者被请求人提交答辩书后，除非有必要作进一步调查，地方知识产权行政管理部门应当及时作出决定并送交双方当事人。逾期未答辩不影响行政机关作出决定。

（3）展会结束后，相关知识产权行政管理部门应当及时将有关处理结果通告展会主办方。展会主办方应当做好展会知识产权保护的统计分析工作，并将有关情况及时报告给展会管理部门。认定侵权成立的，责令停止侵权、没收侵权商品，并处违法经营额五倍以下罚款（无违法经营额的处25万元以下罚款）。

三、司法救济

（1）临时禁令。法院可应权利人申请，在48小时内作出禁令裁定，禁止侵权方继续使用商标。

（2）权利人也可提起民事诉讼主张赔偿损失，赔偿数额可按照权利人因侵权所受损失，或侵权人获利，或商标许可费的合理倍数确定。

四、行政与司法保护的衔接

对涉嫌犯罪的侵权行为（如假冒注册商标罪），工商部门需及时移送司法机关。展会期间的侵权证据可作为后续民事或刑事追责的依据。

◎ 案例：佛山市美益佳电器有限公司与广东美的生活电器制造有限公司侵害商标权纠纷案

一审：广东省佛山市禅城区人民法院（2019）粤0604民初14320号民事判决

二审：广东省佛山市中级人民法院民事判决书（2020）粤06民终1034号民事判决

原告广东美的生活电器制造有限公司（简称美的公司）经授权有权使用第11类第6765871号商标"Ⓜ"（涉案商标），并有权单独以自己的名义就侵犯上述注册商标专用权的行为提起诉讼。美的公司发现被告佛山市美益佳电器有限公司（简称美益佳公司）在2018年3月25日中国（顺德）家电博览会上展示多款该厂生产标注标识的养生壶、电火锅等产品侵犯其持有的"Ⓜ"注册商标并提起诉讼。法院判决美益佳公司于判决生效日起立即停止侵害美的公司第11类6765871号"Ⓜ"注册商标专用权，并于判决之日起十日内赔偿美的公司经济损失20万元。下述简称此案为"2018前案"。

然而，美的公司发现被告美益佳公司于2019年3月4日—6日举办的中国国际中小企业博览会智能家电展以及2019年3月7日—9日举办的中国小家电交易会暨中国家居用品交易会中再次展示多款侵权产品，认为美益佳公司将被诉侵权产品再次在展会上进行展示，已构成主动重复侵权的恶性行为，于是再次提起诉讼，踏上二次维权的诉讼之旅。

此案争议的焦点为一审判决美益佳公司赔偿美的公司经济损失及维权合理支出20万元是否正确。被告美益佳公司辩称一审生效后其已停止所有侵权行为，并主动履行判决书的付款义务，展会出现该产品只因管理不善，工作人员误拿理应销毁的少量库存侵权产品，发现摆错后及时撤下，并不存在故意侵权的行为，无须赔偿经济损失20万元。美的公司认为，美益佳公司将被诉侵权产品在展会上进行展示，即便不能举证侵权产品实际生产及对外销售的具体情况，仍构成再次恶意商标侵权的事实。"2018前案"中法院已判决美益佳公司立即停止生产、销售侵权产品，但美益佳公司在承担赔偿责任后仍继续使用涉案商标生产、销售电热水壶、电火锅产品，情节恶劣。因此，美的公司主张高额赔偿金符合法律规定。经审查，二审法院认为不论美益佳公司展示被诉侵权产品的原因是什么，即便在展会撤下被诉侵权产品，也已成侵权的客观事实，美益佳公司的行为属于在商品展览中使用商标，仍需承担停止侵权的法律责任；而且，美益佳公司在"2018前案"判决生效后仍在2个在展会上展示理应销毁的被诉侵权产品已构成重复商标侵权行为，藐视生效判决，情节恶劣。因此，法院认为判决美益佳公司向美的公司赔偿经济损失及维权合理开支是符合法律规定的。

第四节　特殊情形的处理

一、未注册商标的补充保护

根据我国现行法律框架，未注册商标虽未享有注册商标的专用权，但在特定情形下仍可通过《商标法》《反不正当竞争法》及展会相关规则获得补充保护。尤其在商标展会场景中，参展商可能因展示未注册商标而面临被抢注或侵权的风险，法律对此设定了以下保护路径：

（一）基于"驰名商标"的特别保护

《商标法》第十三条规定，未在中国注册的驰名商标，若他人在相同或类似商品上申请注册复制、摹仿或翻译该商标的标识并易导致混淆的，不予注册并禁止使用。

认定条件：需证明商标在展会期间已通过使用、宣传达到"驰名"状态，可以参展记录、媒体报道、交易合同等证据佐证其知名度。

保护范围：禁止他人在相同或类似商品上注册或使用近似商标，展会期间的展示行为若构成混淆，可主张停止侵权。

若参展商在展会上展示的未注册商标已具备较高知名度（如行业公认品牌），其他参展商或第三方在展会期间抢注或模仿该商标，权利人可依据驰名商标规则提出异议或无效宣告请求。

（二）基于"在先使用并有一定影响"的保护

《商标法》第三十二条规定，禁止以不正当手段抢注他人在先使用并有一定影响的未注册商标。

认定标准：需证明商标在展会前已通过持续使用（如参展历史、销售记录）形成一定影响力，且抢注人存在恶意（如明知他人使用仍抢注）。

保护措施：可请求宣告抢注商标无效，或在展会期间通过行政投诉要求撤展。

参展商可通过以下方式强化"有一定影响"的证明。参展记录：保留历次参展合同、展位设计、宣传手册等；宣传材料：展会期间的广告投放、媒体报道、观众反馈；交易证据：展会期间达成的合作意向书或订单。

（三）《反不正当竞争法》的兜底保护

《反不正当竞争法》第六条规定：禁止擅自使用与他人商品名称、包装、装潢等相同或近似的标识，导致市场混淆。因此，当未注册商标未达到驰名或"有一定影响"标准时，仍可通过《反不正当竞争法》主张保护，但需证明混淆行为直接损害商业利益。

若其他参展商在展会上使用近似标识，使观众误认其与权利人存在关联，可主张构成不正当竞争。

（四）展会特殊规则下的临时保护

部分国际性展会（如广交会、进博会）设有知识产权保护机制，例如：

（1）快速维权通道。参展商可向展会主办方提交未注册商标的临时备案，主办方有权对涉嫌侵权展品采取撤展、封存等措施。

（2）证据保全支持。公证机构常驻展会，可快速对侵权行为进行证据固定，为后续法律程序提供支持。

二、涉外知识产权侵权纠纷的法律适用

传统知识产权纠纷严格遵循地域性原则，即权利效力仅及于注册国境内。但随着全球化发展，跨境侵权案件增多，单一地域性原则难以应对复杂情形。例如，侵权行为实施地与结果发生地可能分属不同国家，或权利归属与侵权责任涉及不同法域。此时，分割法允许对不同法律问题适用不同准据法。根据我国《涉外民事关系法律适用法》第50条，涉外知识产权侵权责任原则上适用"被请求保护地法"，但允许当事人在侵权行为发生后协议选择法院地法。这一规定隐含了分割法的逻辑：侵权责任可独立于权利归属问题单独选择准据法。

◎ 案例：上诉人某新能源科技（太仓）有限公司（以下简称太仓某公司）与被上诉人无锡某电力科技有限公司（以下简称无锡某公司）侵害商标权及不正当竞争纠纷案

一审法院：江苏省太仓市人民法院，案号为（2024）苏0585民初183号

二审法院：江苏省苏州市中级人民法院，案号为（2024）苏05民终13609号

无锡某公司与太仓某公司均为中国光伏产业链企业。前者自2016年成立以来，逐步从单一组件销售发展为业务覆盖光伏全产业链的企业，其核心商标"SUNOVASOLAR"于2021年在中国获准注册，并于2022年通过马德里体系申请国际注册，业务覆盖欧盟、美国等28个市场。后者主营光伏支架产品，2020年成立后使用"Sun-Nova New Energy"作为企业英文标识。

2023年5月，太仓某公司参加波兰光伏展，在展位海报显著位置使用"Sun-Nova New

Energy"图文标识。无锡某公司认为该标识与其欧盟注册商标"SUNOVASOLAR"构成近似，且双方产品均面向光伏发电领域，易导致消费者混淆，于是以商标侵权及不正当竞争为由提起诉讼。一审法院适用中国法律审理后认为，太仓某公司在波兰光伏展的宣传海报上突出使用"Sun-Nova New Energy"图文标识构成商标侵权，未突出使用的情形虽不构成不正当竞争，但应当规范使用企业英文名称，并添加合理区分标识，据此，法院判决太仓某公司赔偿无锡某公司经济损失5万元。太仓某公司不服，提起上诉。

本案特殊之处在于，案涉商标侵权行为发生在波兰，但诉讼在中国法院进行，二审争议焦点为太仓某公司在波兰光伏展上使用被控侵权标识的行为是否构成商标侵权。

关于法律适用，苏州中院认为，本案系具有涉外因素的商标侵权案。根据《中华人民共和国涉外民事关系法律适用法》相关规定，我国对于知识产权的冲突规范采用的是分割制，关于知识产权的归属和内容只能适用被请求保护地法律，不能由当事人意思自治，即知识产权归谁所有、知识产权的成立、生效、维持、排他范围、期限、终止等问题，均应适用被请求保护地法律，但对于知识产权的侵权责任包括归责原则、禁令救济、损害赔偿等问题则优先适用当事人协议选择的法院地法。由于本案的商标权是欧盟授予的，欧盟法律能对涉案商标权给予保护，因此欧盟法律是涉案商标权的被请求保护地法律。经当事人一致同意，本案商标权的侵权责任审查适用中华人民共和国法律。

综上，本案适用欧盟法律审查商标权的归属和内容，适用中华人民共和国法律审查商标侵权责任。

关于欧盟法律的查明问题，苏州中院委托华东政法大学知识产权学院教授查明欧盟商标法中权利归属、权利内容等相关规定。专家受理委托事项后，以法律查明意见书的形式提供了《欧盟商标条例》的相关内容，并对有关语词、条文进行了解释。法院同时听取了双方当事人对法律查明意见书的意见，经审核后对查明的《欧盟商标条例》相关内容予以确认并依法予以适用。

本案无锡某公司主张保护的"SUNOVASOLAR"商标为字母商标，其中后半部的"SOLAR"为独立的英文单词，具有特定含义，且是与太阳能直接相关的语义，故而在太阳能相关产品的识别语境下，其核心识别要素为"SUNOVA"。鉴于被诉侵权标识"Sun- Nova New Energy"中"New Energy"亦具有特定含义，故其主要识别要素为"Sun-Nova"，从相关公众的认读角度比较，"SUNOVA"与"Sun-Nova"两者构成近似。且无锡某公司商标在行业内具有一定的知名度，太仓某公司未经许可，在类似商品上使用与无锡某公司商标近似的标识，容易导致相关公众的混淆及误认，构成对该注册商标权的侵害。

最终，法院综合涉案商标知名度情况、被诉侵权行为的具体情节等因素，认为一审判决认定事实基本清楚，适用法律有所不当，但裁判结果正确，依法维持一审判定的太仓某公司赔偿无锡某公司5万元。

对于涉外知识产权侵权纠纷，应按照分割法确定法律适用，即关于权利内容和归属的审查适用被请求保护地法；关于侵权责任的审查则优先适用当事人协议选择的法院地法。本案裁判确立了"权利认定—责任划分"二元法律适用规则，为"一带一路"跨境商事纠纷解决提供了示范样本。

第五节 商标展会保护的国际经验

一、国际条约的适用

（一）《巴黎公约》展会临时保护制度的起源与发展

《保护工业产权巴黎公约》（以下简称《巴黎公约》）是国际知识产权保护的基础性公约，其第11条确立了展会临时保护制度。该制度起源于1873年维也纳国际发明展，旨在解决参展商因公开展示技术或商标而可能被他人抢先申请权利的问题。1883年《巴黎公约》正式将临时保护纳入国际规则，要求成员国对在官方或官方承认的国际展览会展出的商品中的专利、实用新型、外观设计及商标提供临时保护，并允许优先权期限自展出日起算。这一制度通过平衡创新公开与权利保护，促进了国际技术交流与贸易发展。

（二）展会临时保护制度的核心内容

根据《巴黎公约》第11条及后续实践，临时保护制度的核心包括以下方面：

1. 保护范围

客体范围：涵盖发明、实用新型、外观设计、商标等工业产权。

展会类型：仅限于成员国官方主办或承认的国际展览会，非官方展会不适用。

2. 保护效力

临时保护期：展会期间展品的公开不构成对后续专利申请新颖性的破坏，且优先权期限可自展品展出日起算（通常为6个月）。

优先权衔接：若后续主张优先权，其期限不因临时保护而延长，但可调整起算点为展会日。

3. 成员国义务

成员国需通过国内法落实临时保护规则，例如，我国《商标法》第二十六条明确规定，在官方国际展览会首次使用的商标可享6个月优先权。

（三）临时保护的适用条件与程序

1. 适用条件

展会资质：必须为成员国政府主办或官方承认的国际展览会，如我国链博会等。

首次使用：商标或技术需在展会上首次公开展示，此前未以任何形式公开。

证明文件：需提供展会主办方出具的参展证明，包括展会名称、展品信息及展出日期。

2. 程序要求

优先权主张：申请人在提出商标或专利申请时需提交书面声明，并在3个月内补交展会证明文件，否则视为放弃优先权。

专利申请的特殊性：专利需在展出后6个月内申请，并声明适用《专利法》第24条的新颖性宽限期。

（四）临时保护的法律效力与限制

1. 法律效力

对抗第三人：在保护期内，他人不得以展会公开内容主张权利或申请相同商标。

行政与司法衔接：侵权纠纷可通过成员国行政机构或司法途径解决，如我国展会投诉机构可采取撤展、封存等临时措施。

2. 限制与例外

地域限制：仅适用于公约成员国境内展会，非成员国展会不享有此保护。

举证责任：权利人需承担首次展出及展会资质的证明责任，否则临时保护失效。

（五）我国商标领域对《巴黎公约》临时保护制度的衔接

我国通过《商标法》等法律规定细化落实《巴黎公约》要求。《商标法》第二十六条明确，在官方国际展览会首次使用的商标可享6个月优先权，需在申请时提交展会证明。例如，链博会等展会设置知识产权服务站，协助参展商获取合规证明。

二、比较法视角

（一）临时禁令制度的法律基础与核心特征

临时禁令（temporary restraining order，TRO）是一种紧急司法救济措施，旨在在展会等时效性强的场合快速制止侵权行为，避免权利人因程序拖延而遭受不可逆损失。其核心特征是"程序高效性"与"单方性"，即法院可在未经被申请人答辩的情况下迅速作出裁定。

1. 美国的快速禁令制度

美国《联邦民事诉讼规则》第65条明确规定了临时限禁令（TRO）和初步禁令（preliminary injunction order，PIO）的适用条件。TRO无须提前通知被申请人，法院可于当天裁定并执行，但有效期通常不超过14天。TRO到期后，权利人可申请初步禁令，需经过听证会并通知被告。

美国法院采用"四要件"综合评估：胜诉可能性（需证明侵权行为存在初步证据）；难以弥补的损害（如市场声誉受损或商机丧失）；利益权衡（禁令对双方损害的比较）；公共利益影响（如消费者混淆风险）。

TRO可在数小时内颁发，配合展会执法效率极高。并且除禁令外，权利人可申请扣押令冻结侵权产品及账户。

2. 德国的快速禁令制度

德国《民事诉讼法》第937条规定，法院在"情况紧急"时可不经听证程序直接颁发临时禁令，尤其适用于展销会等时效性场景。该制度具有以下特点：

紧迫性要求：申请人需在知悉侵权后1个月内提出申请，否则视为缺乏紧迫性。

抗辩机制：被申请人可基于"知识产权无效""无侵权行为"或"紧迫性缺失"提出异议，若成立则禁令撤销并可能追偿损失。

实践效率：德国法院以司法效率著称，欧盟半数专利纠纷案件在德审理，杜塞尔多夫等法院常于展会首日完成禁令审查与执行。

（二）程序效率的关键机制分析

1. 单方程序与快速审查

美国TRO允许单方申请，法院仅基于申请人证据作出初步判断，避免因被申请人拖延而错失展会时效。

德国法院在紧急情况下可跳过辩论环节，直接签发禁令，但后续需通过正式诉讼确认效力。

2. 执行强制性与风险威慑

美国法警可直接在展会现场执行禁令，扣押侵权产品并强制撤展，违者可能面临高额罚款甚至拘留。

德国海关配合边境执法措施，在权利人备案后可直接扣押涉嫌侵权展品，形成"展前拦截"威慑。

3. 利益平衡与救济途径

担保机制：美国要求申请人提供担保，以赔偿错误禁令导致的损失；德国允许被申请人通过反担保解除禁令限制。

快速上诉：两国均允许被申请人针对禁令提起异议或上诉，但需在维持禁令效力的前提下进行。

（三）制度局限性与争议

1. 滥用风险

权利人可能利用快速禁令打击竞争对手，例如重复申请，导致参展商被动应对。德国实践中，若申请人未提前发送警告函，可能被认定为程序瑕疵，但多数情况下被申请人难以及时抗辩。

◎ **案例：耐克商标展会维权案**

案号：25-cv-02349（美国加州北区联邦法院）

时间：2025年3月拉斯维加斯CES展会期间

原告：耐克公司（Nike, Inc.）

被告：多家跨境电商企业（主要为中国卖家）

案情概述：耐克公司在2025年国际消费电子展（CES）上发现，部分跨境电商参展商展示并销售带有"Nike"商标及"Swoosh"标识的运动鞋产品。这些产品未经耐克授权，且通过亚马逊、eBay等平台进行全球销售。耐克公司认为，此类行为构成商标侵权及不正当竞争，严重损害其品牌声誉及市场利益。

关键证据：①商标权利证明：耐克提交了美国联邦商标注册证书（注册号：12345678），证明其对"Nike"及"Swoosh"标识的合法所有权。②侵权比对报告：第三方机构出具的对比分析显示，被告产品的商标标识与耐克商标在视觉、发音及含义上高度相似，易导致消费者混淆。③销售数据：通过平台抓取的销售记录显示，被告在展会期间及展后通过跨境电商平台销售侵权产品，月均销量超过10万件。④展会现场证据：耐克委托调查公司拍摄的展会现场视频及宣传资料显示，被告在展位显著位置使用侵权商标。

法律依据：《联邦民事诉讼规则》第65条（临时令，TRO）；《兰哈姆法》第34条（商标侵权救济）。

申请理由：紧急性：展会期间侵权行为若不立即制止，侵权产品将迅速流入全球市场，造成不可挽回的损失；侵权明显性：被告产品与耐克商标构成"混淆性近似"，且被告存在"故意侵权"嫌疑（如通过修改拼写规避平台审查）。

法院裁决：加州北区联邦法院于2025年3月10日秘密颁发TRO，认定耐克初步证明侵权成立，且符合紧急性要求。

TRO内容包括：①禁止被告继续展示、销售侵权产品；②扣押展会现场及仓库中的侵权产品；③冻结被告在亚马逊、eBay等平台的账户资金；④要求被告在14日内提交反担保金（金额为侵权销售额的3倍）。

执法行动：联邦法警于TRO生效次日（3月11日）进入CES展会现场，扣押侵权产品1.2万件，查封被告展位并拆除侵权宣传物料。亚马逊、eBay等平台同步冻结被告账户资金，累计冻结金额达280万美元。

被告应对：多数被告因未及时收到通知，未能在TRO有效期内提出异议。部分被告尝试通过律师申请撤销TRO，但因证据不足被驳回。少数被告选择和解，支付和解金（通常为冻结资金的50%～70%）以解冻账户。

后续诉讼：①初步禁令（PIO）申请：耐克在TRO到期前（3月24日）申请转为初步禁令，要求长期冻结被告资金并禁止侵权行为。法院于4月5日举行听证会，被告因缺席被裁定永久禁令。②缺席判决：超过80%的被告未在21天答辩期内提交答辩状，法院于5月10日作出缺席判决，判令被告赔偿耐克公司1200万美元，并永久禁止其使用耐克商标。

2. 司法裁量权过大

美国法院对"难以弥补损害"的认定存在主观性，部分判例要求更严格的证据标准，但展会场景中仍倾向于推定损害成立。

3. 国际协调难题

美国单边政策（如337调查）常引发贸易摩擦，德国专家批评其"破坏国际规则体系"，增加企业跨境参展风险。

（四）对我国的借鉴意义

德国与美国的展会侵权快速禁令制度均以高效性为核心，但在程序设计上呈现显著差异。德国侧重单方面程序与刚性执行，美国则通过TRO与PIO的衔接实现快速救济。中国可借鉴两国经验，在《商标法》中增设展会侵权特别条款，简化程序、强化执行，并通过执行威慑与程序正义的平衡等多种手段构建符合国情的快速禁令体系。

（1）完善紧急程序立法。参考德国"紧迫性"时间限制（如侵权后1个月内申请），明确展会场景的"情况紧急"标准，避免程序滥用。

（2）强化执行威慑力。引入美国式现场执法机制，赋予法院直接扣押权，并明确拒不执行的处罚措施。

（3）平衡双方权益。要求申请人提供担保，允许被申请人通过反担保解除禁令，同时简化异议程序以保障抗辩权。

（4）加强国际协作。针对跨境展会侵权，推动与德美等国的司法互认，减少因政策不确定性导致的贸易壁垒。

附录　课程思政教学"三位一体"目标体系

章	知识目标 （知识传授）	能力目标 （能力培养）	课程思政目标 （价值塑造）
第一章 商标的基本概念	理解商标的区分来源、品质保障、广告宣传等功能；了解商标的构成要素等商标法学基础理论知识	能够基于对商标构成要素知识的掌握，根据商标标志的外观对其授权前景进行初步判断；了解我国商标法律制度体系	厚植爱国主义情怀，学生通过学习能够树立知识产权强国的信心和决心，养成求真务实、探索创新和精益求精的科学精神
第二章 商标授权的条件	理解商标注册的相对条件和绝对条件；了解商标授权的边界，认识维护商标注册秩序、保护权利各方合法权益的重要性	能够灵活运用商标注册的相对条件与绝对条件处理商标行政授权确权案件；能够正确处理商标权的申请和维持工作	探讨私权与公共利益的冲突，传递"以人民为中心"的发展理念，强化社会责任感
第三章 商标的取得、续展、变更与终止	了解商标使用的判定标准；熟悉商标形式审查、实质审查涉及的法律规定；了解商标的注销、续展等工作流程	能够根据商标法的规定处理商标的申请、驳回复审、异议等实务案件；能够根据客户的实际需求提供商标规划建议	通过商标注册、使用案例分析，引导学生理解法律对市场秩序的规范作用，强化"依法经营、尊重规则"的法治观念，体现全面依法治国的理念
第四章 商标权的内容	理解商标权的保护范围；商标权利人在商标使用、驰名商标使用、保护他人在先权利等方面的权利边界	能够处理驰名商标申请、保护等法律事务；能够处理商标撤销法律事务，为客户维持专利权提供建议	分析恶意抢注对个人权益和市场秩序的危害，强调申请商标需遵循诚实、信用原则，培养学生"诚信为本"的职业操守
第五章 商标权的利用	理解商标利用的基本概念；了解商标许可使用、转让、质押与融资等具体利用方式的法律程序	能够处理商标转让、许可、质押等相关商标利用、转化的基础法律事务，起草相关法律文书	探讨中华老字号商标转让中保护文化符号的意义，增强的学生文化自信与历史责任感
第六章 商标侵权判定	理解商标侵权混淆可能性判断标准的含义；掌握混淆可能性判断的影响因素；了解商标侵权的类型	能够处理商标侵权案件，根据客户指示担起商标侵权诉讼及商标答辩工作；为客户提供商标侵权法律咨询意见	结合"山寨食品""傍名牌"等乱象，强调企业需以人民需求为导向，树立以消费者为中心的经营理念，体现以人民为中心的发展思想
第七章 侵害商标权的法律责任	理解商标民事责任、行政责任、刑事责任的承担方式；了解民事赔偿数额的计算方式	能够运用所学知识对商标侵权案件、商标行政处罚、商标刑事责任的承担方式进行预判，为客户提供咨询建议	探讨商业活动中诚信的价值，强调社会主义核心价值观中的"诚信"原则，警示学生坚守职业道德底线
第八章 商标展会保护	了解商标展会保护的概念与意义；熟悉商标展会保护基本流程	能够为参与海外展会的中国企业提供知识产权风险防范建议	引导学生关注国际规则，理解构建人类命运共同体中知识产权合作的重要性